中小企业网络化成长中的
关系冲突与进化问题研究

ZHONGXIAOQIYE WANGLUOHUA CHENGZHANGZHONG DE
GUANXI CHONGTU YU JINHUA WENTI YANJIU

蔡双立◎著

经济管理出版社
ECONOMY & MANAGEMENT PUBLISHING HOUSE

图书在版编目（CIP）数据

中小企业网络化成长中的关系冲突与进化问题研究/蔡双立著．—北京：经济管理出版社，2021.5
ISBN 978 - 7 - 5096 - 7994 - 4

Ⅰ.①中… Ⅱ.①蔡… Ⅲ.①中小企业—企业成长—研究—中国 Ⅳ.①F279.243

中国版本图书馆 CIP 数据核字（2021）第 094034 号

组稿编辑：张丽原
责任编辑：张巧梅
责任印制：黄章平
责任校对：董杉珊

出版发行：经济管理出版社
　　　　　（北京市海淀区北蜂窝 8 号中雅大厦 A 座 11 层　　100038）
网　　　址：www. E - mp. com. cn
电　　　话：（010）51915602
印　　　刷：唐山昊达印刷有限公司
经　　　销：新华书店
开　　　本：720mm×1000mm/16
印　　　张：14.75
字　　　数：257 千字
版　　　次：2021 年 6 月第 1 版　　2021 年 6 月第 1 次印刷
书　　　号：ISBN 978 - 7 - 5096 - 7994 - 4
定　　　价：68.00 元

前　言

　　传统企业成长理论把古典经济学基于资源观的企业内生式成长模式（Penrose，1959）和新古典经济学以"并购"和"多元化"为手段的外生式成长模式（Port，1998）作为企业成长最有效的成长路径。然而，对于中小企业来说，选择内生式成长周期太长，难以形成规模经济，选择兼并收购又受资源和能力的约束。国内外学者认为，中小企业特殊的关系合作网络是其得以生存和发展的关键，其独特的竞争能力来源于其生存的关系合作网络之中（Hamilton，1996；陈介玄，1994）。Peng 和 Lu（2010）认为，由企业培育的跨越组织界限的关系网络充当着非正式制度的支架和资源交换通道，是中小企业成长的基石。依托企业家正式和非正式的关系合作网络，通过网络资源整合、专业化合作分工、协同化价值创新来拓展企业交易边界，促进企业生存与成长，网络化成长成为中小企业最有效的现实选择（Wilma W. Suen，2005）。

　　在企业追求网络化成长的理论和现实背景下，本书分别从网络资源整合、动态演化、结构洞、组织场域、租金获取、关系惯例和交易边界的角度研究网络关系对于企业成长的影响。但是，本书更多的是关注企业追求网络化成长中的正面效应，如资源整合效应、能力互补效应、生产协同效应、规模经济与范围经济兼得效应以及经验曲线和学习曲线的放大效应，而对网络关系所带来的"价值背反""新创弱性""新入缺陷""关系异化"和"关系破裂"等的负面效应重视不够（Wilma W. Suen，2005，Tidstrom，2009，徐礼伯、施建军，2010），对于关系冲突对企业关系进化、合作边界确定及其成长绩效影响效应更是研究不够。本书认为，中小企业的成长是一个在不断协调和解决各种冲突与矛盾、不断突破自我、成长进化的过程。因此，关系的正面效应值得研究，负面效应更值得关注。

　　本书以企业网络化成长作为研究背景，以关系资本与能力的动态匹配作为理论分析架构，从冲突视角研究中小企业网络化成长中的关系冲突、风险传导与关系进化问题。本书综合利用纵向多案例数据追踪、扎根分析，社会网络分析方法、行为博弈和实证检验方法，解决和回答如下三个理论和现实问题：①从关系资本与关系资源动态匹配角度研究中小企业网络化成长中关系冲突的本质、诱因与结构特征，研究不同冲突类型对企业成长绩效的影响效应，探讨关系进化边界问题；②对网络关系冲突风险传导路径与扩散路径进行研究，为中小企业在关系冲突动态演化中预判关系冲突的趋势、把握冲突的扩散边界、积极应对提供理论和现实指导。③从冲突视角探索企业网络化生存与成长中关系进化与成长模式选择，探讨网络化成长中的关系进化机制与企业成长机制关系匹配问题。

第一，关于中小企业的网络化成长问题。研究团队通过文献梳理和多案例交叉研究，归纳出中小企业网络化成长的 7 个核心动因，分别为资源壁垒、能力极限、社会化分工、竞争使然、社会化嵌入、社会化归属与身份认同和声誉提升需求，创新性地提出了"基于关系资本的企业网络化成长解释模型"。模型基于关系资本视角，站在战略发展层面，认为企业网络化成长是以关系嵌入为手段，以企业自身资源和能力内生性关系资本为支撑，通过网络结构的优化、价值规则来认知资本的同化、人际关系资本的强化，以及网络资源、资产的价值转换，促进企业网络化可持续成长的过程。企业网络化的成长过程是在不断调整各种错配要素，解决和协调各种冲突，不断冲破自我约束，实现自我超越的过程。企业网络化成长质量取决于各种要素的匹配质量与企业错配要素协调与解决的能力。该理论模型对于企业网络化成长具有普适性的理论解释意义。

第二，中小企业网络化成长中的关系冲突问题。研究团队在对各种经典冲突理论进行梳理和述评的基础上，凝练出网络中间组织关系冲突与不稳定性的十大特征，针对网络组织的不稳定性和企业网络化成长中的关系冲突问题，提出了"基于关系资本要素五行错配冲突模型"，并以此模型进行了实证检验。研究发现，关系资本五要素的错配是导致关系冲突的主要诱因：关系内在资本的错配引发内在冲突，关系认知资本的错位诱发价值取向冲突、结构资本错位导致结构冲突、人际关系资本的错配招致人际关系冲突，而价值创造能力的错配造成利益冲突。从关系资本要素错配视角研究网络关系冲突不仅可以抓住关系冲突的本质，也为把握动态关系冲突提供了理论和现实依据。

第三，中小企业网络关系冲突的风险感知与动态决策问题：①基于权变思想，研究团队实证研究了中国文化背景下中小企业的关系冲突应对决策机制与行为逻辑，构建了感知冲突、关系权变价值、关系压力与应对行为的理论模型，并且进行了实证研究。研究发现，感知冲突负向影响企业的投资行为，正向影响企业的退出行为，关系权变价值在感知冲突与回应行为之间具有部分中介作用，关系压力负向调节关系权变价值与退出行为的关系。本书不仅从中国关系文化角度揭示了中小企业在关系冲突情境下的混合决策逻辑与二阶扩展决策机制，而且对中小企业的关系冲突管理具有重要指导意义。②针对关系冲突管理中的决策困境与管理悖论，研究团队首先分析了负面关系对于企业网络化成长的消极影响，认为良好的关系维护在于有节、有利、有让、有信、有退，一切关系冲突起于义利不当，一切关系之殇源于"过"。根据引起关系冲突的五种决策困境与管理悖论，本书提出了关系负面演化图，并根据不同情景提出了决策建议和管理对策。

第四，冲突视角下中小企业网络化成长中的关系进化机制问题。针对中小企业网络化成长中的关系资本漂移、关系进化与重构问题，研究团队采用多案例交叉研究，从关系异化和行为演化角度研究了中小企业网络化成长中所面临的关系冲突与行为选择问题。研究发现：①在关系初创期，鉴于资源缺乏、能力欠缺以及嵌入网络的合法性问题，基于信任的熟人网络成为关系进化的主要动力，推介人不仅承担关系转化的任务，同时承担关系背书和关系责任承担的责任。②随着关系新进入者企业成长速度的不断加快，合作边界的不断扩展以及资源需求量的不断提高，仅仅依靠原生网络和有限的关系领域难以满足企业成长的需求，此时，结构洞探索、关系架桥与关系锁定成为企业网络化成长的重要战略路径选择。③为了弥补强关系网络封闭带来的不足，在成长阶段，创业公司会以资源供给者为核心节点，通过弱关系拓展网络规模，获得异质资源和关系的规模化生产与收益。同时，利用网络关系的动态扩散主动进行关系治理与重构。治理的重心放在冗余关系的剔除、关系惯例所带来的组织僵化与外部环境相应迟钝、价值的重新分割与网络结构洞的重建上。该研究结论表明，企业网络化成长的过程是一个关系不断重建的过程，是企业在成长中不断试错与冲突解决的过程。

第五，关于关系冲突下价值理性计算与行为选择。基于实物期权理论的关系权变价值理性计算，本书实证研究了基于关系权变价值的关系类型划分及其进化路径。研究发现，企业面对关系冲突采取的是一种二阶的权变决策机制。一阶决策机制是基于市场逻辑的双边关系决策。决策人通过对关系利得与关系利失的价值的理性权衡，得出关系权变价值。二阶决策机制则是基于关系逻辑的网络化决策，是决策人在对关系权变价值判断的基础上，再结合网络关系外部效应与关系压力而采取的关系应对行为。不同于双边关系冲突应对决策，网络关系冲突决策不仅要权衡关系冲突双边的关系得失，而且要综合考量网络关系的综合得失，要考虑关系发展未来的得失，还要考虑网络第三方关系压力和关系制裁所引起的风险连锁反应。依据关系价值和关系冲突风险的高低，可以推导出四种基本的关系类型，即战略成长型关系、离散交易型关系、僵持恶化型关系和交叉演变型关系，分别对应企业在关系决策时所面临的扩张、延迟和退出期权。

本书以理论创新为主旨，以本土化的应用研究为基础，注重学术研究的前沿性、实践的指导性，其创新之处有三点：①对关系资本与能力动态匹配下的中小企业网络化成长演化机制的研究。研究从关系资本动态匹配角度探讨中小企业网络化成长中的关系异化与关系进化问题，重点解析企业关系资本构成要素对关系冲突、异化与进化的互动影响，关系资本与能力的动态匹配对中小企业网络化成长演化路径和模式选择的影响，为中小企业网络化成长提出新的解释。②冲突视角下中小企业网络化成长中的关系进化机制与企业成长机制匹配研究。本书从冲突视角，根据"变异—选择—保留"（V－S－R）理论分析框架，通过纵向案例追踪研究，探讨了关系进化不同阶段企业成长模式选择问题、关系进化机制与企业成长机制匹配问题，考察跨层面和整体视角下的关系冲突与企业成长互动关系，完善和弥补传统冲突理论对现有网络经济发展模式的不足，提供关系进化对企业网络化成长的机理和对策研究。③网络关系冲突情境下中小企业的决策逻辑、权变价值与行为选择问题研究。以往研究基本上是从企业二元双边角度静态研究企业冲突的诱因、传导和风险扩散，难以解释企业网络化时代多元化、多层次、多主体、多任务关系叠加情境下的关系冲突内在机理，本书采用文本分析法、文献计量法对传统理论进行定性定量分析，比较其在网络经济条件下的适用性，进而对关系冲突的本质属性、结构特征和传导扩散机理进行分析，从风险的源、点、汇观察点探讨关系冲突的冲突诱因、过程、效应、传导和扩散路径，为中小企业网络化成长中的关系冲突管理提出新的理论解析架构和管理模式。

本书研究的顺利结项与系列高质量论文的发表归功于我的杰出的博士团队和优秀的硕士团队。博士团队分别是孙芳博士、马鹏博士、王寅博士、冯强博士和高阳博士；硕士团队分别是张赢同学、王燕同学、王鹏丽同学、殷杰同学、姜倩雯同学。老师忘不了暑假酷热天气下和你们研读文献、讨论话题、凝练研究问题，忘不了数九寒天的深夜还为了完成既定的研究任务挑灯夜战，老师更欣慰地看到你们伴随着课题研究的成长，5 位博士同学顺利拿到博士学位，走上了自己心仪的岗位，5 位硕士同学顺利答辩毕业，开启了人生新征程。

本书的顺利出版需要感谢国家社科基金的大力资助。如果说 2009 年我拿到的第一个国家自然基金点燃了我学术研究的热情，开启了我对网络关系资本的征程，那么 2015 年有幸获得到这个国家社科重点基金更是极大地提升了我的研究信心。研究过程不但开阔了我的研究视野，也完善了我的理论体系，让我真正感到中国本土文化的底蕴、中国企业生命力的强大。未来我会更加关注中国本土文化，讲中国故事，研究中国问题，把研究写在中国大地上。

本书的顺利出版要感谢经济管理出版社杨世伟社长和经济管理出版社华商教育分社社长张丽原女士，你们的敬业精神、勤奋精神和专业精神是经济管理出版社竞争优势的来源，你们的创新精神会带领经济管理出版社走得更高更远！

2021 年 5 月 20 日

目　录

第一章　中小企业的网络化成长：
理论综述与概念模型建构

一、引言

资本市场为什么如此重视一个企业的成长性，因为只有成长才能帮助企业赢得市场先机，收获规模经济红利，规避风险和不确定性，在不断试错中找到适合自身的差异化发展之路。而对于中小企业来说，面对竞争同质化、产品生命周期短龄化、技术发展迭代化和价格与利润空间日益收窄化发展趋势，要么在成长中夭折，要么在成长中壮大，成长性成了评价企业发展质量的"试金石"。

企业成长问题不仅是资本市场关注的重点，也是研究界所争论的焦点，由此形成企业成长理论的"丛林现象"（Ardishvili et al.，1998）。无论是古典经济学基于资源基础观的企业内生式成长逻辑（Wernerfelt，1984），还是新古典经济学以"并购"和"多元化"为手段的外生式成长模式（Port，1998），都把企业的成长视为一种"原子式"的质与量的增长过程，企业核心能力建构依托于规模经济、范围经济、经验曲线和独特竞争能力的建构，发展模式遵循的是"投入—交换—产出"价值交换逻辑。然而全球化和技术创新催生了"新竞争"格局（Best，2012），虚拟组织、跨界经营、生态战略、柔性化管理等新的组织形式和管理模式的涌现，要求企业具备更高的灵活性与弹性、更高层次的资源配置能力、更加柔性的管理协调能力和更快速的环境响应能力，传统内生式的自我成长模式和科层组织协调能力已经无法满足企业成长的需求，通过建立企业间正式和非正式的网络关系，寻求网络化成长成为企业在复杂的全球化商业环境下的重要方式和策略（Contractor & Lorange，1988；Peng & Heath，1996），"网络—资源—成长"成为企业成长新的逻辑，企业网络化成长也成为经济学和管理学理论探讨的热点。

本章重点对企业网络化成长中的相关问题进行探讨，内容涉及现象解读、研究述评、命题提出与理论建构，研究成果将为后续的理论推演、案例研究、实证分析提供理论和现实指导，为分析和解读中小企业网络化成长中的关系冲突与进化问题提供理论基础与研究的创新发现。

二、企业网络化成长：发展特征与研究趋势

20 世纪 90 年代后，随着全球化、信息化、网络化、资源外包、归核化和战略联盟的出现，企业之间的竞争与合作模式发生了巨大的变化，传统的企业间个体竞争模式逐渐被结盟企业之间的群体竞争模式所替代，竞合模式成为新的企业发展格局；内生式的发展模式逐步被生态化的战略发展模式所替代，集群化、平台化、生态化成为产业发展新的业态。网络经济的兴起不仅对现代企业的研发、生产、经营和管理的各个环节产生了重大的影响，而且改变了现代企业的基本运作模式，颠覆了在工业时代业已成为经典的战略思想和卓有成效的管理方法。

在传统经济中，企业价格的竞争优势依赖于规模化生产与学习曲线的累计，而在网络经济时代，网络和学习曲线的放大效应带动价格的下降；在传统经济中，企业的竞争优势来源于企业独有的、无可替代的、难以复制的核心竞争能力，而网络经济时代，竞争模式由传统的竞争零和博弈转变为竞合正和博弈，且"众包""众创"和"众盈"成为企业核心能力构建的关键；传统的企业成长建立在顾客中心性基础上的，为顾客需求整合资源提供产品组合，租金剩余分配是建立在资源要素的价值和产权关系上进行分配的。例如，资源的稀缺性产生"李嘉图租金"，资源的垄断性产生"张伯伦租金"，资源的创新性产生"熊彼特租金"等。但在网络经济中，以顾客为中心的生产正逐步转向价值网互补资源供给和以网络成员需求为中心，网络化生产行为能够打破单个大企业生产规模不经济的局限，进而产生网络环境下的社会剩余，这不是企业价值链线性思维的零和博弈过程，而是企业网络整体利益的社会剩余价值创造过程。传统理论强调企业家的决策、资源配置、协调和风险规避职能，而网络经济把企业家定位于结构洞探

寻者、机会发现者、资源整合者和关系再生产的组织者。传统生产方式强调企业链式资源的协调和整合能力、网络经济则着重网络资源的整合功能、网络成员的生产协同与兼容；传统工业时代注重控制和秩序的金字塔式层级管理方式和组织结构越来越难以适应，网络化、扁平化、柔性化和分立化等成为网络经济时代的基本趋势。传统经济难以逃脱规模递增，边际收益递减的魔咒；而网络经济则是规模递增，边际效益却同步递增。

今天，如果你还是带着孤立的、原子逻辑内生式发展的思维和眼睛观看这个世界，你所能看到的只能是有限的企业发展边界，难以获得稀缺资源和能力，也难以跨越规模经济递增但边际效应递减的成长壁垒。在竞争全球化、管理网络化、战略竞争生态化和技术合作协同化发展的今天，企业网络化成长已经深刻影响企业未来的发展格局与模式选择，其发展呈现如下特征：①企业的资源整合从内生式向网络化整合转变；②企业的核心能力由单一性向复合性转变；③企业的生产方式由内部协同走向产业协同；④企业的成长方向由横向、纵向逻辑向网络化生态成长转变；⑤企业零和竞争模式向竞合模式转变；⑥组织变革从科层式管理体系向扁平化、平台化和虚拟化转变；⑦技术进步由渐进式向迭代式颠覆式演变；⑧剩余价值索取权和话语权由投资者独占向合伙制、合作制转变；⑨技术革命和数字化、大连接、智能化重构了组织与人的连接关系，为组织模式的创新提供了技术基础平台；⑩消费者价值诉求不再是简单的、单一的功能。过去主要是指满足消费者功能性的价值，现在是一体化的体验价值和整体的价值诉求。

与传统经济相比，网络经济所特有的快捷性、高渗透性、自我膨胀性、边际效益递增性、外部经济性、可持续性和直接性特征，不仅改变着企业的成长模式，也深刻影响企业的市场竞争和管理模式转变。针对网络经济下企业网络化成长的发展趋势，目前研究也呈现如下趋势：

（一）跨层次网络关系单元分析逐步得到重视

社会网络理论的一般性使该理论适用于组织不同层面的分析（Contraetor et al.，2006），同时也使研究中的分析单位呈现多样化的特征。然而，目前的研究形成了或以"二元"关系为基础的微观研究或以"整体网"治理为核心的宏观研究的两极化态势（张闯，2011）。缺少从微观到宏观的过渡单位的分析，如三元关系、四元关系及小群体等（Wasserman & Faust，1994）。因此，如果期望强化对网络整体的研究，了解网络的运行机制，还需要加强对二元关系基础上的过渡单位的分析。三元关系被认为是将二元关系推广到宏观网络的重要过渡单元

（Madhavan，Gnyawali & He，2004）。同时，根据 Tsui（2005）的观点，个人、群体、企业与企业间（inter-firm）4 个基本层面的交互关系也值得关注。

（二）研究视角从静态走向动态

企业网络化成长不是预先设定的，而是行动者互动过程中演化而成的（MacGregor，2004）。且这一个过程受网络外生与内生变量、嵌入不同层面的网络结构要素、行动者自身属性与动机等相互作用的影响（Brass et al.，2004；Kilduff et al.，2006），因此跨层面多行动者的大时间跨度动态分析尤为重要。

（三）结构嵌入与关系嵌入的不均衡发展

管理学领域的社会网络研究由于其依托的理论不同而带来了对管理学问题解释机制的差异（Borgatti & Foster，2003）。一是行动者所在的网络结构；二是行动者所在关系的社会背景，前者强调网络结构，后者强调关系内容。嵌入性思想（Granovetter，1985）、社会资本理论（Coleman，1990；Nahapiet & Ghoshal，1998）、结构洞理论（Burt，1992）、关系强度理论（Granovetter，1973）都体现或包含了网络嵌入的结构嵌入与关系嵌入。结构主义学派抽象掉了网络中关系的内容与性质，只将关系简单地处理为是否存在。这种抽象与简化损失了网络与关系的丰富性内涵。由于网络结构本身不存在内容，因此也无从解释网络嵌入对企业行为的作用（Uzzi，1996），因此结构嵌入依赖关系嵌入的内容与性质（Rowley et al.，2000），凸显关系嵌入研究的重要性（Barden & Mitchell，2007）。

（四）网络化成长中的负效应得到关注

现有研究多基于 SCP 模式关注企业网络化正效应，众多学者从"知识共享""技术创新""资源互补""能力提升"等视角分析了企业网络化成长对绩效等方面的影响。然而如果企业网络化成长是那么一帆风顺、作用突出，那么就无法接受中国中小企业平均商寿只有 3 年的事实[①]。企业网络中的关系嵌入存在现实风险而导致较高的不稳定率（Das & Teng，2000；徐礼伯、施建军，2010），并有半数以失败而告终（Wilma W. Suen，2005）。网络中过度紧密的关系会形成网络群体思维，表现出对外部新事物的排斥，或形成关系惯例，积累了较高的沉没成

---

① 在第十届陆家嘴金融论坛上，央行行长易纲在谈论金融如何支持中小微企业时，列举数据称，"美国的中小企业的平均寿命为 8 年左右，日本中小企业的平均寿命为 12 年，我国中小企业的平均寿命为 3 年左右"。

本，对环境变化与机遇无动于衷（Barney，1991；Levinthal & Myatt，1994；Uzzi，1997；张宝建等，2011）。同时，网络嵌入依赖界面规则（罗珉，2010），而信任和组织承诺成为最基本的协调机制（Sydow et al.，2009）。作为低信任度的国度中的中小企业，这种规则往往基于"情、利、义"的权衡（沈毅，2012）。在有限理性和企业短视行为的驱动下，中小企业更容易在网络化成长中具有机会主义倾向或采取"搭便车"的行为从而破坏了界面规则，形成网络化的负效应。同时，在中国本土情境下，中国企业更重视封闭网络中强关系的社会交换关系对市场交易关系的影响（罗珉、高强，2011），形成了"结构洞悖论"。这使基于Granovetter 的弱关系和 Burt 的结构洞假说的网络化成长模式更容易在中国水土不服。

据此，本书在对企业网络化成长的正效应进行研究的基础上，更关注关系负效应的诱发、传导与扩散，重点考察中小企业面对网络关系冲突与约束条件下的机会把握、风险规避、权变价值与行为选择。为我国中小企业网络化成长化危机为动力，化冲突为机会，实现网络化成长中的风险规避、自我超越和创新发展，提供理论和现实指引。

三、相关概念界定与传统成长理论述评

企业的成长过程表面上表现为资源、能力、规模要素的投入与产出过程，内在本质上反映的是各种关系契约的重组与协调过程。内在关系的协调决定着企业内在管理模式与成长机制的选择，外在关系的协调决定着企业外在合作机制与战略模式的选择。组织不是孤立存在的，而是镶嵌于复杂社会网络关系的一个主体。网络关系的不同属性决定了企业的存在与发展模式（Larson，1991）。由于网络关系的外部性、复杂性、主观性和动态性特征，企业网络化的成长所表现的涌现性、权变性和非线性因果关系，目前研究界对于企业网络化成长理解各异，概念和内涵各殊，理论诠释重点各不相同，Parkhe 等（2006）认为，只要研究人员重新审视理论假定，重新界定概念并加强概念、现实问题和管理问题之间的链接，与管理研究其他视角更好地整合，形成统一的概念界定，相关的研究理论才能得到进一步的发展。为把握企业网络化成长的本质、属性与内涵特征，本节首先对组织网络的概念和内涵进行界定，为本书企业网络化成长、关系冲突与进化问题确定清晰的边界，其次，从企业成长视角梳理出理论演化的脉络，为本书研究提供理论指引，最后对现有理论研究所做出的贡献和存在的缺陷进行评述，为本书理论创新与管理应用指明前进方向。

（一）网络与组织间网络：概念与定义

网络，顾名思义，就是通过关系把一群行动者联络起来的关系合作网（Iacobucci，1996）。网络研究方法并不新奇，最早可以追溯到 20 世纪 30 年代组织行为研究，也散见于社会学、人类学概念研究之中（Jack，2010）。进入 21 世纪，全球化、网络技术与知识经济的发展，网络化组织的出现和网络治理规则的不断深入，将组织网络理论研究推到了新的研究高度。由于研究视角和关注点不同，不同学派从网络特征、网络属性、交易主体、社会属性等角度分别对网络和组织间网络的内涵和边界进行了自我界定。

从网络结构特征视角，结构学派把网络视为点与线的结合体。点代表着行动者，线代表着行动者之间的关系。网络中的行动者相互依赖、互为约束。网络的结构性特征决定着行动者的机会与约束，行动者的关系充当各种有形和无形资源的传输渠道，非正式契约与治理引导着网络内行动者的行动方向。从结构视角，组织间网络也视为关系点与线的结合而交织成的关系合作网络，组织关系网络可以定义为"两个以上组织，为了维护重复交易关系而建立的一个管控非正式交易过程的非正式组织"（Podolny & Page，1998）。

从网络分析层次和视角，网络又可分为以自我为中心的"个体网"（Egocentric Network）和以全网为着眼点的整体网（Whole Network）。前者从个体出发，侧重于从微观视角研究网络结构对个体的影响，后者则从网络整体视角，观察网络中企业的关系互动与结构的变迁，侧重于产业集群的研究。

从网络功能属性视角，针对网络对企业战略预期满足和网络功能属性，又可以把组织间网络分为基于利益的战略联盟（Lanson，1991）、基于资源与能力获取与互补的网络合作机制（Hakansson，1993），基于契约合作的研发与服务合作网络（Provan et al.，2007）。Cristian（2006）在对网络与企业发展关系研究中，根据网络的功能属性和战略目标，将企业间的网络具体分解为竞合网络、市场网络、技术网络、生产网络以及声誉网络五大类。此外，从投入产出价值链生产角度，又可把网络划分为纵向网络和横向网络。纵向网络侧重于价值要素生成与最大化研究，横向网络注重于规模经济的获得与市场竞争能力的提升。

从网络社会性质视角，网络又可分为社会网络和商业网络。社会网络是指组织所拥有的各种社会关系的综合，这些社会关系包括血缘、地缘、趣缘、学缘、友缘为基础的社会关系，从社会信任角度来看，具有"差序格局"的特征。社会网络为组织的发展提供友情、信任、机会与关系桥接；商业网络是组织为开展商业经营目的而建立的关系通路与契约安排。企业是嵌入整个社会关系网络的一个主体，其社会关系对经济行为具有重要影响（Granovetter，1985）。从嵌入性角度来看，企业所拥有的社会关系既包括基于信任的社会网络，也包括基于交易的商业网络，两者交织在一起，共同组成组织赖以生存的关系网络。

从关系连接强度和沟通的频度，格兰诺维特（Granovetter，1988）根据关系的时间量、情感紧密性、熟识程度（相互信任）以及交互度把关系界定为强关系连带与弱关系两个网络。格兰诺维特认为，关系的强弱决定了能够获得信息的性质以及个人达到其行动目的的可能性。强关系的社会群体的同质性较强，人与人的关系紧密，有较强的情感因素维系人际关系；弱关系的特点是，社会网络的异质性较强，人与人关系并不紧密，但异质性的资源和信息有利于机会的发现与桥接。Burt（1992）在强关系和弱关系的基础上，根据关系的接触程度，把关系区分为"冗余关系"和"非冗余关系"，并据此建立了其著名的"结构洞"理论。结构洞理论通过对关系冗余与桥接的结构性分析，对网络资源和信息流动方式做出了新的解释，也为本书从结构角度研究关系冲突提供了理论指引。

从以上网络定义和分类可以看出，鉴于网络与组织网络的复杂性，到目前为止还没有清晰的、大家普遍接受的概念界定。人们所讲的组织间的网络有可能是伙伴关系、战略联盟、组织间的关系、合作同盟、经济合作体或者契约联盟等。组织间的网络有可能是自我个体网、整体网，甚至有可能是双边关系。尽管以上各种定义存在不少差异，但所有的定义都涉及一些共同的主题与结构性特征。从主题来说，包括社会互动（个体和组织）、人际关系交往、关系连接、关系协作、集体行动、信任与合作；从网络特征来说，包括网络规模、网络结构、关系互动过程、关系影响度与关系行为等（Jack，2010）。基于以上共同主题，结构特征和本书基于关系资本的网络关系冲突管理研究视角，本书将组织间网络定义为："以内在关系资本为支撑，价值认同为前提，人际关系信任为保障，网络关系节点为依托，非正式治理为机制，为实现组织利益最大化而组成的非正式关系合作网络。"

这个组织间网络概念与内涵界定丰富了现有研究，打破了"只见树木，不见丛林"盲人摸象的局限性，从关系合作的本质特征定义组织间合作网络，该定义对前人研究成果的修正和创新在于：

（1）概念的界定采用整合分析方法，从关系合作要素互动视角界定了关系合作的内涵与边界，修正了原子主义，企业内生式发展研究范式的不足，认为组织间的关系网络不是简单的各种关系的集合和网络关系节点的安排，而是网络中各种主体，多种要素动态互动与博弈形成的结果，基于价值创造的中小企业网络化关系再生产与成长是本定义的核心概念（蔡双立、孙芳，2013）。

（2）概念完整地提出了支撑网络运行的要素体系与运行机制。在这个概念中，关系的内在资本是组织赖以合作与竞争的主体，内在关系资本的整合能力越强，关系合作的厚度就越深，宽度就越大；关系的价值认同决定着关系合作的规则和方向，缺乏价值认同的关系合作，易于冲突，难以长久合作；价值认同是关系合作与关系网络建立的前提。正所谓志不同，道不为谋。既是为了暂时的利益而聚合，也会因利而聚，因利而散；不同关系合作者在合作网络中的节点、位置和角色决定了网络的结构特征，而网络的结构特征既决定着网络的资源配置和信息流动方向，也决定着关系合作者的行为特征；网络合作的主体不是物，而是人。人，因为信任，而合作共赢，同样会因为不信任，而分道扬镳。在信息不对称、契约不完备、环境动态变化的网络世界，人际关系的信任是解决各种冲突的"协调器""润滑剂"与"安定阀"；组织间关系合作网络是介于科层组织与市场组织间的中间组织。组织的属性决定了组织的不稳定性与非正式治理特征，包容、开放与合作构成组织关系合作的主旋律。最后，通过网络，合作创利，实现个体组织利益最大化是每一个关系合作人加入网络的目的。古人云："天下熙熙攘攘，一为名，二为利。"从利益创造角度研究网络，抓住了问题的根本。利益是网络一切关系冲突的根源。

（3）概念为本书解释企业网络化成长中的关系冲突提供了研究方向与解释。本书认为，关系要素的错配是引发网络关系冲突的直接诱因。内在要素的不匹配引发关系的内在冲突，结构要素的错配引发关系网络的结构性冲突，人际关系信任要素的错配引发信任危机，价值取向要素的错配引发观念冲突，利益分配机制要素的错配引发利益冲突。从要素错配与扭曲视角研究网络关系冲突，为本书开辟了一个新的研究思路。

（二）传统企业成长理论要旨与评述

企业成长的问题不是一个战术问题，而是涉及企业成长方向的战略选择问题。企业成长战略最关心的三个核心问题是：朝哪儿走，如何走，如何才能走好。如今，涉及企业成长的理论林林总总，视角不同，见解各异，如果不从战略根本性问题出发去界定和理解企业成长，就容易造成本末倒置，见树不见林的片面解释和理解。理论的重要性在于其解释过去，说明现在，预测未来。站在企业战略成长高度对各种成长理论进行简约梳理有归纳，有利于理解本书提出的企业网络化概念的内涵和外缘，因为到目前为止，企业网络化成长的理念和概念还没有得到研究界的一致性承认。基于企业成长方向、边界确定、资源配置方式和能力培育内涵，企业的成长分为内生式成长、外生式成长与多元化成长三种类型。本书从企业如何成长角度对相关理论总结与归纳如下：

1. 内生式成长：基于效率与效应的内涵式发展

如何促进企业的有效成长？内生成长学派认为可以通过以下几种方式实现企业运行效率的提高，成本的节约、效益的增加和竞争能力的提升：①劳动分工。通过企业内部分工，提高生产效率、降低运营成本，提高产品的市场竞争力；以此推动企业的成长（Adam Smith，2010）。②规模化生产。通过规模生产，降低单位成本，提高产品价格竞争力，获取企业规模经济收益（Paul Krugman，1985）。③创新发展。经济增长的最重要动力和最根本的源泉在于企业的创新活动，企业可以通过技术创新、生产方式创新、市场创新、组织创新等生产要素或生产条件的"新组合"实现企业的成长（Schumpeter，1912）。④资源与能力培育。培育难有复制的稀缺资源，通过提升组织对资源的独特利用能力，实现组织核心能力培育与可持续成长（Penrose，1959；Prahalad & Hamel，1990）。⑤学习型组织建设。在知识经济时代，通过建立一种有机的、高度柔性的、扁平化的、符合人性的、能持续发展的、具有持续学习能力的组织，通过保持学习的能力，及时铲除发展道路上的障碍，不断突破组织成长的极限，从而保持持续发展的态势（Peter M. Senge，1990）。⑥自我蜕变与进化。企业是一个生命有机体，保持组织活力与不断成长的秘诀在于不断地重构、重组、重振、重兴（Gouillart & Kelly，1995）。

内生式成长各种模式和路径的选择，对提升企业经营效率、降低运行成本，提高收益，促进企业的可持续发展具有重要的理论和现实指导价值，但在环境动态多变、市场供大于求，顾客偏好不断变迁和竞争使产品不断同质化的超级竞争时代，这种原子式、内生式企业自我成长模式受到网络经济全方位挑战。具体表现为，单一企业的内部分工被更加细化的产业化社会分工所替代；产业集聚、协同分工让企业范围经济与规模经济实现成为可能；网络异质资源整合与价值创造能力成为企业竞争的核心能力，基于隐性资源与企业隐性能力成为企业可持续发展的安全屏障；颠覆性创新、系统创新、迭代创新与协同创新替代企业内生式自我创新；大数据和人工智能不仅改变着人们的学习方式，也日益改变着企业的经营行为与商业模式。面对以上挑战，研究内生式成长与企业网络化成长的契合，构建价值导向的企业网络化成长与发展模式成为理论和实践界所面对的一个重要课题。

2. 外生式成长：基于规模、能力与协同的外延式拓展

如果说内生式成长是企业内部效率与效益的革命，企业外部式成长与发展则是一个基于规模、能力与协同的市场革命。企业的成长不仅仅取决于内部效率，更取决于企业边界的扩张、规模的扩大、市场空间的拓展与有效客户群体比例的增加。如何实现内生式成长与外生式成长协同并进，外生式成长理论给出如下实现途径。①产品开放与市场拓展。企业可以通过三种方式实施自己的市场拓展与成长战略：其一，市场渗透，开拓新客户、挤占竞争对手市场份额，增加产品使用量；其二，市场开发，老产品新市场、老客户新产品与老产品新用途；其三，产品开发，新产品、新特色、新功能（Ansoff，1974）。②一体化成长模式——公司可以通过纵向一体化和横向一体化战略拓展企业竞争边界，提高企业价值创造能力。纵向一体化是把外部市场变成内部市场，通过产业上下游价值链的拓展控制重要资源与渠道，提升公司价值创造能力。横向一体化是通过对竞争敌手的兼并与重组，控制市场、控制技术、控制竞争，通过协同发展和规模化竞争实现企业市场的空间增长与企业的规模增长。③多元化成长。多元化发展的目的是稳定现在，培育未来，规避行业周期风险，企业可以通过同心多元化、水平多元化和跨界多元化实现企业的可持续成长与发展。④有效市场竞争战略选择。企业可以根据所处行业的生命周期、五力竞争程度和客户类型，选择低成本竞争模式、差异化竞争模式和集中竞争模式，不过不同的竞争模式需要不同的管理和生产模式匹配，模式的匹配程度决定着企业竞争战略实施的有效性（Porter，1979）。

企业外生式成长理论站在企业边界扩张、市场规模扩大与有效市场竞争角度为企业竞争能力构建与可持续成长提供了现实的理论指导，但这种外生式成长模式在网络经济发展现实下也同样受到如下挑战：①网络经济下，零和竞争模式已经逐步被企业摒弃，基于价值的竞合模式成为产业发展主流；②战略竞争已经不是单个企业的竞争，而是企业集群与集群、国家与国家间的竞争，基于战略目的的各种战略联盟成为企业竞争的主体；③纵向和横向链条式的企业价值创造过程限制了企业盈利模式的再造，生态式、平台式、细胞组织式企业成长模式成为企业创新的源泉；④高科技产业的竞争已经从价格竞争走向标准竞争，围绕标准的企业生态战略成为企业竞争战略的培育方向；⑤产品的互补品决定着一个市场的

宽度、高度和深度，围绕互补品的竞争和成长战略成为企业构建进入壁垒、结构性竞争的关键。如果解决外生式成长模式与企业网络化成长模式的内在冲突，促进企业的网络化成长与发展是本书比较关注的议题。

四、企业网络化成长：动机解析与理论评述

企业生存问题是理论界和实践界共同关注的问题，因为，生存，生存，生容易，存活难。企业家的使命就是保持企业在竞争中不掉队，在发展中不断成长。如何成长？不同理论学派从自己的认知视角给出不同的解决方案，简化处理，可以归纳为以下三种：第一种，拉长，通过价值链前后延伸实现企业的一体化成长战略；第二种，变大，通过横向兼并重组实现企业规模化成长战略；第三种，跨行业、跨领域，通过知识和能力的转移和新业务的培育实现企业多元化成长战略。这些传统企业成长理论解释了 18 世纪至 20 世纪内生式、原子式企业成长路径的选择逻辑，但无法解释 21 世纪全球化、网络化、资本化背景下企业网络化成长逻辑，本节从企业成长视角，对企业网络化成长的相关概念和内涵进行界定，对相关理论进行述评，为本书后续研究提供理论指导框架。

（一）企业的网络化成长的动机

企业为什么不选择传统的纵向成长和横向成长，而选择网络化成长？对这个问题的理解不能简单地从战术路径选择角度去思考，而需要从战略全局去观察与诠释。战略可能涉及很多问题，但其本质问题还是企业往哪儿走？为什么这样走？如何才能走得更远更好？从战略的这三个基本问题去分析和探讨企业网络化问题可以更清晰地把握企业网络化成长选择的现实要求、心理动机与成长逻辑。

企业家动机理论认为，追求利益最大化和企业不断地成长是企业家最主要的动机（Davidsson，1998）。从不确定性规避和渐进式成长角度，内生式的纵向成长和原子式的横向成长是中小企业最稳健的选择，那么为什么又要寻求网络化成长呢？那是因为选择传统的成长模式遇到了如下挑战：①资源壁垒。企业的资源是有限的，而网络的资源是无限的，唯有嵌入到网络，建立合作关系，才能获取企业可持续发展所需的资源。②能力极限。单个企业的能力有限，唯有通过网络不断地学习与合作，才能突破能力极限的天花板。③社会化分工。现代社会分工

已经由个体协作走向社会化分工，产业生产与服务已经从单个企业内生式自我生产走向产业更细致化、更专业化的协作分工。能否嵌入产业协同网络成为决定企业生存与发展的关键。④竞争使然。价格竞争依然是企业核心能力有效组成部分。网络化生产分工与服务协作可以使企业获得规模经济和范围经济的双重收益。现代企业的竞争已经由单个企业竞争走向群与群，国家与国家间的竞争。⑤社会化嵌入。无论是个体还是组织都是嵌入到这个社会网络一个节点。个体或者组织的行动受其所在网络的制约。网络的结构特征决定着组织资源的配置模式与效率。⑥社会化归属与身份认同。网络的社会属性决定了其排他性的结群本能，缺乏社会化归属和组织合法性身份认同的企业难以获得组织成员的信任和支持。⑦声誉提升。一个组织的成功不仅在于组织本身，更在于其所在的组织与平台。网络组织的平台可以帮助企业获取更多的资源与成长机会，同时也可以提升消费者的信任。

（二）企业网络化成长相关理论解析与评述

企业为什么要寻求网络化成长？不同学派站在各自视角和理论关注点给出了不同的解释。交易成本学派认为，企业寻求网络化成长是基于效率与效应考虑，因为网络中间组织既有内部市场的规则性，也具备市场组织的灵活性；资源理论认为，企业选择网络化成长重视的不仅是交易成本的效率和效益，而且在于战略因素，在于异质性资源的获取与整合；社会资本学派从社会网络与关系嵌入角度认为，企业寻求网络化成长是期望信任与社会网络通道获得更多的资源与机会；从社会正当性出发，制度学派认为企业加入网络和网络化成长是为了寻求合法性、正当性和其他潜在交易对象的认可。

站在各自视角，以上各种理论交易都有其正当性与合理性，但恰恰是这种单一视角的合理性掩盖了其整体解释的不合理性。比如，交易成本理论强调成本和效率但缺乏解释社会合法性；资源型理论关注企业能力，但却忽略成本因素。社会资本理论重视社会利益和成员资格，却忽视了利益相关者能力影响。还有，由于网络化成长的复杂性，以上理论的研究边界很难分清。本书认为，企业的网络化成长是一个涉及多要素、多主体、多利益叠加，而且动态多变的复杂问题，单一理论很难予以清晰解释。从战略视角，推动理论整合研究势在必行。以下是本书对涉及企业网络化成长相关理论的一个综合评述，内容涉及理论视角、理论关注点、理论对企业网络化成长的解释和理论的不足与缺陷，研究结果为本书后续的研究提供了理论支持。

1. 规模经济、交易成本与企业网络化成长

新古典经济学理论中的企业成长过程就是企业调整产量达到最优规模水平的过程。或者说，是从非最优规模走向最优规模的过程，实现规模经济收益是企业追求成长的主要内在动力。在所有约束条件已知的情况下，企业只有根据最优化规则进行被动选择的余地，没有主动选择的余地。

新制度经济学认为，新古典经济学只揭示了企业成长的外在现象，并没有解开"企业利润操作黑箱"，也忽略了企业家在企业成长中的主动作用。新制度经济学认为，企业的成长过程是企业边界不断扩大的过程，交易成本决定着企业与市场的边界（Coase，1937），管理费用和交易费用的两相比较决定了企业规模的大小。降低交易成本，节约市场交易费用是企业追求成长的驱动因素。企业家的作用在于管理适度规模。威廉姆森进一步完善和发展了上述思想，他认为由于行为人的有限理性、合约的不完备性和机会主义倾向，企业必须进行事先治理设计以降低机会主义的危害（Williamson，1998）。资产专用性是决定交易成本的最重要变量，纵向一体化或企业替代市场可以解决由于资产专用性带来的双边垄断中的"要挟"问题，是有效率的制度安排。周兵（2004）在新制度经济学交易成本和资产专业性基础上创立了"间接定价"流派。他们认为，企业并不是为取代市场而设立，而仅仅是用要素市场的契约取代产品市场的契约，使用企业内部的剩余权力的间接定价方式替代市场上的直接定价方式。企业与市场的区别和替代变成了产品市场与要素市场的区别和替代。

在交易成本理论学派眼里，网络组织是一个介于市场与科层组织的中间混合体（Thorelli，1986；Williamson，1991）。这种市场二分法方法对于解释原子式、内生式企业成长发展比较有效，但难以解释网络经济时代知识产品的转移与扩散、战略性投资、创新产品溢出效应等，后续的学者从原有的"市场科层制"的二分法变为"市场—网络—科层制"的三分法。Schneiberg（2006）把交易组织形式分为市场、网络与科层制，并在规制基础、调节手段、冲突解决方式、灵活性等多个维度对这三种治理模式进行了对比研究，认为网络已经成为一种稳定的介于市场和科层的第三种交易组织形式。而对于网络组织，特别是企业网络化成长机理，仅仅从交易成本最小化无法解释企业组织战略选择的背后动机，因为企业是嵌入社会网络的一个主体，仅从交易成本难以理解交易主体社会行为选择；同样，也无法解释企业战略的选择，因为企业的战略选择是一个复杂的问题，并不仅仅是单独交易成本节约问题，而是企业的竞争定位、战略预期与愿景发展复杂的问题。从战略和网络视角弄清交易成本理论的局限性，有助于进一步

探讨网络对企业成长的独特作用。

2. 资源依赖、网络整合与企业网络化成长

资源依赖理论认为，资源是企业竞争、发展和成长的基础，企业战略的任务就是培育、控制资源。控制能力越强，企业的竞争能力就越强（Penrose，1959；Wernerfelt，1984；Barney，1991）。企业对资源的利用能力决定着企业的竞争能力。企业所拥有的独特资源及其对资源的驾驭能力构成企业独特的竞争力。而企业所拥有的稀缺的、难以复制的、难以模仿的资源利用能力构成企业的核心竞争力（Prahalad & Hamel，1990）。Barringer 和 Harrison（2000）批判资源依赖范式只关注资源需求和交流，而缺乏对交易过程的关注。社会网络学派也认为资源依赖学派忽略了资源与能力的社会嵌入性和环境的动态变迁性，企业的竞争优势不仅可以通过内部资源获得，也可以通过外部网络关系合作获取稀缺性与竞争性的优质资源（Gulati，1995；Powell，1996）。而且，从一定程度上来说，企业对外部网络资源的整合能力决定着企业的成长高度与速度。

从关系范式看，一批学者也探讨了企业家关系与社会网络对企业成长的影响。Uzzi（1997）研究发现，企业间关系是企业获取外部有价值信息的重要渠道；Dyer 和 Singh（1998）认为，企业的外部关系为企业带来了关系租金，而企业对关系网络资源的整合能力决定着企业的成长绩效。Gulati（1999）认为，除了企业二元关系，企业还可以融入更大的社会网络，企业对所嵌入网络中资源的识别、获得和利用能力对企业的成长绩效具有很大的影响。网络环境下资源理论对于企业网络化成长的解释为企业的网络化成长过程，就是企业利用外部网络进行资源识别、协调、整合与利用的过程，网络的关系整合能力不仅决定企业的资源整合模式，也影响企业成长绩效。

3. 组织学习、能力构建与企业网络化成长

企业为什么要开展网络合作呢？学习与能力学派认为，企业的竞争能力不在于资源，也不在于环境，而在于组织不断的学习与能力的提升。组织学习学派认为，网络企业彼此间的联系并不是因为他们缺乏资源，或者需要互通，而是基于知识的探索与开发（Powell et al.，1996）。探索意味着对新的替代方案的探寻，开发意味着对现有技术、范式的改进和拓展（Rothwell，1991）。公司间的合作不仅可以帮助企业学习和了解最新的发展动向，也可以帮助提升公司内部创新能力。网络学习具有推动企业创新作用。组织的惯性和吸收能力决定着组织的学习与创新能力提升绩效（Lavie & Rosenkopf，2006）。Mason 等（2004）则发现网络内企业间的学习行为会对企业的价值创造能力产生影响，而这种影响最终会

反映在企业成长上。组织学习理论的基本观点认为，企业拥有的独特的隐性知识最终决定着企业的成长，而网络中的合作经验和组织学习具有改变企业合作能力的作用，网络中知识的传播尤其是价值观、行为方式、战略和技术等隐性知识的传播会直接影响企业的成长。在学习型组织学派看来，企业网络化成长的过程是企业利用本地网络和商业合作网开展知识学习、知识转移与知识分享的过程。

一些学者也对组织学习框架下的组织合作中知识分享与转移的负面效应进行了研究，如知识转移中的泄密问题，Oxley 和 Sampson（2004）认为，知识分享和转业网络多数是同行，是现实的或者潜在的竞争对手，重要技术知识的无意泄密培养了竞争对手，影响本企业的生存与发展。本地知识套路问题，本地关系网络和商业网络知识的分享容易导致知识的同质化、形成知识的本地套牢（Capello & Faggian，2005），影响企业的创新。隐性知识的传播问题在于，企业真正的竞争力不在于其显性资源和显性知识的解读，而在于其隐性资源和隐性知识的占有，而企业驾驭这些资源与知识的隐性能力构成企业竞争优势的基础，而隐性知识与能力是难以学习的。

4. 网络结构特征与企业网络化成长

自 19 世纪至今，企业组织形式一直在科层组织和项目式组织之间徘徊。科层组织以其清晰的组织边界、标准化的流程控制、权责分明的岗位设计、层级分明的委托代理机制保证了组织的稳定发展与既定目标的实现，但这种组织行为稳定运行的前提是，目标是确定的，市场是稳定的，顾客需求是不变的。但是进入 20 世纪以后，所面临的条件是环境动态多变、竞争手法不断翻新、顾客需求迁徙不定，企业的发展不以人的意志为前提。僵化的科层式组织模式已经难以适应多变的竞争环境，围绕快速反应、灵活运行的市场化组织改革不断推陈出新。项目式组织是基于战略发展需求，或者市场竞争需求而成立的跨部门市场化组织，优点是战略目标清晰，任务明确，运行灵活，反应速度快，缺点是组织的稳定性差、团队的凝聚力弱、文化的归属感不强，难以完成重大战略任务。于是，19 世纪至今的各种组织改革，如矩阵组织、细胞组织、事业部模式等都是在组织的稳定性与灵活性之间寻求一个平衡。网络组织作为一种介于科层与市场组织，凭借其比科层组织更好的灵活性，比市场组织更好的控制性，成为企业获取资源和能力，促进企业不断成长的有效路径选择（Powell，1996；Larson，1992）。

从网络特征角度研究企业网络化成长主要关注的问题有以下三个：第一，网络结构如何影响企业的成长；第二，网络要素的变迁又如何影响网络结构；第三，网络结构研究的核心变量与刻度选择问题。

现有对网络结构的研究包括纵向网络、横向网络、混合网络、同心网络以及混合网络。最早对网络的研究始于纵向关系渠道的冲突研究。研究者把纵向交易关系视为网络，认为纵向网络包含一组纵向交易关系企业的网络（Snow et al.，1992）。对于纵向网络的研究多关注信息与资源的流动、渠道冲突、资源的互依度等。随后对纵向关系的研究进入零售网络，发现零售商在实践中已经超越组织边界，通过对供应链资源和能力的杠杆调节提升组织经营绩效（Ganesan et al.，2009）。横向网络关系研究是这几年才被重视的，研究点关注于关系压力对组织经营绩效的影响、竞争者合作、关系嵌入问题；对于混合网络和同心网络的研究目前主要以日本和韩国商业环境下的财阀体制研究最多（Uzzi，1997）。本书认为，在信息科技日益发展的今天，企业网络关系纵横复杂，跨界发展、竞争者合作、企业生态网络等各种新的合作业态不断推新，把网络研究简单地划分为纵向或者横向网络肯定不够的，基于行动者的混合网络需要予以重点研究关注。

网络结构特征涉及规模、密度、范围、组成、中心度、持久度、结构洞等多个维度。研究者将其归纳后，多从关系维度、结构维度和认知维度研究企业的网络化成长机理与影响（Burt，1992；Granovetter，1990；Nahapiet & Ghoshal，1998）。关系维度重点研究关系强度对企业网络化成长的影响；结构维度重点探索企业网络的开放性对企业成长的影响。认知维度更多地关注共享的愿景、信任、隐性知识等对企业的影响。网络的结构特征影响企业的网络化成长的路径选择和资源配置。如果不考虑企业网络的结构特征就不能合理地解释其绩效及其成长性，因为不同企业在网络中的不同位置为企业带来了非对称的接近产业中稀缺资源的机会，从而影响了企业的行为和绩效（Granovetter，1985；Burt，1992；Nohria，1992）。

关系维度包含关系强度、关系距离、关系沟通频度、关系连带等，对网络关系特征的研究主要关注网络成员之间的关系特征如何影响企业的战略选择、成长绩效和知识创造等。研究者把网络合作者的关系分为强关系/弱关系、工具性关系/情感关系、直接关系和间接关系。

强关系对企业网络化成长的影响机制在于建立信任，降低交易成本，促进隐性知识和能力的转移，形成问题解决的协调机制与组织惯例（Tresca，2015）。研究者还发现，组织间的强关系有助于专用资产的投入、互补资源的共享、基于信任的自我治理机制提升（Dyer & Singh，1998）。综上可知，强关系对于企业网络化成长的促进体现在以下两方面：其一，基于信任的治理机制形成可以有效地降低企业合作交易成本；其二，强关系的合作有利于资源的互补与共同开发。但学者也提出了强关系对公司网络化成长绩效的负面作用，主要表现为关系套牢与锁定、资源与信息的逐步同质化、机会主义与组织发展的路径依赖等（Uzzi，1996；Sampson，2005）。

与强关系相比，弱关系的优点是较低的关系维护成本、更多的关系选择。但缺点是因为缺乏交往和信任不利于隐性知识分享、共享价值创造和互补资源的交换，但 Granovetter（1973）不这样认为，他提出了"弱关系的力量"的论断，认为不同社会背景行动者之间的弱关系可以充当"桥"的作用，接触更多的异质性信息和资源，对于行动者具有更大的价值。也有的学者认为，弱关系除了传递信息，还可以通过关系转介传递资源、财富和权力（Li，1982）。当弱关系占据"桥"的位置，弱关系有利于传递非冗余信息，有利于行动者价值的实现。但强关系占据"桥"的位置时，传递的则是影响与信任，更有利于资源的获取。Uzzi（1997）论证了网络关系强度与知识转移的关系，他们认为强关系可以促进复杂知识的转移，而弱关系则可以促进简单知识的转移。据此可见，强关系和弱关系都可以影响企业的成长，但影响机制各不相同。企业的网络化成长其实就是强弱关系动态变迁的过程，强弱关系的动态平衡是企业网络化成长必须掌握的技能。

除了强关系和弱关系，网络的开放性也影响企业的网络化成长进程。基于社会资本理论，Coleman（1990）重点研究了封闭网络与开放网络对企业成长绩效的影响，并认为封闭网络对行动者具有信息沟通、义务期盼与网络规范三种优势。网络规范可以通过声誉和惩罚机制促使网络成员履行义务，规避机会主义行为的发生。网络封闭强调规范和义务促进了网络成员的合力，但同时也带来了组织僵化、信息与资源同质化与机会选择限制的负面作用。对此，Burt（1992）对 Cranovetter 多次强调的"桥"的概念进行了扩张，提出了结构洞理论，即开放网络理论，他认为，开放网络中行动者所占据的结构洞位置能够为行动者提供两种优势：一是信息优势；二是控制优势，占据桥梁位置的行动者可以利用其在网络中的中心位置控制信息、资源和交易，从而获得作为第三方交易掮客的收益。从稳定性和灵活性的角度，学者 Gargiulo 和 Benassoi（2000）研究发现，封闭网络通过信任、义务、期望可以促进网络的稳定性，但开放网络则通过为企业提供新信息使企业可以灵活地应对环境的变化。

综上研究可以发现，以强关系和封闭网络为特征的网络模式可以通过信任与合作惯例的形成，借以有效动员网络伙伴的隐性知识与稀缺资源，促进企业成长；而以弱关系和开放网络为特征的网络模式所占据的"桥"的位置则有利于提高企业的灵活性，提升异质信息与资源的整合，为企业提供了新的成长机会。从关系理论冲突视角，企业的成长过程是不断冲破各种约束、协调各种矛盾、不断自我超越的过程，从网络结构角度观察企业网络化成长中的关系冲突和进化问题，可以更好地把握企业网络化成长的本质。

5. 网络演进与企业网络化成长

网络演化问题重点关注网络的变化是如何影响网络企业的战略选择、制度变迁与成长绩效。比如网络规模的扩大、密度和位置的变化、网络外部环境的变化、新成员的加入以及网络关系冲突如何影响网络成员的关系，如何影响网络企业的成长方向等。研究者比较关注网络中现有的或者潜在企业的关系阶段发展情况，以及关注关系的形成与解体。

对于网络形成研究，学者分别从社会交换理论（Larson & Starr，1993）、社会资本理论（Walker，Kogut，Shan，1997）和结构洞理论（Burt，1992）研究了网络连带的形成与进化问题。如 Larson 和 Starr（1993）详细研究了网络形成的三个阶段，从二元关系建立到二元关系向社会经济交换关系的转换，再到多元、多层次交易关系的扩展。研究发现，在关系网络建构进程中，组织会选择性地采用二元关系匹配他们的决策。Gulati（1993，1999）探索了社会资本如何影响组织间战略联盟网络的形成，他认为网络联盟成立前的社会环境和联盟成员之间的战略依赖性会影响成员企业的决策。社会网络通过提供潜在合作伙伴的能力与可靠性促进新联盟的建立。据此，网络成员企业通过关系纽带的建立规避环境的不确定性，满足资源获取的需求。

网络进化学派关注的另一点是网络的进化阶段与进程。如从社会网络形成的角度研究政治环境、经济实力演变如何影响渠道结构与企业决策（Dahab，Gentry & Sohi，1996）。资源依赖学派研究发现，组织间的关系连带形成就是资源依赖的结果（Pfeffer & Nowak，1976）。Gulati 和 Garguilo（1999）认为，新联盟网络的形成是为了改善现有的网络，促进网络结果与组织行动的动态平衡。Koka 和 Prescott（1998）从网络结构理论视角研究网络间的企业为什么不断变迁，研究表明企业间的网络关系演化是为了响应行业变化的现实需求。结合社会资本理论的相关研究成果，He（2006）分析了外部环境不确定性对企业网络化成长的影响。研究发现，当环境不确定性比较高时，集群企业会倾向于与集群外部企业建立关系借以获取外部资源和信息促进企业成长；当环境不确定性比较低时，集群企业则会倾向于建立密集的本地强关系网络，借以获得网络伙伴所拥有的稀缺资源，促进企业的稳定发展。

从演化经济学的角度，Giuliani 和 Bell（2005）在对 Chilean 酒业集团实地调研后发现，由于企业能力演进的路径依赖性，产业集群企业表现出不同程度的吸收能力，并且这种吸收能力的差异影响了集群企业的网络构建行为。集群企业吸收能力越高，集团企业的地理开放性就越高（Boschma，Ter Wal，2005）。

网络解体问题是网络研究的重要话题，但可能是由于解体网络资料收集问题，或者是数据获得的复杂性问题，研究成果比较少，而且多数研究都属于理论定性研究。Baker、Faulkner 和 Fisher（1998）从竞争、权力和制度环境角度研究了广告代理商与客户关系纽带解体问题，研究发现，多数广告商与客户都是排他性关系，多数就续存几年时间。这是因为竞争、权力和制度环境不断地削弱着关系合作效力。强势广告商期望利用资源提高关系的稳定性，但他们的客户却希望调动资源以增加或减少稳定性。竞争催使着关系解散，制度变迁破坏着关系的稳定性。Pressey 和 Mathews（2003）通过对 B2B 关系解体观察，把关系解体分为：自愿解散、双边决定结束关系、单方面非自愿解散、双边非自愿解散。他们的研究表明客户解散的（或供应商取消选择）最普遍的解体形式。

本节分别从交易成本、资源理论、学习理论、社会网络理论和关系演化五个理论视角解析了企业网络化成长中各种要素的互动机制与机理。正如 Mintzberg（1998）在纵论十大战略管理学派所言，人们对战略形成的认识就如同盲人摸象，因为从未有人能够具备完整地审视大象的眼光。明茨伯格既反对将大象的各个部分简单地加以拼凑而试图得到完整的大象，但同时并没有完全抹杀"盲人摸象"的功绩。认识局部是认识整体的必备条件。正如本节开篇所言，企业的成长方向选择问题，是战略问题。战略管理的本质是趋利避害、扬长避短，保持组织的可持续发展。本书认为，企业的成长过程不是一个资源投入与产出简单的线性关系，而是一个不断在试错中探索前进的过程，一个不断突破各种约束，协调和解决各种冲突和矛盾的过程。这些冲突既有内在冲突，也有结构冲突、人际关系冲突、认知冲突与利益冲突。站在战略高度，以关系资本理论为依据，冲突诱发、协调和解决过程为观察点，可能更好地把握企业网络化成长的本质，了解其成长过程，评判其结果，从而更好地从理论和现实角度指导企业的网络化成长。

五、基于关系资本的企业网络化成长：
概念定义与模型提出

传统企业成长理论分别从要素、过程、动机、结构和环境角度论证了企业的成长过程。这些研究成果对理解和诠释企业成长具有独特的理论指导价值，但总体理论框架解释的缺失可能导致企业战略选择的迷失，也可能造成局部最优、整体不优的绩效结果。特别是在网络化、信息化、全球化的今天，竞争环境动态变迁，要素叠加本末难分，技术替代不断颠覆行业，单一的理论解释很难把握企业网络化成长的本质，建立基于整体与过程整合解释理论框架势在必行。本书以关系资本理论为理论解释框架，以约束冲突理论为过程观察点，以价值附件的利益创造为根本，提出基于关系资本一体化整合思考的企业网络化成长概念、定义和概念模型，为本书主题企业网络化成长中的关系冲突与进化问题提供理论分析框架与研究指导。

（一）社会资本与关系资本

现在是各种资本概念泛滥的时代。现实中既有法定的流通货币，也有具有交易功能的流通货币。研究领域既有人力资本、知识资本，还有社会资本、关系资本。抛开概念的差异，我们从资本的本质解析各种资本，也许可以发现其规律性特征。资本的本质是信用，交易的基础是信任，流动性、结构性、逐利性是其基本特征。本书从关系资本理论视角研究企业网络化成长中的关系冲突与进化问题，有必要对设计社会网络的三个资本进行界定和区分，为构建本书关系资本导向下的企业网络化成长理论体系奠定理论基础。

1. 社会资本

社会资本因为研究者视角各异，到现在也没有一个统一的定义，各个研究者根据研究需求，各取其义、各说其理。本书根据研究者不同的理论视角，将其分为资源、能力、结构、关系、认知五个学派。

资源学派认为，社会资本是一种通过对"体制化关系"（即被制度化了的相互默认和认可的关系）网络的占有而获取的实际或潜在的资源的集合体（De Nooy，2003），是行动者通过关系变化从特定社会结构获得的，并用于追求自身利益的一种资源（Baker，1990），是行动者在行动中获取和使用的嵌入在社会网络中的社会资源（林南，2002）。资源学派把网络中行动者能获取或者占有的资源视为社会资本。

能力学派认为，社会资本是指个人通过他们的成员身份在网络中或更广泛的社会结构中动员或获得稀有资源的能力（Portes，1995），是行动主体与社会的联系以及通过这种联系获取稀缺资源的能力（边燕杰，2000）。通过关系获取稀缺资源能力是能力学派关注的焦点。

结构学派认为，人们的所有经济行为都镶嵌于人际关系网络中，交易行为在社会互动中进行。社会资本是个人所拥有的，表现为社会结构资源的资产和资本。这些资本由构成社会结构的要素组成，主要存在于人际关系和社会网络之中，并为结构内部的个人行动提供便利（Coleman J.，1990）。结构性社会资本是指由企业在关系网络中的结构特性，主要是指社会网络的联结数量与联结规模、联结密度等，这些因素影响企业网络关系租金的获得（Nahapiet & Ghoshal，1998），由网络结构带来的关系租金是结构学派关注的重点。

关系学派关注和重视人际关系交往，重视关系长期交往而形成的信任，认为行为者这种互动与交往可以降低交易成本，带来关系收益。Nahapiet 和 Ghoshal（1998）认为，社会资本是指嵌入在个人或社会个体占有的关系网络中，通过关系网络可获得的、来自关系网络的实际或潜在资源的总和，并将社会资本划分为结构维度、关系维度和认知维度三个基本维度。认知维度是指行为者之间共享认知与理解；关系维度是指行为人通过长期的互动而建立起来的信任、友谊、尊重与互惠；结构维度是指行为人建立起的关系模式与类型。组织间成员关系资本缺乏会导致不信任与不确定性，影响潜在的资源获取（Dyer & Chu，2003）。

规制学派重视规则、声誉与价值观认同。Adler 和 Kwon（2002）认为，社会资本是一种个体或群体可以利用的商誉或善意。它源于行动者社会关系的结构或内涵，其作用在于通过其本身的流动促进信息流通与资源被行动者所用。Putnam（1993）把社会资本视为一种类似于道德的经济资源。他认为，通过互惠、规范与网络义务的推动和协调社会的效率，从而降低交易成本，获取网络收益。Suseno 和 Ratten（2007）指出，关系资本是关系型合作的基础，而信任是合作的基础。

2. 关系资本

在社会资本定义中，关系资本仅仅是社会资本的一个维度，对关系资本的研究往往侧重于如何利用人际关系纽带提升资源的获取能力。关系资本是人们长期互动而建立的信任、义务、友情和尊重（Granovetter，1985；Kale et al.，2000；Nahapiet & Ghoshal，1998），可以提升联盟之间的价值创造绩效（Sarkar et al.，2001），提高隐性知识的沟通与转移能力（Collins & Hitt，2006）。从某种意义上来说，人们对关系资本的认识多从其与网络组织成员的良好互动，借以激活潜在的财富创造能力。通过对现有的文献梳理可以发现，关系资本常与以下变量相关，人际互信、信任、规范与制裁、义务与期盼、信息交换、关系连带强度、价值合作与分享深度等。

以上对关系资本的概念与内涵对关系要素的互动关注的比较多，但唯独对关系资本概念中的"关系"的本质关注不够，更忽略了关系资本的价值属性和关系资本建立的本质与目的。造成定义、概念与要素的混淆，影响关系资本的测度与现实应用（Carrillo，2002）。

本书认为，关系连接世界万物。关系反映的是事物及其特性之间的相互联系，是不同事物、特性的一种统一形式。正如毛泽东主席所言："世界并不存在无缘无故的关系。"任何关系的建立都有其必然性、目的性和功利性。从关系资本互动要素角度定义关系资本，属于以偏求全，本末倒置。从关系资本的本质来看，价值创造是关系建立的根本目的，关系资本的价值转换能力决定着关系资本的交易效率，而构成关系资本价值创造的六个核心要素是关系资本的内在支撑能力、关系嵌入能力、人际关系连带强度、结构优化能力、价值规则的认同度和关系资源的价值转化能力，依据以上关系资本的本质属性与核心架构组成，本书对关系资本概念与内涵定义如下："关系资本是指企业以内在关系资本为支撑，以战略网络中的关系连接机制为纽带，以非正式人际关系资本为调节机制，以结构嵌入为关系优化手段，以关系认知资本为规则约束，通过对战略网络中的内生资源和外生资源整合而形成的一种被网络关系合作者所认同的关系价值转化能力。"（蔡双立、孙芳，2013）本书认为，关系资源本身不能创造价值，只有通过能力的转换才能转换为一个可交易的资产，资产本身也没有价值，只有提供交易才能实现自身的价值属性。所谓关系资本，就是一种能通过关系网络获取异质性稀缺资源，并把这种资源转化为一种可交易资产，借以获得关系价值创造的一种资本和能力。

这个定义以关系的内在支撑为基础，以关系嵌入为观察点，以人际关系强度为判断，以价值取向契合度为评价项，从网络结构优化着眼，强调关系资源的价值转化能力与利益相关者的认同。既抓住了关系资本的本质、关系的资本转化价值，也清晰说明了关系资本的生成路径和要素的匹配与互动，从本质到观察项为后续的理论研究提供了清晰的理论框架与实践指南。

（二）基于关系资本的企业网络化成长理论解析与概念定义

本书从关系资本视角探讨企业网络化成长问题，与其他企业成长理论不同，本书重点解析关系资本对企业网络化成长的促进作用和实现路径。针对企业的成长问题，交易成本学派以交易成本边界作为关注点，资源依赖理论以异质性资源获取效应为焦点，结构学派以结构优化为着眼点，本书重点关注的是网络关系的资本属性和价值创造力；重点探索的是行动者如何通过关系，把关系资源转化为资产，把资产转化为资本的价值实现路径和机理。

从本书所定义的关系资本内涵出发，本书认为，任何机构和企业都是嵌入这个社会交易网络中的一个主体，其决策与行为受所嵌入网络的影响。一个企业能否取得良性健康和可持续发展的网络化成长，取决于以下五个要素：内生关系资本的支撑度、价值资本的认同度、人际关系的交往强度、结构资本的匹配度与关系价值的创造力。这五个要素构成中国传统文化中的金、木、水、火、土"五行"学说，相融相克，融则生、克则亡。从"五行"学说机理来说，企业网络化的成长就是五种要素的摩擦、协调、融合和匹配过程。要素匹配则兴，要素错配则衰。根据以上推理逻辑，本书提出如下"基于关系资本的企业网络化成长概念模型"，如图1-1所示：

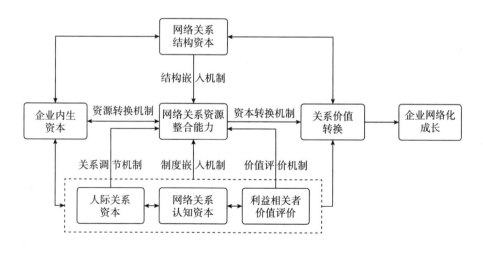

图1-1　基于关系资本的企业网络化成长理论分析框架与概念模型

资料来源：蔡双立，孙芳. 关系资本、要素整合与中小企业网络化成长［J］. 改革，2013（7）.

根据以上分析，本书基于关系资本视角，在战略发展层面着眼，把企业网络化成长定义为：企业以关系嵌入为手段，以企业自身资源和能力内生性关系资本为支撑，通过网络结构的优化、价值规则认知资本的同化、人际关系资本的强化和网络资源、资产的价值转换，促进企业网络化可持续成长的过程。

在这个定义和概念模型中，企业内生资源整合与利用能力决定着网络关系的加入类型和网络资源的整合绩效。人际关系强度决定着关系交往方式和企业对网络隐性资源和能力的吸纳绩效；网络结构特征决定着企业合作地位与资源获取方式；价值取向认同度决定着网络成员关系行为规范与互动预期，网络关系资源的价值转换与创造能力决定着企业的成长绩效，最后网络利益相关者的价值评价结果决定着网络关系合作可持续合作模式。网络各种要素的动态匹配决定着企业网络化成长质量，而要素的错配则会诱发各种关系冲突。企业网络化的成长过程就是在不断调整各种错配要素，解决和协调各种冲突，不断冲破自我约束，实现自我超越的过程。依据这个概念定义与理论分析框架，企业网络化成长质量取决于各种要素的匹配质量与企业错配要素的协调与解决的能力。

本章参考文献

［1］Adler P S, Kwon S W. Social capital：Prospects for a new concept［J］. Academy of Management Review，2002，27（1）：17 – 40.

［2］Ansoff H I. Corporate structure present and future［M］. European Institute for Advanced Studies in Management，1974.

［3］Baker W E, Faulkner R R, Fisher G A. Hazards of the Market：The Continuity and Dissolution of Interorganizational Market Relationships［J］. American Sociological Review，1998，63（2）：147 – 177.

［4］Barden J. Q. , Mitchell W. Disentangling the influences of leaders'relational embeddedness on interorganizational exchange［J］. Academy of Management Journal，2007，50（6）：1440 – 1461.

［5］Barney J. Firm resources and sustained competitive advantage［J］. Journal of Management，1991，17（1）：99 – 120.

［6］Barringer B R, Harrison J S. Walking a tightrope：creating value through interorganizational relationships［J］. Journal of Management，2000，26（3）：367 – 403.

［7］Best R. Market – based management［M］. Pearson Higher ed. , 2012.

［8］Borgatti S. P. , Foster P. C. The Network Paradigm in Organizational Research: A Review and Typology ［J］. Journal of Management, 2003, 29 (6): 991 – 1013.

［9］Brass D. J. , Galaskiewicz J. , Greve H. R. , et al. Taking stock of networks and organizations: A multilevel perspective ［J］. Academy of Management Journal, 2004, 47 (6): 795 – 817.

［10］Burt R. Structural Holes: The Social Structure of Competition ［M］. Cambridge: Harvard University, 1992.

［11］Capello R, Faggian A. Collective Learning and Relational Capital in Local Innovation Processes ［J］. Regional Studies, 2005, 39 (1): 75 – 87.

［12］Carrillo F J. Capital systems: implications for a global knowledge agenda ［J］. Journal of Knowledge Management, 2002, 6 (4): 379 – 399.

［13］Christian Lechner, Michael Dowling, Isabell Welpe. Firm Networks and Firm Development: The Role of The Relational Mix ［J］. Journal of Business Venturing, 2006, 21: 514 – 540.

［14］Coase R H. The nature of the firm ［J］. Economica, 1937, 4 (16): 386 – 405.

［15］Coleman J S. Foundations of social capital ［J］. Cambridge: Belknap, 1990.

［16］Coleman J S. Commentary: Social Institutions and Social Theory ［J］. American Sociological Review, 1990, 55 (3): 333 – 339.

［17］Collins J D, Hitt M A. Leveraging tacit knowledge in alliances: The importance of using relational capabilities to build and leverage relational capital ［J］. Journal of Engineering and Technology Management, 2006, 23 (3): 147 – 167.

［18］Contractor N S, Wasserman S, Faust K. Testing multitheoretical, multilevel hypotheses about organizational networks: An analytic framework and empirical example ［J］. Academy of Management Review, 2006, 31 (3): 681 – 703.

［19］Dahab D J, Gentry J W, Sohi R S. Interest domination as a framework for exploring channel changes in transforming economies ［J］. Journal of Macromarketing, 1996, 16 (2): 8 – 23.

［20］Das T K, Teng B S. A Resource – Based Theory of Strategic Alliances ［J］. Journal of Management, 2000, 26 (1): 31 – 61.

[21] Davidsson P, Lindmark L, Olofsson C. The extent of overestimation of small firm job creation – an empirical examination of the regression bias [J]. Small Business Economics, 1998, 11 (1): 87 – 100.

[22] De Nooy W. Fields and networks: correspondence analysis and social network analysis in the framework of field theory [J]. Poetics, 2003, 31 (5 – 6): 305 – 327.

[23] Dhanasai C, Parkhe A. Orchestrating Innovation Networks [J]. Academy of Management Review, 2006, 31 (3): 659 – 669.

[24] Dyer J H, Chu W. The role of trustworthiness in reducing transaction costs and improving performance: Empirical evidence from the United States, Japan, and Korea [J]. Organization Science, 2003, 14 (1): 57 – 68.

[25] Dyer J H, Singh H. The Relational View: Cooperative Strategy and Sources of Interorganizational Competitive Advantage [J]. The Academy of Management Review, 1998, 23 (4).

[26] Friedkin N. A test of structural features of Granovetter's strength of weak ties theory [J]. Social Networks, 1980, 2 (4): 411 – 422.

[27] Ganesan S, George M, Jap S, et al. Supply chain management and retailer performance: emerging trends, issues, and implications for research and practice [J]. Journal of Retailing, 2009, 85 (1): 84 – 94.

[28] Gargiulo M, Benassi M. Trapped in your own net? Network cohesion, structural holes, and the adaptation of social capital [J]. Organization Science, 2000, 11 (2): 183 – 196.

[29] Giuliani E, Bell M. The Micro – Determinants of Meso – Level Learning and Innovation: Evidence from a Chilean Wine Cluster [J]. Research Policy, 2005, 34 (1): 47 – 68.

[30] Granovetter M. The myth of social network analysis as a special method in the social sciences [J]. Connections, 1990, 13 (1 – 2): 13 – 16.

[31] Granovetter M. The Sociological and Economic Approach to Labor Market Analysis: A Social Structural View [M]. Reprinted from George Farkas and Paula England (eds.), Industries, Firms and Jops: Sociological and Economic Approaches, New York: Plenum Press, 1988.

[32] Granovetter M. S. The Strength of Weak Ties [J]. American Journal of

Sociology, 1973, 78 (6): 1360 – 1380.

[33] Granovetter, Mark. Economic Action and Social Structure: The Problem of Embeddedness [J]. American Journal of Sociology, 1985, 91 (3): 481 – 510.

[34] Granovetter, M. Economic Action and Social Structure: The Problem of Embeddedness [J]. American Journal of Sociology, 1985, 91, 481 – 510.

[35] Gulati R. Does Familiarity Breed Trust? The Implications of Repeated Ties for Contractual Choice in Alliances [J]. Academy of Management Journal, 1995, 38 (1): 85 – 112.

[36] Gulati R. Network location and learning: the influence of network resources and firm capabilities on alliance formation [J]. Strategic Management Journal, 1999, 20 (5): 397 – 420.

[37] Hakansson. Networks as A Mechanism to Develop Resources [A]. In P. Beijie, J. Groenebegen & O. Nuys (eds.), Networking in Dutch Industries [C]. 1993.

[38] Hamel G, Prahalad C K. Strategic intent [J]. Harvard Business Review, 1990, 67 (3): 63 – 76.

[39] He H W, Balmer J M T. Alliance brands: building corporate brands through strategic alliances? [J]. Journal of Brand Management, 2006, 13 (4 – 5): 242 – 256.

[40] Heath P P S. The Growth of the Firm in Planned Economies in Transition: Institutions, Organizations, and Strategic Choice [J]. The Academy of Management Review, 1996, 21 (2): 492 – 528.

[41] Helpman E, Krugman P R. Market structure and foreign trade: Increasing returns, imperfect competition, and the international economy [M]. MIT Press, 1985.

[42] Jack S L. Approaches to studying networks: Implications and outcomes [J]. Journal of Business Venturing, 2010, 25 (1): 120 – 137.

[43] Jack S. Approaches to studying networks: Implications and outcomes [J]. Journal of Business Venturing, 2010 (25): 120 – 137.

[44] Kale P, Singh H, Perlmutter H. Learning and protection of proprietary assets in strategic alliances: Building relational capital [J]. Strategic Management Journal, 2000, 21 (3): 217 – 237.

［45］Kilduff M. , Tsai W. , Hanke R. A Paradigm Too Far? A Dynamic Stability Reconsideration of the Social Network Research Program, The Academy of Management Review ［J］. Economic Management Journal, 2006, 31 （4）: 1031 - 1048.

［46］Larson A, Starr J A. A Network Model of Organization Formation ［J］. Entrepreneurship Theory & Practice, 1993, 17 （1）: 1071 - 1078.

［47］Larson A. Network Dyads in Entrepreneurial Settings: A Study of the Governance of Exchange Relationships ［J］. Administrative Science Quarterly, 1992, 37 （1）: 76 - 104.

［48］Larson A. Partner Networks: Leveraging External Ties to Improve Entrepreneurial Performance ［J］. Journal of Business Venturing, 1991 （6）: 173 - 188.

［49］Lavie D, Rosenkopf L. Balancing Exploration and Exploitation in Alliance Formation ［J］. Academy of Management Journal, 2006, 49 （4）: 797 - 818.

［50］Levinthal D. , Myatt J. Co - evolution of capabilities and industry: the evolution of mutual fund processing ［J］. Strategic Management Journal, 1994, 15 （S1）: 45 - 62.

［51］Liu Y, Li Y, Tao L, et al. Relationship stability, trust and relational risk in marketing channels: Evidence from China ［J］. Industrial Marketing Management, 2008, 37 （4）: 432 - 446.

［52］MacGregor R. C. Factors associated with formal networking in regional small business: some findings from a study of Swedish SMEs ［J］. Journal of Small Business and Enterprise Development, 2004, 11 （1）: 60 - 74.

［53］Madhavan R, Koka B R, Prescott J E. Networks in transition: how industry events （re） shape interfirm relationships ［J］. Strategic Management Journal, 1998, 19 （5）: 21.

［54］Madhavan R. , Gnyawali D. R. , He J. Two's Company, Three's a crowd? Triads in Cooperative - Competitive Networks ［J］. Academy of Management Journal, 2004, 47 （6）: 918 - 927.

［55］Mason C, Castleman T, Parker C. Knowledge management for SME - based regional clusters ［C］//Collector 2004: Proceedings of the 2004 Collecter E - Commerce Conference. ［Coll ector Conference on Electronic Commerce］, 2004.

［56］Mathews B P, Pressey A D. How do I trust thee? Let me count the ways: combinations of trust in buyer - seller relationships, the links to motives for formation, drivers, outcomes and temporal relationships [J] . British Medical Journal, 2003, 288 (6431): 1659 – 1660.

[57] Miles R E, Snow C C. Causes of failure in network organizations [J] . California Management Review, 1992, 34 (4): 53 – 72.

[58] Mintzberg H, Quinn J B. Readings in the strategy process [M] . Upper Saddle River, NJ: Prentice Hall, 1998.

[59] Nahapiet J, Ghoshal S. Social Capital, Intellectual Capital, and the Organizational Advantage [J] . The Academy of Management Review, 1998, 23 (2): 242 – 266.

[60] Nohria N, Gulati R. Firms and their environments [M] . Division of Research, Harvard Business School, 1993.

[61] Oxley J E, Sampson R C. The scope and governance of international R&D alliances [J] . Strategic Management Journal, 2004, 25 (8 – 9): 723 – 749.

[62] Penrose E T. The theory of the growth of the firm [J] . New York: Sharpe, 1959.

[63] Perelman M. Adam Smith: Class, labor, and the industrial revolution [J]. Journal of Economic Behavior & Organization, 2010, 76 (3): 481 – 496.

[64] Pfeffer J, Nowak P. Joint Ventures and Interorganizational Interdependence [J] . Administrative Science Quarterly, 1976, 21 (3): 398 – 418.

[65] Podolny J. M, & Page, K. L. Network forms organization [J] . Annual Review Sociology, 1998 (24): 57 – 76.

[66] Porter M E. Clusters and the new economics of competition [M] . Boston: Harvard Business Review, 1998.

[67] Porter M E. How competitive forces shape strategy [J] . Strategic Planning: Readings, 1979: 102 – 117.

[68] Portes A. Economic Sociology of Immigration, The: Essays on Networks, Ethnicity, and Entrepreneurship [M] . Russell Sage Foundation, 1995.

[69] Powell W W, Koput K W, Smith – Doerr L. Interorganizational collaboration and the locus of innovation: Networks of learning in biotechnology [J] . Administrative Science Quarterly, 1996: 116 – 145.

[70] Provan K. , Fish A. Interorganizational Networks at the Network Level: A Review of the Empirical Literature on Whole Networks [J] . Journal of Management,

2007, 33 (3), 479 – 516.

[71] Putnam R D. Tuning in, tuning out: The strange disappearance of social capital in America [J]. PS: Political Science & Politics, 1995, 28 (4): 664 – 683.

[72] Rothwell R, Dodgson M. External Linkages and Innovation in Small and Medium – Sized Enterprises [J]. R&D Management, 2010, 21 (2): 125 – 138.

[73] Rothwell R. External networking and innovation in small and medium – sized manufacturing firms in Europe [J]. Technovation, 1991, 11 (2): 93 – 112.

[74] Rowley T. , Behrens D. , Krackhardt D. Redundant governance structures: An analysis of structural and relational embeddedness in the steel and semiconductor industries [J]. Strategic Management Journal, 2000, 21 (3): 369 – 386.

[75] Sampson R C. Experience effects and collaborative returns in R&D alliances [J]. Strategic Management Journal, 2005, 26 (11): 1009 – 1031.

[76] Sarkar M B, Echambadi R, Cavusgil S T, et al. The influence of complementarity, compatibility, and relationship capital on alliance performance [J]. Journal of the Academy of Marketing Science, 2001, 29 (4): 358 – 373.

[77] Schneiberg M. What's on the path? Path dependence, organizational diversity and the problem of institutional change in the US economy, 1900 – 1950 [J]. Socio – economic Review, 2006, 5 (1): 47 – 80.

[78] Schumpeter J A. [J]. The Theory of Economic Development, 1912.

[79] Senge P M. A quinta disciplina: arte, teoria e prática da organização de aprendizagem [M]. Best Seller, 1990.

[80] Suen W W. The Dark Side of Strategic Alliances [M] // Non – Cooperation – The Dark Side of Strategic Alliances. Palgrave Macmillan UK, 2005.

[81] Suseno Y, Ratten V. A theoretical framework of alliance performance: The role of trust, social capital and knowledge development [J]. Journal of Management & Organization, 2007, 13 (1): 4 – 23.

[82] Sydow J, Schreyögg G, Koch J. Organizational path dependence: Opening the black box [J]. Academy of Management Review, 2009, 34 (4): 689 – 709.

[83] Ter Wal A L J, Boschma R A. Co – evolution of firms, industries and networks in space [J]. Papers in Evolutionary Economic Geography, 2007, 7: 1 – 19.

[84] Thorelli H B. Networks: between markets and hierarchies [J]. Strategic

management journal, 1986, 7 (1): 37 - 51.

[85] Tresca R. Coordination and shared governance in business networks, the figure of the network manager in the context of a network's life cycle [J]. Rivista Arethuse - Scientific Journal of Economics and Business Management, 2015, 1 (2): 37 - 56.

[86] Tsui A. S. Zhang Zhixue (Guanghua School of Management, Peking University, China) [J]. Problems in Management and Theory Construction: Strategies of Indigenous Management Research in China, 2005 (4).

[87] Uzzi B. Social Structure and Competition in Interfirm Networks: The Paradox of Embeddedness [J]. Administrative Science Quarterly, 1997, 42 (1): 35 - 67.

[88] Uzzi B. The Sources and Consequences of Embeddedness for the Economic Performance of Organizations: The Network Effect [J]. American Sociological Review, 1996, 61 (4): 674 - 698.

[89] Walker G. Social Capital, Structural Holes and the Formation of an Industry Network [J]. Organization Science, 1997, 8 (2): 109 - 125.

[90] Wasserman S., Faust K. Social network analysis: Methods and applications [M]. Cambridge University Press, 1994.

[91] Wernerfelt B. A resource - based view of the firm [J]. Strategic Management Journal, 1984, 5 (2): 171 - 180.

[92] Williamson M, Storch R L. The collaborative engineering process within the framework of the virtual enterprise [M] //Advances in Production Management Systems, Springer, Boston, MA, 1998: 79 - 90.

[93] Williamson O E. Strategizing, economizing, and economic organization [J]. Strategic Management Journal, 1991, 12 (S2): 75 - 94.

[94] 边燕杰, 丘海雄. 企业的社会资本及其功效 [J]. 中国社会科学, 2000 (2): 87 - 99.

[95] 蔡双立, 孙芳. 关系资本、要素整合与中小企业网络化成长 [J]. 改革, 2013 (7): 111 - 119.

[96] 林南. 建构社会资本的网络理论 [J]. 国外社会学, 2002 (2): 18 - 37.

[97] 罗珉, 高强. 中国网络组织: 网络封闭和结构洞的悖论 [J]. 中国工

业经济，2011（11）：90 - 99.

　　［98］罗珉，任丽丽．组织间关系：界面规则的演进与内在机理研究［J］．中国工业经济，2010（1）：84 - 93.

　　［99］沈毅．现代评论与科学传播［J］．中国出版，2012（14）：46 - 48.

　　［100］徐礼伯，施建军．联盟动态稳定：基于互依平衡的理论研究［J］．中国工业经济，2010（3）：97 - 107.

　　［101］张宝建，胡海青，张道宏．企业创新网络的生成与进化——基于社会网络理论的视角［J］．中国工业经济，2011（4）：117 - 126.

　　［102］张闯．最大化组织科学的影响：学科与学术领域交叉处的理论构建［J］．管理世界，2011（3）：155 - 161.

第二章　中小企业网络化成长中
关系冲突相关理论分析与文献综述

中小企业为什么要加入网络？因为网络中有资源、信息、成长机会；因为社会是一个庞大的交易网络，失去网络，就会失去生存环境，失去交易平台，落入"社会化孤立"发展困境。由于先天性资源不足、能力缺乏与网络进入合法性认定问题，中小企业获得网络进入资格不易，维护网络关系，在网络中求得生存与发展更难。现有研究者分别从网络资源整合、动态演化、结构洞、组织场域、租金获取、关系惯例和交易边界各个角度研究网络关系对于企业成长的影响，但研究多关注企业追求网络化成长中的正面效应，如资源整合效应、能力互补效应、生产协同效应、规模经济与范围经济兼得效应以及经验曲线和学习曲线的放大效应，而对网络关系所带来的"价值悖反""新创弱性""新入缺陷""关系异化""关系破裂"负面效应重视不够（Wilma W. Suen，2005；Tidstrom，2009；徐礼伯、施建军，2010），对于关系冲突对企业关系进化、合作边界确定及其成长绩效影响效应更是研究不够。本书认为，中小企业的成长是一个在不断协调和解决各种冲突与矛盾，不断突破自我、成长进化的过程。因此，关系的正面效应值得研究，负面效应更值得关注。本章站在企业网络化成长的背景下，从理论上探究组织间关系冲突的诱因、对组织成长绩效的影响以及协调解决之道，为企业网络化成长冲突管理提供理论和现实指导。

一、网络关系冲突理论诠释与述评

关系对于中小企业实现网络化成长至关重要，维持关系稳定发展是每一个中小企业关系管理的重心，但是网络化成长中的组织间关系不是稳定的、一成不变的；网络关系进化也并非一帆风顺，存在的现实风险导致较高的不稳定率（Das and Teng，2000；卢正营、蔡双立，2013），并有半数以失败而告终（Wilma W. Suen，2005）。

与单个企业的自我运行机制相比，网络组织的开放性特征决定了网络组织存在诸多不确定性和冲突诱发的可能性。经济周期性波动诱发网络生态风险，网络结构变迁导致网络结构风险，网络化协同生产错位导致协同风险，技术进步诱发技术风险，客户需求迁徙诱发商业模式的渐变和突变，网络核心企业战略目标的变迁也有可能导致网络关系的解体与分化。对中小企业来说，其网络化成长过程是平衡、协调、解决内外在各种冲突的过程，是一个面对网络关系复杂环境下关系进化、取舍与权衡的自我理性选择过程，一个在试错中不断进行行为优化的过程。对这种试错、优化和理性选择，不同理论解释如下：

（一）关系契约理论与交易成本理论的解释

关系契约理论认为交易主体双方的互信是实现企业交换关系和网络化成长的关键（Macneil，1974，1980）。而交易成本理论则强调企业关系中的机会主义行为的负面影响（Williams，2010，Riordan，1985）。由于企业总是具有损害伙伴的自义行为倾向，因此需要采用双边信任来锁定这种关系，并且采用事前契约和事后监督等方式来防范机会主义倾向。

交易成本理论没有考虑到市场机制和效率在长期对机会主义倾向的削弱效应（Hill，1990），机会主义倾向并非一定出现或成为关系冲突的主导性诱因（Ghoshal & Moran，1996）。同时信任缺失也不能对关系冲突做出全面的解释，其他因素如关系伙伴的选择、结构性安排等也会对关系冲突产生影响。

（二）博弈论的解释

很多学者尝试从"囚徒困境"的视角对关系冲突做出解读，他们认为在信息不透明、信息不对称和非完备契约约束下，个体理性总是会超越集体理性。网络关系中的单个企业总是想获取利益的最大化，因此欺诈、剥削和支配其他企业的行为不可避免。然而博弈论对关系冲突的解释仍然需要其他理论支撑和补充（Parkhe，1993），不是所有的企业在合作中都具有短视行为，企业往往会选择暂时搁置争议、舍利取义、舍弃短期利益而换取长期关系租金。长期交易过程中的某次背信弃义或欺诈会引起博弈双方关系的解体因而影响关系正效应，因此通过逆向选择合作会成为关系企业的最优解（Aexlord，1981；Oye，1986）。同时制度理论也指出企业合作中并非单纯地获得经济利益，其合法性和声誉也是动因之一（DiMaggio & Powell，1983），网络结构的拓扑性可以传播和扩散合作中的忠诚、信用等声誉促进企业网络关系的拓展、掌握关系开关权。

（三）　资源依赖理论和议价理论的解释

资源依赖理论认为依赖其他企业专有资产的企业在合作中往往处于被支配地位，这种处境使这些企业在网络权力等方面处于劣势（Bucklin & Sengupta，1993），而关系权力不对等而产生的议价能力强弱与租金分配直接挂钩（Yan & Gray，1994）。依附性企业往往被锁定在产业链的末端或网络的边缘区域中，由于资源禀赋和话语权的缺失造成其付出与回报不对等，长期交易下这些企业具有摆脱被动处境的倾向和动机来削弱资源依赖的负面效应。

另外，从知识管理的视角看，企业网络化成长的重要目的就是获得网络中的专有知识和隐性知识。Inkpen 和 Beamish（1997）认为，一旦企业从网络中得到了这些知识企业，其自身实力得到增长自然具有关系解体的动机，这也是关系突变的重要诱因。

然而网络权力视角忽视了治理的重要性，占有核心专有资产的企业会采用制度性治理机制来维持网络的稳定性，同时网络的动态性会使那些处于边缘企业跨越网络层级向网络中心演化，而知识管理视角则没有看到企业合作中除了知识分享和获取核心战略资源以外的动机，例如，市场进入权、规模经济、研发成本风险分摊等。另外，并非所有企业均具有知识获取能力和隐性知识显性化的能力，因此多数企业知识分享和使用知识，并非可以直接获取这些核心知识（Inkpen，1995）。Doz（1996）和 Hallen 等（1991）则发现知识分享过程和议价能力反转不仅不会产生关系冲突反而促进了关系适应进一步稳定了网络关系。

（四）　委托—代理理论的解释

委托—代理理论认为，企业的资源提供者与使用者之间可以视作一种契约关系，这种关系也可以延伸到企业间关系，处于网络中的企业具有横向的竞合关系和纵向的产业链关系，他们之间的资源互补就是这种关系的体现。而委托—代理理论的核心就是激励相容问题，资源提供者和使用者总是在自益和共益之间权衡。由于不完备契约和信息不对称，这种松散的网络关系缺乏一种相互监督制衡的正式制度安排推高了监督成本，降低了守约成本，给机会主义倾向提供了窗口，容易诱发关系冲突。然而，委托—代理理论无法解释即使合作双方的一方具有自益倾向而另一方具有共益倾向时，双边关系仍然可以维系不产生冲突的事实。同时，委托—代理理论只关注了双边关系，当出现多方交易关系，群体关系压力、结构洞控制等都会对企业的自益行为有所约束，降低了关系冲突发生的机会。

（五）战略行为理论的解释

竞争优势理论认为企业间的合作可以克服单个企业在资源、能力和信息等方面的不足，合作中产生的互补优势、超额租金、规模经济等成为成员企业共同占有的竞争优势（Port，1985）。这种市场结构主义学派的视角强调通过合作形成的网络结构具有一定的刚性和排他性，网络内部企业间的交易成本较低，而对网络外部的竞争又形成了一定的资源、技术壁垒从而获得比竞争对手更多的竞争优势（Glaister & Buckley，1996）。然而由于不同企业网络化成长的需求和目标存在差异，因此合作中容易产生目标不兼容、目标不切实际或目标重合等促使冲突产生的问题（Hatfield & Pearce，1994）。另外，Stafford（1994）认为，那些目标重叠或不匹配的成员企业往往缺乏耐心和化解冲突的有效方式，因此从潜在的冲突更容易显性化。虽然战略行为理论从目标冲突的视角解读了关系冲突，然而其忽视了企业合作中还存在过程冲突、认知冲突、文化和价值观等方面的冲突类型，同时对处于中国儒家文化情境下，企业家社会网络中的差序格局、舍利取义、人情面子等关系特质都会削弱目标冲突或利益冲突对关系冲突的负面作用。最后，自组织学说认为，网络组织具有自我调节和自我修复的特性，并且组织成员作为有机体具有关系适应的能力，因此目标冲突并不必然导致企业间关系冲突的全面爆发。

（六）内生缺陷学说的解释

网络组织具有边界动态性和结构多变性，这种不稳定状态最终会向稳定状态演化（Williamson，1985）。网络关系的高灵活性和低承诺性以及不完备契约使网络组织成员在长期很难协同化生产而不产生冲突，因此关系冲突是不可避免的。Porter（1990）认为，网络组织是一种过渡性工具而非稳定的制度安排，网络组织的演化过程中总是伴随着协调成本、目标兼容、竞合等现象。Shaw N. G.（1998）认为，企业间合作存在"剥削与投资""塑形与成长""对抗与合作"的平衡问题。Hennart 等（1998）认为，关系不稳定最直接的原因就是共享管理与溢出效应。

以上六种理论从不同角度对企业网络化冲突中的关系冲突问题进行了解释。这些解释对于我们从不同视角观察和理解企业网络化成长中关系冲突的诱发、扩散与解决非常重要。但本书认为，企业的网络化成长中的关系冲突问题是一个非常复杂的问题，设计不同的主体、场景和冲突类型，单一理论解释难以揭示。必须站在战略层面，从整体把握关系冲突的演化过程，才能真正地把握关系冲突的本质、诱因、特征与行为选择逻辑，因为组织的各种行为选择必须服从战略的安排，关系建立的本质不是简单的联系，而是通过关系连带获取关系超额价值，促进企业的可持续成长。

二、组织间关系研究综述

组织是嵌入整个社会交易网络的一个主体，组织的存在是为了交易的需要。网络组织的形成是为了组织更好地存在、发展和更有效地交易。Fabrizio（2011）发现，不同规模的企业之间的合作有助于克服弱点而不增加过渡费。其他学者发现，在组织网络中的公司有更高的生存机会，有声望的合作伙伴帮助公司更快地上市（Gulati，Dialdin & Wang，2002）。此外，网络还可以使企业获得资本，以维持运营和投资，同时降低过渡成本（Khanna & Rivkin，2006）；网络可以减少消费者对品牌的不确定态度，Ingram 和 Baum（1997）对曼哈顿饭店连锁关系的研究表明，一家加入高水平酒店连锁的酒店标志着它的高地位。联盟组织间的关系合作有利于知识转移、资源与能力互补（Dyer & Nobeoka，2000）。

传统的经济文献表明，一家公司至少有 3 个备选方案，以维持其战略，如寻找供应商和新市场（Mariti & Smiley，1983），公司有与其他公司建立合作协议的选择权，公司可以为个人市场交易提供资源，公司可以在国际自组织。最后的两个选择可以根据规模经济和规模不经济以及亚当·斯密的劳动分工理论来细化和阐述。然而，最近的经验证据表明网络关系"可能与传统的范围/规模经济不同"，成功开发个人或组织关系是企业获得和保持竞争优势必不可少的（Khoja，2010）。网络组织的发展推动了新的关系合作范式的诞生和新的关系生产模式的问世。

网络关系可以是指向性的（如潜在的单向的给予建议），或者是非指向性的

（如身体上的靠近），可以是二分的（如存在或不存在），也可以是带有价值判断的（如朋友关系的强度）（Borgatti & Foster，2003）。一个组织网络被定义为两个以上的公司的集合，它们追求彼此之间的重复交换关系，但缺乏管理交换过程的合法组织权限（Podolny & Page，1998）。这个定义涵盖范围广泛的企业间的关系，包括联盟、合资企业、商业团体、特许经营、研究财团，而不包括短期合约或现货市场交易等市场安排。Sydow 和 Windeler（1998）指出，企业间网络是一种特殊但是彼此相关的制度安排，成员企业间均具有特定的网络关系，并不缺乏灵活性。网络关系是一种介于市场和科层结构的组织形态。

传统方面，组织间关系及网络研究与其他主题有关，如组织网络情景下的嵌入（Uzzi，1997）、社会资本（Portes，1998）、社会交换（Cook，1977）和结构化理论（Giddens，1984）等。网络组织学者发现，经济行为是嵌入于社会关系之中，不同于传统的公平市场关系，企业间关系与嵌入关系是相互派生关系（生成和被生成）。在营销和管理方面，在过去的 30 年中，这种认识反映在分销渠道、供应链管理、买卖双方关系、采购中心、创新扩散和新产品联盟等方面研究的增加和特征。以下本书从动机、关系、结构、演化、互动和治理六个方面对组织间关系进行了文献回顾，为准确把握组织间关系冲突的动机、诱因、演化与治理提供理论支持。

（一）动机视角

动机观点主要关注以下两个基本问题：其一，为什么公司要加入网络，为什么选择采用网络发展战略？传统战略认为，基于成本因素（交易成本）、内部因素（企业的能力、资源基础观点）和外部的影响（社会资本、制度基础观等）。传统理论也从交易成本来解释战略联盟的形成。交易成本经济学把交易成本效率视为企业进入网络的动机（Eisenhardt & Schoonhoven，1996）。然而，交易成本仅重视了效率和成本逻辑，却无法解释企业嵌入网络的战略逻辑、资源逻辑、学习逻辑和能力逻辑。严建援（2003）从战略需求视角解释了企业网络联盟成立与企业在网络中定位自己的动机，并认为这一转变弥补了交易成本理论的不足，为企业的网络资源整合与资源驾驭能力培育提供了新的解释。

与交易理论关注成本和效率相比，资源基础理论重视企业的战略机会成本、异质资源的要素整合和资源的驾驭能力，而不仅仅是短期的交易成本节约和效率提升。Das 和 Teng（2000）从资源的属性与结构特征研究了关系联盟的形成动机。Lee 和 Pennings（2001）分析了企业所拥有的资源、能力对外部网络构建的影响，认为企业的资源属性和能力基础决定着企业加入不同网络的动机。Lavie（2006）把资源观从企业内生资源向网络资源扩张，提出网络资源的概念，认为企业加入网络的动机在于获取更多的资源，据此，他提出了一个区分共享资源和非共享资源的模型，借以揭示网络组织如何从不完全属于自己控制的网络资源到价值的创新过程。

社会资本理论从嵌入角度诠释企业嵌入网络组织的动机。社会资本理论认为，组织嵌入社会网络中的目的就是获取资源（Bourdieu，1983；Burt，1997）、合法性与回报（Coleman，1988；Putnam，2000）。组织参与互动和网络化的目的是提高产出（Lin，1999）。组织学者利用社会资本理论已经有几十年了。例如，Koka 和 Prescott（2002）认为，社会资本可以为企业带来信息收益。Lee 等（2001）认为，就销售增长而言，企业能力与社会资本的交互影响新创企业绩效，但是社会资本对公司绩效仅表现为弱的主效应。近年来，由于全球市场的兴起，学者们开始将社会资本理论应用于跨文化研究。

此外，基于制度基础的一系列研究也可以用来解释公司做出战略选择的动机。制度理论（DiMaggio & Powell，1983；Scott，1987）相信组织行为是由社会理由（Justification）驱动的。从这个角度看，战略决策是社会规范的定义，因为他们的动机来源于行动者的合法的合作行为的偏好（倾向）。网络参与者认为他们的效用是由其他成员（如股东、客户、供应商）来判断的。根据这一理论，组织的动机是从这些潜在成员处寻求合法性或认可。迄今为止，只有少数学者将这一理论应用于网络研究。例如，Dacin、Oliver 和 Roy（2007）检查战略联盟的合法化方面。基于一种制度的观点，他们认为联盟的社会象征和信号特征是合作伙伴合法性的来源，合法性是获得竞争优势的手段。

以上理论虽然从动机视角揭示了企业嵌入网络组织的动机，但正如所有理论只能观察一方面而无法全面解释一样，交易成本经济理论虽然强调成本和效率，但是却缺乏对社会合法性的合理解释。资源基础理论关注企业资源的获取和能力的培育，然而，却忽视了成本因素。社会资本理论重视网络组织成员加入网络的社会收益和合法性与成员资格，但对相关利益者对网络的影响研究不足。

此外，虽然研究人员已经表明，不同的理论可以解释不同的动机，但这些理论之间没有明确的界限。例如，包含社会规范的制度基础观，可能与社会资本理论在社会制裁和预期互惠方面有潜在的重叠。资源基础观可能与社会资本理论在工具理性方面相互重叠。一般来说，一些学者［例如 Lee 等（2001）］也认为，在进行研究时需要多种理论融合，综合比较与分析理论之间的共性和差异，为今后的研究创造奠定基础。

（二）关系视角

关系研究是与网络相关的最早的研究之一。研究从最初的双边关系，到多变关系，再到网络关系。研究内容既有对关系合作者主体的研究，也有关系特征、网络结构、关系绩效等方面的研究。Larson（1992）表明，牢固的关系从长远的角度促进或增强企业之间的信任、共赢和互惠。因此，网络关系不仅有利于网络合作者的异质性资源的获取、互补能力的协同，还有利于共同问题的解决和风险规避（Uzzi，1996）。Gulati 和 Westpal（1999）检验连锁关系企业之间的合资企业形成的不同影响，发现关系的内容（直接与间接）对公司战略决策有很大的影响，一些关系可能促进建立新的联盟，而另一些关系则有可能破坏关系的稳定性，甚至会造成关系的解体。Gulati、Nohria 和 Zaheer（2000）认为，网络转介关系，起到了信用背书的作用，能够帮助潜在的关系合作者尽快了解彼此的能力和实力，减少由于信息不对称而引起的交易费用增加。此外，Rowley、Behrens 和 Krackhardt（2000）也探讨了强、弱关系对企业绩效产生正向影响的条件。研究认为，企业嵌入结构网络的方式取决于与战略联盟企业的关系强度。从根本上来说，关系可以作为一种社会控制主体来进行联盟成员行为和合作的治理方式。关系的双向锁定就会萌发出形成新的关系的萌芽和动机。这与 Burt 结构洞的探寻理论是不谋而合的。

最新研究成果对企业间网络传统的关系基础观提出了新的有价值的挑战。Olk P（2001）从关系强度视角检验了新产品联盟中信息的获取和利用。传统观点认为，与纵向联盟关系联结相比，横向联盟应该具有低关系嵌入和高水平知识冗余结构特征，但是研究结果并非如此，价值链伙伴式战略联盟，关系高度嵌入，知识冗余却不高。该研究还质疑了强关系理论假设逻辑和现实基础。比如，多数人认为，强关系具有高嵌入性和高冗余度的结构特色；然而，Rindfleisch 和 Moorman（2001）的研究结果却表明，这个假设至少在组织环境中没有普适性，因为在组织环境中，强关系与弱关系相比，更有可能发挥"桥梁"转介作用。另外，Khanna 与 Rivkin（2006）把这种强关系转介定义为关系联结。他们通过智利的一项调查发现，关系组成（如家庭成员、共同拥有者）在决定一个企业集团的边界方面起作用。他们分析了该公司如何通过牢固的桥梁关系和优质关系收集和整合知识。Lee、Kroll 和 Walters（2011）在研究中建立了一个公司治理阶段的模型，认为在转型经济中，公司治理有可能从官僚治理结构转变为关系治理结构。

虽然鲜有文献对关系基础观提出挑战和扩展，但大量的研究集中于网络理论方面。然而，也应该认识到，网络理论最初研究的是这些网络中的个人（个体），而不是组织，应该进一步研究组织网络研究的理论边界。此外，必须承认，组织并不建立联系，而是人建立联系。如果这是真的，那么管理人员如何将他们的个人关系转移到组织中成为一个有趣的研究问题，这一问题尚待详细研究。最后，对组织间关系的特征还没有明确的定义，另外，关系除了关系强度以外的其他特征（如距离、对称性等）也都没有得到充分的检验。

（三）结构视角

结构视角关注以下三个问题：其一，网络的结构特征如何影响组织关系定位与资源获取；其二，网络结构变迁的内生和外生动力；其三，关系连带与关系强度对关系合作者行为选择的影响。根据关系结构特征，网络结构可分为纵向网络、横向网络、混合网络或同心网络。纵向网络关系管理聚焦于效率、成本与技术与资源控制，横向网络侧重于规模、协同与成本节约。混合网络则由规模、密度、强度、中心度、进入和退出壁垒构成网络结构。

早期的研究把纵向关系视为网络，研究领域主要侧重于网络成员的互依性和渠道成员的管理。根据定义，垂直网络是一个由垂直交换关系组成的组织的集合。学者汇聚了各种和垂直网络相关的研究领域，如在营销渠道中的相互依存，契约化（Contracting）、关系行为（Kumar，Heide & Wathne，2011；Lusch & Brown，1996）以及权力（Walker，1972）。Achrol 和 Kotler（1999）认为，营销可以在垂直渠道集成，因为网络成员是高度专业化的和责任取决于营销经理的组织信息和资源流动。在市场营销中，Ganesan 等（2009）从零售环境角度研究垂直网络，发现零售商的价值和竞争优势创造建立在于组织边界的开发与扩张，在于其对供应商资源和能力的整合。此外，Zaheer 和 Bell（2005）最近进行的一项研究认为，网络结构越好，公司能够越好地利用自己的内部能力，从而提高绩效。

20 世纪 80 年代，随着市场竞争的进一步加剧，规模经济和一体化管理成为企业战略竞争的重要手段，而学者关注的横向网络研究较少，例如，Nygaard 和 Dahlstrom（2002）认为，组织网络中横向安排越来越多，管理边界不断扩大，任务的复杂性也不断提高。网络结构对于组织的协同管理、价值创造成为研究的重点，关系压力对组织绩效的影响、影响关系压力的组织和交流过程是研究的重点。为了弥补在营销文献中横向联盟的不足，作者研究了两个在零售领域横向联盟的石油公司，研究横向联盟中压力的作用，角色压力对组织绩效的影响，以及在联盟中的组织和交际过程对压力的影响程度。此外，Rindfliesch 和 Moorman（2001）研究认为，相对于纵向联盟，横向联盟在结构特征上和知识分享上具有较低的嵌入程度和较高的知识冗余。

近年来，同心网络也是营销人员越来越关注的一种网络形式。同心网络也被称为一个跨市场（Intermarket）网络，是指由几个相关和不相关的产业围绕一个大公司运营的企业及其附属机构组成的企业群组（Achrol & Kotler, 1999），金融控股是连接不同产业和组织的媒介。该网络在日本和韩国是以财阀式形式运行的。这种网络不仅存在于日韩，在西方也有类似的组织形式，基于金融控股的内部化组织与价值链伙伴组织都有类似的特征。以 Uzzi（1997）的结构嵌入性研究为例，Uzzi 并没有清晰地界定他的研究背景为同心网络。然而，他的研究涉及主要制造商以及与之紧密相连的企业网络（例如，设计公司、仓储公司、展厅和零售商），可以被认为是一个同心网络。

混合网络在过去的文献中很少被研究，更鲜少被定义。McGuire 和 Dow（2009）研究和回顾了日本集团企业的发展历程和结构特征，发现日本集团企业的结构不能简单地划分为纵向网络或者横向网络，现实中这些关系网络是错综复杂的，既有分工，也有合作，围绕价值的合理生产可能职能重叠交叉。比如，三菱水平网络与以生产为中心的分组有重叠，与丰田（垂直）、三井（横向）组之间也有重叠。进入网络经济时代，随着企业经营边界的逐步模糊化、职能分工的交织化和价值创造的协同化，基于生态网络组织的混合型组织成为发展的趋势。

研究人员对于垂直或水平的网络的研究做出了不少贡献。然而，对于纵向或横向的网络结构仍然可能是过于简单化的讨论。渗透性和演化关系是网络的特点，因此，需要注意关系结构的演化过程，不能简单化，静态研究，否则就可能忽略一些因素，如每一条关系都可以从水平结构向垂直结构迁移，反之亦然。实际上，简单地研究横向网络可能忽略了公司已有的可能对水平网络正在产生影响的其他垂直关系。可能与单一的垂直或水平关系相比，混合网络关系会导致更高的绩效。换句话说，简单地看纵向或横向网络可能会导致与实际不符的研究结果。因此，混合网络研究可能会提供一个新的研究领域。

（四）进化视角

现代信息科技的发展和网络组织的兴起，引起了人们对网络进化重要性的关注。从进化视角研究网络主要关注网络的改变如何以及为什么会影响网络企业的战略选择、行业活动，以及制度因素形成，例如，从网络结构角度，现有企业的规模、密度和位置如何影响合资企业和新联盟形的形成？现有网络成员和潜在网络成员之间关系发展的阶段与网络合作关系的互动影响等。

　　从现有文献来看，从网络进化视角的研究大多数关注网络形成和网络解体（关系形成与关系解体）。从网络形成的角度看，研究者从社会经济交换理论、社会资本和结构洞等理论视角研究了网络组织的形成与进化问题。例如，Larson和 Starr（1993）详细地描述了网络建设的三个阶段，关注二元关系的建立，从二元关系转化为社会经济交换关系，以及分层交换转化为多重交换的过程。在这三个阶段中，组织选择性地使用网络二元关系与其商业决策制定相匹配。此外，Gulati（1993）通过纵向研究探讨了社会结构如何影响企业间联盟形成模式，研究结果表明，现有的联盟中产生的社会情景以及对战略依存的考虑影响企业间伙伴关系的决定。社会网络利用新联盟向企业提供潜在合作伙伴的能力及可靠性的信息。因此，组织建立关系以应对不确定的环境并满足其资源需求（Gulati & Garguilo，1999）。此外，组织学者从社会交换以外的其他社会理论来研究网络进化，这在一定程度上与动机观点相重叠。然而，进化论者聚焦于网络建设的阶段和过程（网络形成与演化），例如，政治和经济权力的变化会影响社会网络形成的渠道结构和公司决策（Dahab，Gentry & Sohi，1996）。资源依赖理论认为，组织间关系的形成，如战略联盟，是由于潜在的资源依赖（Pfeffer & Nowak，1976）。此外，Madhavan、Koka 和 Prescott（1998）从结构视角研究企业网络为何以及怎样随时间的变化而变化。他们认为，企业间网络进化是对关键行业事件做出的反应。企业战略学者认为，企业形成或改变联盟可以提高其在网络和市场中的战略地位（Contractor & Lorange，1988；Kogut，1988；Porter & Fuller，1986）。有趣的是，Gulati 和 Garguilo（1999）认为，新的联盟修改现有的网络以促进组织行为和网络结构之间的动态演化，通过 9 年的跟踪分析，研究表明，新联盟可能会随着相互依存性的增加而增加，并且与以前的共同联盟、共同的第三方以及联盟网络中的联合中心性有关。

　　近年来，学者们开始对网络解体进行研究。由于收集数据的复杂性，研究大多是理论性的。Baker、Faulkner 和 Fisher（1998）分析了广告公司和他们的客户之间的组织间关系的解体中竞争，权力和制度性权力所起的作用，研究发现，广告公司和客户之间的大多数交换关系是排他性的，而且大多数持续数年；但竞争、权力和体制力量支持或破坏这些关系。强大的广告公司利用资源来提高稳定性，但他们的客户调动资源来增加或减少稳定性。竞争对关系解体有影响，制度力量如变化得规范，会使关系变得不稳定。

研究人员通过加入新网络、修改现有网络和在当前网络中的自然演化来探讨网络如何进化，虽然取得了重大进展，但还留下了一些相对未开发的问题。例如，一些学者认为企业之间的交换关系是给定的，并且试图以此为基础解释这些关系是如何形成的。这种交换关系影响企业间关系形成的假设实际上可能导致错误的结论。Pisano（1989）认为，在给定两个企业之间的交易关系基础上，需要探讨这种关系是如何形成的。这一个假定告诉我们企业间关系的形成可能导致的是负面效应，并非企业双方的真实预期，也有可能是从开始合作就同床异梦。有些学者，尽管解释了可能会导致关系的形成的其他原因，但可能无法解释网络的形成和变化。例如，很少有人进行过研究，说明营销能力是否是企业在进入新网络时不依赖的资源（网络中的企业所具备的资源是及时可用的，还是具有未来成长性？现有网络成员对这些新进入企业的资源、能力如何评价。社会资本与结构嵌入的双重衡量）。有趣的是，虽然过去已经规定了资源因素，但问题仍然在于这些资源是否是有形的（如财政或人力资源）或无形资产（如其他网络的可及性、管理伙伴关系的能力）。

此外，这一领域的大量研究集中于联盟的形成，而不是网络的形成和变化。[过去研究更多集中在战略联盟形成的研究上，而对例如：采购商、行业协会等其他商业网络（非正式组织网络）的形成缺乏深入探究。]因此，对非正式企业集团的研究可能成为未来的研究领域。最后，制度力量如文化规范，在网络形成中起着重要的作用。尽管有学者们（Peng & Zhou，2005）开始研究企业如何使用网络为中心的战略（Network–centered Strategies），以及网络如何在转型经济中发展，但很少有人把不同文化背景中的网络进化进行比较，或分析涉及来自不同文化的企业的网络进化。

（五）互动视角

互动视角的研究主要侧重于网络成员企业之间的相互作用的类型、条件和后果，信息交流、组织学习、知识转移、正式和非正式交易、互惠的互动成为互动学派的学者们关注的重要的交易。这种观点可以追溯到 20 世纪 70 年代，一般来说，早期的研究只关注网络中实体之间的交换互动，学者们认为诸如权力、交换行为以及环境力量是影响和促进企业间相互作用的重要因素。Bensen（1975）认为，资源集中度、权力依赖、资源冗余、环境控制机制是企业构建网络和实施互动战略决策的重要动力。Cook（1977）为分析组织间关系借用了交换模型，把组织间的联系定义为交换互动网络。组织活动被视为交换网络关系的网络。为了发展自己的交易模型，Cook 认为，构建组织间关系如联盟的形成是与网络中的权力和地位相关。

　　除了这些早期的概念性文章外，Larson（1992）进一步通过高成长企业建立的二元关系样本进行了实地研究，发现了一个强调互惠和相互依赖的网络形成过程模型。Jones、Borgatti 等（1997）进一步结合网络理论和交易成本理论认为，厂商之间的相互作用是基于资产专用性、需求的不确定性、任务的复杂性和互动频率（资产专有性、需求不确定性、任务复杂性和互动频率影响网络成员的互动）。这些条件驱使企业利用他们的社会机制进行交换互动。

　　虽然早期的研究主要集中在网络的交换交互方面，但近年来对联盟集群的研究还很少。互动流派的核心问题就是讨论网络化进程中互动的内容、频率、质量和结果，其中焦点就是通过互惠合作来维持这种互动方式。Das 和 Teng（2002）是第一批建议将社会互动应用于联盟组合的学者。联盟组合是由多个伙伴公司组成的战略联盟。流行的联盟组合类型包括研发财团、联合投标和航空公司和其他行业之间的代码共享。在企业间的交换过程中，互惠对后续交易起着重要的作用。

　　虽然早期的互动论研究被交换理论学者所主导，但在过去 20 年，研究者们也开始关注互动学习方面。学者们普遍认为，企业间的经济交换可能涉及更为明显的和不太明显的有形资源和无形资源（如市场信息）。例如，Uzzi（1997）认为，信息交换是面对面关系（arm's length ties）专有的，而学习效应能够在网络的共享的视角出现（Morgan，2004）。此外，Bell 和 Zaheer（2007）检验了网络成员企业之间的知识流动的地理影响。他们认为，与企业创新性密切相关的知识是通过网络跨越组织边界和地理空间访问得到的。利用共同基金公司的一手数据和二手数据，他们发现，只有这种关系在地理上接近的情况下，制度层面的联系（由行业协会组成的关系，而不是由公司或其管理人员偶然参与的公司所形成的关系）才是有价值的知识传播。无论位置如何，组织联结不一定是知识转移的传递者，另外，个人关系更有助于知识流动。

　　总的来说，过去的研究主要集中在共同的主题，如企业之间的交换行为和组织学习。然而，在企业之间的互动方面还有许多未知的领域。Peters、Gassenheimer 和 Johnston（2009）关注交互性和网络文献之间更明确的结合点。互动的本质作为一种动态现象，给研究者带来了概念和经验上的挑战。互动流派的主要问题就是关注了知识的分享与传递，但是我们不了解个人关系是如何成为企业间知识传递的介质，同时哪种关系对应哪种知识的分享与传递，例如，虽然学者聚焦于企业间的相互作用，还缺乏个人关系如何作为企业内或企业间知识传递的介质的。我们还不太了解特定的知识如何与特定的关系或资源联系在一起。我们也不知道不同的关系如何影响知识或信息流的水平或数量。此外，我们可能需要更好地理解交互的类型（如频率、关系的长度等）如何影响组织学习。

三、基于关系资本要素动态匹配关系冲突研究综述与理论分析框架提出

网络经济颠覆了许多在工业时代业已成为经典的战略思想和卓有成效的管理方法，同时也带来了诸多新的管理问题和理论研究难点。传统冲突理论从企业双边二元角度静态地研究企业冲突的诱因、传导和风险扩散，难以解释企业网络化时代多元化、多层次、多主体、多任务关系叠加情境下的关系冲突内在机理，因此，需要站在网络角度对关系冲突的内涵、本质、属性和结构特征进行重新界定，对关系冲突的本质、传导、扩散与影响效用进行重新审视与评价，如此，才能理解网络化时代竞争与合作同存、专业化与跨界并举等商业行为和模式选择。本节站在企业网络化成长角度对关系冲突研究文献进行归纳与梳理，为后续案例和实证研究提供理论指导。

（一）网络与网络化

近年来，从网络角度研究企业成长问题成为各个学科的热门话题，研究成果颇丰，但也问题多多（Coviello，2005），其中第一个也是最典型的一个，就是网络分析单位的界定问题。因为，你可以从社会属性视角把网络视为一张网，研究社会和环境的动态发展，也可以从关系的二元、三元甚至多元联结角度研究网络结构和网络的成员组成，更可以从企业家自我视角研究其网络关系的进化过程。问题是，到底从哪个视角、哪个层次的网络单位研究。网络节点的联结形成网络结构，通过观察网络节点联结的互动是否就可以更好地抓住网络进化的本质呢？当然，通过网络连接可以观察网络结构组成，可以发现网络的进化过程，但不一定看出关系联结是基于互惠，还是基于工具性算计，无法判断关系是紧密相连还

是松散合作。同样，如果我们把网络作为一个组织看待，可以绘制网络关系地图，数清楚点、连接与连带，却无法知道网络的演化过程，是研究网络还是研究网络化，这确实是一个难以两全其美的问题。

这样说，并不是二元对立，这两种研究都能得出有价值的研究成果，只是关注点不同。如果把网络视为一个组织，我们就会很好地理解网络组织是一个居于科层组织与市场组织之间的一个中间组织，也是一个新型组织形式。同样从社会契约视角研究信任和承诺可以帮助我们更透彻地理解关系连带之间的互动。此外，不同的研究视角不仅为我们带来不同的理解，也让我们在研究变量上选择的侧重点不同。比如，研究网络，社会资本可以做解释变量；研究企业联盟，可选关系连带作为解释变量。Fombrun（1982）认为，网络可以区分为情感网络和交易网络，情感网络关注个体和社群情感交往，交易网络则关注利益交换。如果要研究交易网络，情感网络是一个有价值的解释变量。在实际研究中，我们会发现如果把网络、网络化、网络结构与网络演化进程同时进行，面面俱到，肯定问题多多，顾此失彼。这种二元对立的情况在研究方法选择上也是如此，比如，如果研究网络结构，我们可以分清连接数、连接点、连带人等定量数据，但这些数据对于研究网络演化动态用处有限，而对于网络化的研究我们可能需要一个更细粒度的定性方法来解决一些更加复杂细微的问题（Neigar，2005）。

本书认为，关系网络结构只是关系演化一个阶段的静态镜像，如果不从关系演化角度研究关系的动态进化过程，就难以揭示关系进化背后的动因，难以理解关系冲突的诱因。从网络演化角度研究企业的网络化成长既可以通过网络结构变迁观察推动关系进化的路线进程，又可以通过过程研究揭示推动关系进化的内在动力与行为选择诱因。据此，本书以企业的网络化成长过程为关注点，以企业进化网络为边界，以关系冲突为着眼点，以网络结构变迁为证据，以关系资本的要素匹配为理论分析框架，重点研究企业网络化成长中的关系冲突与进化问题，重点关注的问题是：企业家如何利用关系网络推动企业的成长？企业如何突破网络化成长中的关系冲突，实现企业的良性进化和可持续发展。研究结果为企业的网络化成长和冲突管理提供理论和现实依据。

（二）网络组织的不稳定性与关系冲突

网络组织是科层组织与市场组织的混合体，是介于科层组织与市场组织的一个中间组织（Ring & Van De Ven，1994），其交易成本决定着这个组织的组织边界，价格机制决定着组织的资源配置方式，战略目标契合度与价值创造度决定着组织的合作持久度，组织市场化的灵活性与科层组织秩序性"二元悖反"与"动态均衡"决定了网络组织的不稳定性和关系冲突的频发（Sroka W.，2014）。网络组织的多组织性、自愿性、多目标、多功能和边界的模糊性决定了网络组织的不稳定性。网络组织管理的挑战在于竞争与合作的互依性、封闭与开放的共存性、原则与灵活的平衡性以及效率与责任的选择性。

如果说工业时代的科层组织像手表一样的机械组织，网络组织则更像一个生态，边界模糊、权力分散、目标多样化、冲突常态化，但不会影响组织的活力。从组织关系冲突视角，以下关系的扭曲都可能导致网络组织的不稳定性：①网络刚性与路径依赖。网络结构形成的刚性与网络治理灵活性的冲突，强关系封闭所导致的资源与信息同质化、组织惯习、路径依赖与网络柔性发展的冲突。②利益冲突与个体理性。追求收益相对最大化是每一个网络组织成员加入网络的初衷，利益分配不公会导致网络组织的动荡，个体利益收入低于预期也会导致冲突的产生。目标错位与个体理性会诱发机会主义行为，从而造成组织整体福利的损失与组织关系的紧张。③信任悖论。缺乏信任难以形成组织成员的资源互补、信息共享与行动协同；过度信任则有可能导致信任的滥用、机会主义行为与核心技术的外露。④文化兼容与冲突。文化决定着一个组织的价值取向、规则解读与行为预期，网络成员文化的融合度决定着网络组织的稳定性。⑤结构洞陷阱与关系维护成本。结构洞占优可以为组织带来信息、资源和机会优势，但结构洞的关系维护需要沉淀和维护成本，当结构洞周围的关系资源和信息同质化时，关系维护成本将会大于关系收益，结构变迁成为组织理性的选择。⑥强关系悖论与联盟固化。强关系有利于组织资源共享与隐性知识传递，但也容易导致资源和信息的同质化和组织对创新的排他性。同样联盟成员的过度依赖会退化网络组织对环境的敏感性，诱发组织惰性，造成组织的不确定性规避，退化组织的创新能力。⑦网络崩塌与多米诺效应。网络成员对核心企业的过度依赖性降低其市场反应速度能力，核心企业的战略调整会引起生态的动荡，经营失败更会引发网络的崩塌，引发多米诺效应。⑧过度关系嵌入与结构嵌入。关系和网络的过度嵌入都会导致关系锁定，影响组织的创新能力和机会选择。⑨外部环境的不确定性与合作条件丧失。外部环境的动态变化会导致合作的不确定性，当网络组织失去合作条件时，网络组织就进入动荡和解体的边缘。⑩特洛伊木马。

网络组织的不稳定性与网络关系冲突结伴而生。对于网络化成长的中小企业来说，关系冲突管理的要旨是构建柔性化关系动态调节机制，前瞻性关系风险预警与规避机制和一体化网络关系冲突应对能力。

（三）关系资本要素匹配与关系冲突

企业网络化的成长既不是企业自然进化的过程，也不可能按照企业家自我设定的路线成长，而是各种关系资本互动影响的结果（孙芳、蔡双立，2015）。现有对关系冲突的研究多关注双边关系冲突，对网络关系冲突研究不够，对价值观冲突、利益冲突、过程冲突、任务冲突、目标冲突等关系冲突的前因后果研究得比较透，但对关系冲突的本质解释不够，对关系冲突缺乏整体理论解释框架，本书从关系资本要素动态视角对网络关系冲突提出新的理论解释框架。

关系有什么用？研究者说，关系可以带来资源、机会、利益。本书感兴趣的问题是，什么样的关系可以带来利益？关系凭什么撬动利益？什么样的关系能为组织带来可持续发展的利益？对这三个问题的回答不仅涉及对关系本质的定位问题、关系要素的组合与优化问题，还涉及关系冲突诱因的界定问题。

关系本身没有价值，只有带来利益和机会的关系才有价值。关系资源本身也不会创造价值，其价值的开发需要能力的支撑，而且不同关系资源需要不同的能力匹配。不能带来价值的关系本身就不算资本，关系资本的价值就在于把无序的关系资源转化为组织的关系资产，进而形成组织赖以竞争的关系资本。

关系本身也不是资本，是一种能力，是一种能把关系资源转换为价值的能力。关系能否转换为资本，需要以下能力支撑：第一，内在关系资本支撑力。内在关系资本支撑力包括资源、资产、资历、资信与资质和把这些资源整合为内在资本的能力。正所谓打铁还要自身硬，缺乏内在关系资本的支持，关系是无本之木。第二，人际关系协调力。关系的主体是人，不是物。人际关系协调力包括沟通能力、关系亲和力、关系调节能力和关系修复能力。人际关系的协调质量会直接影响组织的信任度与关系承诺。第三，价值认同力。关系本身是否有价值取决于关系合作者的价值取向、规则认同与价值感知差异。关系价值的认同度决定着关系价值判断与关系行为的选择。第四，关系结构嵌入能力。关系与关系结构的嵌入能力不仅决定着关系在网络结构中的位置，也决定着关系合作绩效与网络资源整合能力。第五，关系资源的价值创造能力。关系能否转化为资本取决于关系价值转化能力与对网络关系合作者的价值贡献度。关系价值转化能力越高，其关系资本的保值能力就越好。根据以上对关系资本的理解，本书把关系资本定义为"以内在关系资本为支撑，以战略网络中的关系连接机制为纽带，以非正式人际关系资本为调节机制，以结构嵌入为关系优化手段，以关系认知资本为规则约束，通过对战略网络中的内生资源和外生资源整合而形成的一种被网络关系合作者所认同的关系价值转化能力"（蔡双立、孙芳，2013）。关系资本关系的匹配决定着关系合作质量和组织绩效，而错配则出现冲突，相克与相容决定着组织成长的模式选择与速度。据此，本书提出如下基于关系资本要素动态错配的五行冲突概念模型。

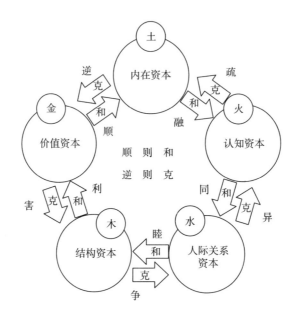

图2-1　关系资本要素五行错配动态冲突概念模型

关系资本的运行不是单个要素的互动，而是五种要素的动态匹配，其要素匹配质量决定着关系的和谐度和关系价值创造能力。从中国传统文化"五行"学说角度，关系资本五个要素就像金、木、水、火、土一样，互为因果、互为影响，动态平衡创造"和"，错配则导致"冲"。在其中，认知资本的"和"带来"同"；反之则为"异"。人际关系资本的"和"产生"睦"；反之则为"争"。结构资本的"和"形成"顺"；反之则为"逆"。内在资本的"和"产生"融"；反之则为"疏"。价值资本的"和"带来"利"；反之则为"害"（蔡双立、王寅，2017）。关系资本的动态匹配带来关系的和谐，错位则带来冲突。

本书认为，关系资本五要素的错配是导致关系冲突的主要诱因。关系内在资本的错配引发内在冲突，关系认知资本的错位诱发价值取向冲突、结构资本错位导致结构冲突、人际关系资本的错配招致人际关系冲突，而价值创造能力的错配造成利益冲突。从关系资本要素错配视角研究网络关系冲突不仅可以抓住关系冲突的本质，也为把握动态、把握关系冲突提供了理论和现实依据。

本章参考文献

［1］Achrol, R. S. & Kotler, P. Marketing in the Network Economy ［J］. The Journal of Marketing, 1999 (63): 146 – 163.

［2］Baker, W. E., Faulkner, R. R. & Fisher, G. A. Hazard of the market: The continuity and dissolution of interorganizational marketing relationships ［J］. American Sociological Review, 1998, 63 (2): 147 – 177.

［3］Bell, G. G. & Zaheer, A. Geography, networks, and knowledge flow ［J］. Organization Science, 2007, 18 (6): 955 – 972.

［4］Bensen, K. J. The interorganizational network as a political economy ［J］. Administrative Science Quarterly, 1975, 20 (2): 229 – 249.

［5］Borgatti, S. P., & Foster, P. C. The network paradigm in organizational research: A review and typology ［J］. Journal of Management, 2003, 29 (6): 991 – 1013.

［6］Bucklin, L. P. & Sengupta, S. Organizing successful co – marketing alliances ［J］. Journal of Marketing, 1993, 57 (2): 32 – 46.

［7］Burt, R. S.. The continent value of social capital ［J］. Administrative Science Quarterly, 1997, 42 (2): 339 – 365.

［8］Carl M., Chang, YungNien, Hallenbeck, Paul, L. & Stewart, et al. Vector for tissue – specific replication and gene expression ［J］. Symposium on Combustion, 1990, 23 (1): 211 – 216.

［9］Coleman, J. S.. Free riders and zealots: the role of social networks ［J］. Sociological Theory, 1988, 6 (1): 52.

［10］Contractor, F. J. & Lorange, P. Why should firms cooperate? The strategy and economics basis for cooperative ventures ［J］. Cooperative Strategies in International Business, 1988 (1): 3 – 30.

［11］Cook, K. S. Exchange and power in networks of interorganizational relations ［J］. The Sociological Quarterly, 1997, 18 (1): Special Issue, 62 – 82.

［12］Coviello N. E. Integrating qualitative and quantitative techniques in network analysis ［J］. Qualitative Marketing Research: An International Journal, 2005, 8 (1): 39 – 60.

［13］ Dacin, M. T. , Oliver, C. & Roy, J – P. The legitimacy of strategic alliances: An institutional perspective ［J］. Strategic Management Journal, 2007 (28): 169 – 187.

［14］ Dahab, D. J. , Gentry, J. W. & Sohi, R. S. Interest domination as a framework for exploring channel changes in transforming economies ［J］. Journal of Mac omarketing, 1996, 16 (2): 8 – 23.

［15］ Das T K, Teng B S. Instabilities of Strategic Alliances: An Internal Tensions Perspective ［J］. Organization Science, 2000, 11 (1): 77 – 101.

［16］ Das, T. K. & Teng, B. S. A resource – based theory of strategic alliances ［J］. Journal of Management, 2000, 26 (1): 31 – 61.

［17］ Das, T. K. , & Teng, B – S. Alliance constellations: A social exchange perspective ［J］. The Academy of Management Review, 2002, 27 (3): 445 – 456.

［18］ Deporter, E. L. & Ellis, K. P. Optimization of project networks with goal programming and fuzzy linear programming ［J］. Computers & Industrial Engineering, 1990, 19 (1 – 4): 500 – 504.

［19］ DiMaggio, P. J. & Powell, W. W. The iron cage revisited: Institutional isomorphism and collective rationality in organizational fields ［J］. American Sociological Review, 1983 (48): 147 – 160.

［20］ Dow, S. & Mcguire, J. Propping and tunneling: empirical evidence from japanese keiretsu ［J］. Journal of Banking & Finance, 2009, 33 (10).

［21］ Dyer, J. H. & Nobeoka, K. Creating and managing a high – performance knowledge sharing network: The Toyota case ［J］. Strategic Management Journal, 2000 (21): 345 – 67.

［22］ Eisenhardt, K. M. , & Schoonhoven, C. B. Resource based view of strategic alliance formation: Strategic and social effects in entrepreneurial firms ［J］. Organization Science, 1996, 7 (2): 136 – 150.

［23］ Fabrizio, C. Contractual networks, interfirm cooperation and economic growth ［J］. Cheltenham, UK: Edward Elgar Publishing, 2011.

［24］ Fombrun C. J. , Strategies for network research in organizations ［J］. Academy of Management Review, 1982, 7 (2): 280 – 291.

［25］ Franklin, S. P. & Walker, R. C.. Normality of powers implies compactness ［J］. Proceedings of the American Mathematical Society, 1972, 36 (1):

295 – 296.

［26］ Fuller, M. B. , & Porter, M. E. Coalitions and global strategy from ［J］. Competition in Global Industries, 1986: 315, 344.

［27］ Ganesan, S. , George, M. , Jap, S. , Palmatier, R. W. & Weitz, B. Supply chain management and retailer performance: Emerging trends, issues, and implications for research and practice ［J］. Journal of Retailing, 2009, 85(1): 84 – 94.

［28］ Ghoshal, M. S. Theories of economic organization: the case for realism and balance ［J］. The Academy of Management Review, 1996, 21 (1): 58 – 72.

［29］ Giddens, A.. The constitution of society outline of the theory of structuration ［J］. Political Geography Quarterly, 1984, 5 (3): 288 – 289.

［30］ Glaister, K. W. & Buckley, P. J. UK international joint ventures: an analysis of patterns of activity and distribution ［J］. British Journal of Management, 1994, 5 (1): 33 – 51.

［31］ Gulati, R. The Dynamics of Alliance Formation. Unpublished Doctoral dissertation ［D］. Harvard University, 1993.

［32］ Gulati, R. & Garguilo, M. Where do interorganizational networks come from? ［J］. American Journal of Sociology, 1999, 104 (5): 1439 – 1493.

［33］ Gulati, R. & Westphal, J. D. Cooperate or controlling? The effects of CEO – board relations and the content of interlocks on the formation of joint ventures ［J］. Administrative Science Quarterly, 1999 (44): 473 – 506.

［34］ Gulati, R. , Nohria, N. & Zaheer, A. Strategic networks ［J］. Strategic Management Journal, 2000, 21 (3): 13.

［35］ Hatfield L. & Pearce, J. I.. Goal achievement and satisfaction of joint venture partners ［J］. Journal of Business Venturing, 2005, 9 (5): 423 – 449.

［36］ Heide, J. B. , Kumar, A. & Wathne, K. H. Concurrent sourcing, governance mechanisms, and performance outcomes in industrial value chains ［J］. Strategic Management Journal, 2014, 35 (8): 22.

［37］ Hill, C. W. L.. Cooperation, opportunism, and the invisible hand: implications for transaction cost theory ［J］. Academy of Management Review, 1990, 15 (3): 500 – 513.

［38］ Ingram, P. & Baum, J. A. C. Chain affiliation and the failure of Manhattan hotels, 1998 – 1980 ［J］. Administrative Science Quarterly, 1997 (42): 68 –

102.

[39] Inkpen A. & Choudhury, N. The seeking of strategy where it is not: towards a theory of strategy absence [J]. Strategic Management Journal, 1995, 16 (4): 11.

[40] Inkpen, A. C. & Beamish, P. W. Knowledge, bargaining power, and the instability of international joint ventures [J]. Academy of Management Review, 1997, 22 (1): 177 – 202.

[41] Jeanfranois Hennart & Larimo, J. The impact of culture on the strategy of multinational enterprises: does national origin affect ownership decisions? [J]. Journal of International Business Studies, 1998, 29 (3): 515 – 538.

[42] Jones, C., Hesterly, W. S. & Borgatti, S. P. A general theory of network governance: Exchange conditions and social mechanism [J]. The Academy of Management Review, 1997, 22 (4): 911 – 945.

[43] Khanna, T. & Rivkin, J. W. Interorganizational ties and business group boundaries evidence from an emerging economy [J]. Organization Science, 2006, 17 (3): 333 – 352.

[44] Khoja, F. The triad: Organizational cultural values, practices and strong social intra – firm networks [J]. Journal of Business Strategies, 2010, 27 (2): 205 – 228.

[45] Kogut, B. Joint ventures: Theoretical and empirical perspectives [J]. Strategic Management Journal, 1988, 9 (4): 319 – 332.

[46] Koka, B. R., & Prescott, J. E. Strategic alliance as social capital: A multidimensional view [J]. Strategic Management Journal, 2002 (23): 795 – 816.

[47] Krishna V, Morgan J. The art of conversation: eliciting information from experts through multi – stage communication [J]. Journal of Economic Theory, 2004, 117 (2): 147 – 179.

[48] Larson, A. Network dyads in entrepreneurial settings: A study of the governance of exchange processes [J]. Administrative Science Quarterly, 1992 (397): 76 – 104.

[49] Larson, A. & Starr, J. A. A network model of organization formation [J]. Enterpreneurship Theory and Practice, Winter, 1993, 1042 – 2578.

[50] Lavie, D. The competitive advantage of interconnected firms: An extension

of the resource – based view [J]. Academy of Management Review, 2006, 31 (3): 638 – 658.

[51] Lee, C., Lee, K. & Pennings, H. M. Internal capabilities, external networks, and performance: A study on technology – based ventures [J]. Strategic Management Review, 2001 (22): 615 – 640.

[52] Lee, S., Kroll, M. J. & Walters, B. A. Stages of corporate governance in transition economies [J]. Journal of Business Strategies, 2011, 28 (2): 151 – 176.

[53] Lin, N. Building a network theory of social capital [J]. Connections, 1999, 22 (1): 28 – 51.

[54] Lusch, R. F., Brown, J. R., & Matthew O'Brien. Protecting relational assets: a pre and post field study of a horizontal business combination [J]. Journal of the Academy of Marketing Science, 2011, 39 (2): 175 – 197.

[55] Macneil I. R. The many futures of contracts [J]. Southern California Law Review, 1974.

[56] Macneil, I. R. Power, contract, and the economic model [J]. Journal of Economic Issues, 1980, 14 (4): 909 – 923.

[57] Madhavan, R., Koka, B. R. & Prescott, J. E. Networks in transitions: How industry events (re) shape interfirm relationships [J]. Strategic Management Journal, 1998, 1, 19 (5): 439 – 459.

[58] Mariti, P. & Similey, R. H. Co – operative agreements and the organization of industry [J]. The Journal of Industrial Economics, 1983, 16 (4): 437 – 451.

[59] Marker D C. Non – Cooperation: The Dark Side of Strategic Alliances [J]. European Management Review, 2011, 2 (1): 100 – 101.

[60] Noll, J. G., Trickett, P. K., & Putnam, F. W. Social network constellation and sexuality of sexually abused and comparison girls in childhood and adolescence [J]. Child Maltreatment, 2000, 5 (4): 323 – 337.

[61] Nygaard A. & Dahlstrom, R. Role stress and effectiveness in horizontal alliances [J]. The Journal of Marketing, 2002, 66 (2): 61 – 82.

[62] Olk P, Elvira M. Friends and Strategic Agents The Role of Friendship and Discretion in Negotiating Strategic Alliances [J]. Group & Organization Management,

2001, 26 (26): 124 - 164.

[63] Oye, K. A. Explaining cooperation under anarchy: hypotheses and strategies [J]. World Politics, 1985, 38 (1): 1 - 24.

[64] Parkhe, A. Strategic alliance structuring: a game theoretic and transaction cost examination of interfirm cooperation [J]. Academy of Management Journal, 1993, 36 (4): 794 - 829.

[65] Peng, M. W. & Zhou, J. Q. How network strategies and institutional transitions evolve in Asia [J]. Asia Pacific Journal of Management, 2005, 22, 321 - 336.

[66] Peters, L. D., Gassenheimer, J. B. & Johnston, W. J. Marketing and the structuration of organizational learning [J]. Marketing Theory, 2009 (9): 341 - 368.

[67] Pfeffer, J. & Nowak, P. Joint ventures and interorganizational interdependence [J]. Administrative Science Quarterly, 1976, 21 (3): 398 - 418.

[68] Pisano, G. P. Using equity participation to support exchange: Evidence from the biotechnology industry [J]. Journal of Law, Economics and Organization, 1989, 5 (1): 109 - 126.

[69] Podolny, J. M, & Page, K. L. Network forms organization [J]. Annual Review Sociology, 1998, 24, 57 - 76.

[70] Porter M E, Millar V E. Chapter 5 - How Information Gives You Competitive Advantage: The Information Revolution Is Transforming the Nature of Competition [J]. Knowledge & Special Libraries, 1999, 191 (3): 85 - 103.

[71] Portes, & Alejandro. Social capital: its origins and applications in modern sociology [J]. Annual Review of Sociology, 1998, 24 (1): 1 - 24.

[72] Rindfleisch, A. & Moorman, C. The acquisition and utilization of information in new product alliances: A strength of ties perspective [J]. Journal of Marketing, 2001 (65): 1 - 18.

[73] Rindfleisch, A. & Moorman, C. The acquisition and utilization of information in new product alliances: A strength of ties perspective [J]. Journal of Marketing, 2001 (65): 1 - 18.

[74] Riordan, M. H., & Williamson, O. E. Asset specificity and economic organization [J]. International Journal of Industrial Organization, 1985, 3 (4):

365 – 378.

［75］Rowley, T., Behrens, D. & Krackhardt, D. Redundant governance structures: An analysis of structural and relational embeddedness in the steel and semi-conductor industries ［J］. Strategic Management Journal, 2000 (21): 369 – 386.

［76］Scott & Richard, W. Organizations rational, natural, and open systems ［J］. American Journal of Sociology, 1987, 29 (1): 399 – 404.

［77］Stafford, E. R. Using co – operative strategies to make alliances work ［J］. Long Range Planning, 1994, 27 (3): 0 – 74.

［78］Suen, W. The dark side of strategic alliances ［J］. European Management Review, 2011 (1): 100 – 101.

［79］Sydow, J., & Windeler, A.. Organizing and evaluating interfirm networks: a structurationist perspective on network processes and effectiveness ［J］. Organization Science, 1998, 9 (3): 265 – 284.

［80］Tidstrom A. The causes of conflict when small – and medium – sized competitors cooperate ［J］. International Journal of Entrepreneurship & Small Business, 2009, 8 (1): 74 – 91.

［81］Uzzi, B. The sources and consequences of embeddedness for the economic performance of organizations: The network effects ［J］. American Sociological Review, 1996, 61, 674 – 698.

［82］Uzzi, B. Social structure and competition in interfirm networks: the paradox of embeddedness ［J］. Administrative Science Quarterly, 1997, 42 (1): 35 – 67.

［83］Ven, A. H. V. D. & Ring, P. S. Developmental processes of cooperative interorganizational relationships ［J］. Academy of Management Review, 1994, 19 (1): 90 – 118.

［84］Williams J. Resource management and Māori attitudes to water in southern New Zealand ［J］. New Zealand Geographer, 2010, 62 (1): 73 – 80.

［85］Williamson O E. The economic institutions of capitalism: Firms markets, relational contracting ［J］. Journal of Economic Behavior & Organization, 2006, 8 (2): 316 – 318.

［86］Wortley A. H., Rudall P. J., Harris D J, et al. How Much Data are Needed to Resolve a Difficult Phylogeny? Case Study in Lamiales ［J］. Systematic Biology, 2005, 54 (5): 697 – 709.

[87] Yan, A. Bargaining power, management control and performance in unites states – china joint ventures: a comparative case study [J]. Academy of Management Journal, 1994, 37 (6): 1478 – 1517.

[88] Zaheer, A. & Bell, G. G. Benefiting from network position: Firm capabilities, structural holes, and performance [J]. Strategic Management Journal, 2005 (26): 809 – 882.

[89] 蔡双立,孙芳. 关系资本、要素整合与中小企业网络化成长. 改革, 2013 (7): 111 – 119.

[90] 蔡双立,王寅. 组织关系建构"和"的逻辑:关系资本整合分析视角. 现代财经 – 天津财经大学学报, 2017 (7): 3 – 13.

[91] 刘飞,雷琦,宋豫川. 网络化制造的内涵及研究发展趋势 [J]. 机械工程学报, 2003, 39 (8): 1 – 6.

[92] 卢政营,蔡双立,余弦. 结构洞探寻、网络生产与网络福利剩余——企业网络化成长的跨案例经验解析 [J]. 财贸研究, 2013, 24 (1): 131 – 139.

[93] 孙芳,蔡双立. 组织间的关系冲突:关系资本要素错配的理论新解与实证检验 [J]. 商业经济与管理, 2015 (11): 27 – 34.

[94] 徐礼伯,施建军. 联盟动态稳定:基于互依平衡的理论研究 [J]. 中国工业经济, 2010 (3): 97 – 107.

[95] 严建援,颜承捷,秦凡. 企业战略联盟的动机、形态及其绩效的研究综述 [J]. 南开学报(哲学社会科学版), 2003 (6): 83 – 91.

第三章 企业网络化成长中的关系
阴暗面与负面关系的权变管理

组织间关系的建立可以带来资源、机会和信息。良好的组织关系不仅可以增加组织间的信任，提高资源的协同度、提升隐性知识的分享深度，还可以提高网络组织的价值创造能力。现有对组织关系的研究多关注关系阳光的一面，而对关系的阴暗面重视不够，对于关系冲突所带来的负面效应研究不够。研究表明，关系具有双面性：运用得当，相得益彰；利用不当，适得其反（Villena, Revilla & Choi, 2011）。企业的成长是一个不断突破自我、协调矛盾与解决冲突的过程。对于企业来说，所有的竞争优势都是暂时的，冲突才是常态，企业的成长过程就是企业冲突管理能力不断增强的过程。本章从关系的双面性研究入手，研究推动关系双面性转换的驱动因素、分析关系双面性转换的临界条件，探讨关系阴暗面与关系冲突的耦合关系，最后提出负面关系管理的模式与策略。

一、关系之殇

世界万物，每个事情都有阴阳两面，关系一样，也是一枚硬币的两面，过远则疏，过近则伤。良好的关系管理原则是趋利避害，化积极于最大，化消极于无形。现有研究对阳光积极的一面关注较多，可对负面消极的一面重视不够，研究表明，相比于单纯投资正面关系，良好的负面关系管理对成功商业关系的成功影响则更有效（Bratslavsky, Finkenauer, Voks, 2001）。对负面关系的研究不仅有助于我们理解关系管理的本质，也有助于我们对企业网络化成长中的关系冲突的理解与把握。

中国人讲究关系，关系文化充斥着我们生活的角角落落。新加坡的李光耀曾说，关系文化成就了华人的社会稳定，却也禁锢了华人的思想，影响社会资源流动和创新。在企业经营和现实生活中，我们总是看到关系阳光的一面，认为关系可以给我们带来资源、机会，良好的关系维护可以提高信任度、增加心理亲切感，降低交易成本。但对关系的阴暗面重视不够，看不清新进入者的"关系缺陷"，解不开长期关系所形成的关系锁定，弄不明关系封闭所导致的资源同质化、信息封闭和机会丧失。成功的商业关系管理应该不仅知道如何开拓关系、维护关系，更应该懂得如何处理关系冲突所带来的关系恶化。研究表明，企业对关系冲突的管理能力决定着企业的成长质量（Chang & Peng，2011）。

关系"阴暗面"相关研究最早出现在20世纪90年代相关研究文献中，最早没有用"阴暗面"这个词，而是用"关系负面"（Moorman et al.，1992）、"关系不安"（Good & Evans，2001）、"关系负担"（Hakansson & Snehota，2014）、"关系压力"（Holmlund – Rytkönen & Strandvik，2005）、"关系反面"（Strandvik & Holmlund，2008）、"关系错误行为"（Jensen，2010）以及"有害关系"（Liu & Li，2014）等。Anderson和Jap（2005）认为，很多关系表面看起来很强，内在却很脆弱。总之，关系的阴暗面可能会因影响程度和结果不同，但其内在的矛盾确实影响了关系的质量和预期（Burt，1999）。

良好的关系管理可以提高企业的资源整合与价值创造能力，但仅仅良好的意愿并不一定能带来和谐的关系。再好的个人友谊，关系处理不当翻船只在轻易之间，再强的关系依托，在失去互惠价值后，背弃只是时间问题。在这个世界，没有关系寸步难行，关系太多也烦事缠身。研究表明，良好的关系维护在于有节、有利、有让、有信、有退（Jaakkola & Hakanen，2013；Vargo，Maglio & Akaka，2008），一切关系冲突起于义利不当，一切关系之殇源于如下"七过"：

1. 过密

密切关系不等于良好的关系。关系过远肯定不利于资源交换和知识分享，但关系过密容易落入"强关系陷阱"。封闭的强关系导致组织资源和信息的同质化、环境反应敏感性降低和创新能力的降低；而"关系锁定"影响组织的机会选择和创新路径探索。

2. 过信

关系建立的基础是信任。缺乏信任的关系难以长久维持，同样，过度信任也会导致伤害，信得越真，伤得越深。因为过度信任会使人失聪、失察、失真。失聪者无思想，听之任之，失察者少判别，风险意识弱化；失真者，客观性缺失，容易被表象所迷惑。

3. 过惠

关系发展的基础是互惠。互惠一定是互相的，不是单方的。单方的惠不叫惠，叫施舍。这种过惠一方面造成另一方情感的依附，另一方面也影响了关系其他方的创利能力，甚至最终变成了施惠者对受惠者的义务、负担和感情负债。而关系过度互惠，可能造成不必要的义务，减少替代品和消耗相关资源。

4. 过依

企业是嵌入社会网络的一个交易主体，网络企业之间关系的互依与互托促成了网络的生成与发展。依托网络，企业得到了自己需求的稀缺资源和机会，但是企业网络关系的嵌入是需要资格，依托是需要条件的，缺乏资源和能力匹配，暂时依托可以，长期不现实；同样，企业如果过度嵌入、过度依托关系，在环境发生变化、关系合作条件失衡的情况下，企业也会掉入发展的黑洞。

5. 过短

关系因为长期交易才规避了短期交易的机会主义行为，才使关系合作各方在遇到关系发展困境下能够面向未来、共同克服眼前的困难。在网络关系合作中，短视行为是网络机会主义诞生的"温床"，是引发各种关系冲突的诱因。过短的目标追求、过重的短期利益追求和关系合作的短视行为都是引发负面关系和冲突的诱因。

6. 过界

关系的有序发展在于有规、有距、有界。在关系准则与公平预期引导下每个关系合作人的关系合作边界与关系距离的合理保持是网络生态有序发展的关键。角色模糊和行为过界都是诱发负面关系和关系冲突的根源。所谓有规，是指按照网络生态的规矩去做事，有距是指保持好合理关系距离和自我空间；有界是指根据关系合作的预期和交易边界确定关系合作边界。

7. 过聪

过于聪明的企业家往往是小聪明、大糊涂。网络关系交易不是一次性交易，而是长期合作导向，不是网络成员双边的交易，而是纳入网络全体成员的监督的重复性交易，互惠、互利、互助、互融是网络关系长期合作的基本原则。太聪明的人精于算计，容易滋生机会主义短视行为，而多次机会主义行为则容易遭受交易方的报复和网络成员的集体惩罚（Mitręga M.，2012）。

关系之殇源于"过"。科学的关系管理在于有序、有节、有界、有惠和有规。其强度和效度的关系如图 3-1 所示：

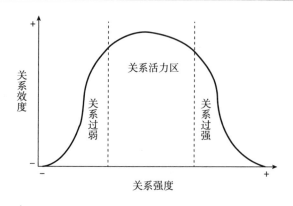

图 3 - 1　关系强度与效度互动

资料来源：笔者整理。

关系管理既不能太刚也不能太柔，既不能太弱也不能过强，而是在合理的关系容忍区域柔性调节，其柔性调节幅度可根据要素的效力而进行调节，任何不足或者过度都可能诱发负面关系效应和关系冲突。在现实情况中，企业在初步关系合作中，由于彼此还在不断试探之中，关系的距离和强度尚在控制之中，关系之殇在于，双方在享受关系合作收益的同时，逐步放松了对关系风险的控制与管理。

二、关系冲突管理中的决策困境与管理悖论

关系具有阳光的一面，也具有阴暗的一面。正如 Das 和 Teng（2000）所言，"世界是一个矛盾的统一体"，在任何社会系统中，包括组织和商业网络，都有对立和不协调的力量争夺支配地位和控制权。不同的是分别被称为不协调、对立、矛盾，辩证的另一面，关系紧张、两难和悖论（Quinn & Rohrbaugh，1983）。这些力量在组织环境下围绕价值争夺无处不在。目前，关于两难困境与悖论问题研究文献甚多，本书重点研究的是企业网络化成长中的关系冲突管理两难困境与悖论。本书把网络关系悖论定义为"两个相反的，甚至矛盾的决策困境和关系选择"，如竞争与合作、效率与公平、变化与连续性等。

在现实情境下，我们会发现，只要存在紧张的关系都存在悖论现象。Eisen-hardt（2000）认为，这种紧张关系共存的双重性把矛盾推到了混乱的边缘，而

不是一个极端和另一个极端之间平淡的中途点。这种二元性的管理有赖于以一种创造性的方式来探索这种紧张关系，从而抓住两个极端，利用二元性内在的多元性推动关系的良性转化。

关系紧张的出现是因为组织内外环境中悖论的存在，Fang 等（2011）把关系紧张定义为"两个目标冲突、相互矛盾，但又共同存在的力量。这种力量打破了伙伴关系的和谐发展，导致伙伴关系的恶化"。关系紧张与关系冲突伴生，引发合作者之间不相容的行为。根据相关研究文献，本书对关系紧张引发的六种决策困境和悖论进行归纳与分析，为揭示负面关系运行机制提供理论解释。

（一）义利之争：义利能否兼得

义利之争在中国已经延续了 2000 多年，如今仍在持续。不是因为"先义后利"伦理道义辨之不清，而是因为社会和商业竞争环境如此复杂，变化如此纷繁，任何单一模式的确立都会造成结果的谬误。儒家以义为先，重义轻利，坚决反对"见利忘义"，甚至如孟子所言，"何必曰利"。但同样集儒家之大成的曾子曰："义为道，利为本，本生则道存。"荀家却主张义利并重，认为"义与利者，人之所两有也，虽尧舜不能去民之欲利，虽桀纣不能去民之好义"；墨家贵义尚利，主张义利合一；法家则认为真正的义离不开利，义必须以利为前提，因而重利轻义。《管子》有言："仓廪实而知礼节，衣食足而知荣辱。"

有人说商人言利，商人重利，趋利是商人的本性，逐利是商业的基因。企业嵌入关系网络，进行关系合作的目的也是追求利益的最大化。商人逐利本性没错，企业追求利润的最大化也是企业生存的根本。常言说，无利不起早，没有利益的关系合作是不可持续的合作，不营利的企业也是难以存活的企业，问题是这种利益如何取之有道，取之有序。见利忘义肯定行不通，走不远，因为不义而取，终成无利所得。义利并举才是推动社会进步、关系和谐发展的要旨。

企业在网络化关系合作中面对义利冲突抉择困境时，可以按照"见利思义"的原则，最大限度地实现"义利并举"关系管理的最高目标：①见义取利。重视关系行为所得来的价值和影响，并不能单纯以义利之分，以最大的"善"和"义"的效应发挥作为行动逻辑。②见利思义。取小利而舍大义，大利也不为保，故不义而取，终成无利可得。③让利止义。该取的利一定要取，不要空讲道义，子贡让而止善就是这个道理。④取利劝义。有些利只要能带来更大的善和"义"，取利也未必不可，子路受而劝德也是这个道理。⑤受大义而不取小利。网络关系租金的分割讲究互惠，为他人创利，自己才有利，如果大小利通吃，其他成员无利可图，则网络关系难以持续。

综上所述可以看出，义利之争并没有固定的原则，需要根据不同的情境辩证思考，权变处理。义利并举的原则是无私才能走得更远。世上关系纷繁复杂，看起来眼花缭乱，但透过现象看本质，万变不离其宗。对人来说，为名、为利、为情。为名所扰，为利所惑，为情所困。对商业关系来说，也逃不过名与利的束缚，且"利"为"名"之本。空"名"无"利"谓之"虚"，逐"利"弃"名"谓之"耻"。所谓君子爱财，取之有道，不过是"守道"之下的合理取利。以"利"为"本"，以"义"为"道"，以"宜"为界，辩证思考，权变处之。

（二）关系合作：短期还是长期

利益之争是关系冲突的首要问题，网络组织也不例外。在利益追求上，每个组织都存在长短之争决策困境。追求长期利益，可以保证组织的可持续发展，但需要投入沉淀成本，精心呵护；重视眼前利益，可以保证组织最低交易成本，但不利于未来发展。长期关系合作可以降低交易成本，增加互信，减少机会主义问题，但容易出现关系锁定、关系负担和高退出壁垒。短期交易关系有利于组织灵活交易，机会把握，但难以形成关系的信任和忠诚，不利于未来发展（Das & Teng，2002）。对于短期导向的企业来说，关系交往就是交易，而对于长期导向的企业来说，每一次关系交易都是着眼于未来的机会与合作。

企业网络化成长中是选择长期合作，还是选择短期合作？是选择长期谋利，还是短期获利取决于以下影响因素：①文化导向。短期导向的文化重现在、轻未来，而长期导向的文化重潜在、谋未来。②战略导向。对符合组织长期战略导向的关系合作着眼现在，重在未来，而非战略性交易关系，重短期交易、轻长期投入。③资源属性。对影响组织能力构建和成长的稀缺资源关系交易，重关系培育与资源的持续投入；反之，则以市场性交易为主。④技术的不可替代性。低于不可替代性技术，关系交易以长期维护和持续投入为主；反之，则以交易为主。⑤关系契约属性。对于相关资产抵押，关系沉淀成本高，资产专用性和退出壁垒高的关系合作，以长期导向为主；而对于动态激活型关系契约，则以市场导向的短期利益交易为主。

关系是短期合作，还是长期合作都不是问题，问题是针对什么样的关系，面临什么样的决策环境和坚持什么样的关系发展导向。关系决策悖论的诡异之处在于任何决策都有其两面性，有效的决策原则是把关系的负面效应压到最低，把关系的正面效应尽量放大。

（三）关系强度：刚性还是柔性

关系强度是保持刚性还是柔性，这是网络关系发展面临的第三个悖论。网络关系结构太刚，不利于变化，环境响应度低，在动态多变的网络环境下不利于动态调整与适应；关系结构太柔，关系发展不确定性高，关系稳定性低，不利于关系的长期合作。同样，关系连带保持强弱也存在决策悖论。关系连带太强，容易造成"强关系封闭"，造成知识、信息的封闭，资源的同质化和创新能力减弱。关系连带太弱，虽然有利于异质资源的引入和成长机会发现，但关系缺乏信任，不利于隐性知识的传播和核心能力的培育。如何既能保持网络关系的稳定性又不僵化，柔性发展稳定，关系连带强度适中、动态调节，对于关系管理是个挑战。

组织网络合作关系是选择刚性还是柔性，各有利弊，其决策依据取决于如下因素的影响：①战略目标。对影响组织战略成败的关系选择强合作关系，以保证组织战略的稳定性和可持续发展。而对于战术性关系合作以柔性关系合作为主。②关系合作属性。对于关系合作范围比较广，合作内容比较深，合作周期比较长，技术复杂程度比较高的关系，采用强关系合作模式；反之，则适宜于柔性关系合作。③环境要素。对于环境要素比较稳定，不确定性比较低，环境反应能力比较强的关系，适用于强关系合作，而对于动态多变的环境或者关系不确定性比较高的关系，适宜柔性关系合作。④关系资本属性。对于关系沉淀成本投入比较高，资产专用性比较高，退出壁垒比较高的关系适宜强关系合作模式；反之适宜柔性关系合作。

良好的组织关系强度管理应该建立在柔性调节、动态管理之上。其调节手段可以通过组织正式、非正式程序进行调节，并根据战略发展目标的需求和现实需要动态调节，需增强的就增强，需弱化的就弱化。

（四）风险决策：承担还是规避

企业是经营风险的机器，企业家则是风险的决策者。网络关系的合作过程也是企业不断排除各种风险与冲突的发展过程。传统观念把风险定义为"不期而遇的变化"，或者关系的负面转变。网络组织关系风险既有外生风险也有内生风险。Das 和 Teng（2001）把风险分为绩效风险和关系风险。绩效风险包括竞争能力缺失、环境要素变迁、技术变革等导致关系合作失败的外生性因素。关系风险被定义为关系合作满意度不高的所有可能性影响因素及其结果。

Delerue（2004）从 8 个方面总结了关系合作风险的来源：关系脆性感知、权力与依赖、可能的合作背叛、利益冲突、非学习可得的能力缺乏、核心能力缺失和权益侵蚀。交易理论认为，公司为了一己之利很有可能以牺牲其他合作者的利益为代价，这种非合作风险在长期关系合作中经常发生。John（1984）也认为，合伙人关系绑架、逃避所承诺的责任和义务在长期关系合作中发生的概率更高。

有研究认为，中小企业的风险承担无论高低，风险成本都会大于风险收益，比如风险规避可能错失战略良机，低风险承担最终会受到高昂的机会成本惩罚（Free，2015）；另外，高风险承担往往和高失败成本相关（Alvarez，2007）。正如 Hughes 和 Morgan（2007）研究发现所证明的，风险承担与企业绩效呈曲线关系。适当的风险承担对企业发展具有正向影响，但到了一定程度，就出现拐点，出现负面效应。本书认为，谨慎冒险对于企业发展具有正向影响，因为通过风险探索的不断试错，企业可以不断地调整自己，开拓思路，增加经验，培育问题解决能力，提升风险预判与应对能力。中小企业网络化成长与发展中的风险选择决策应该以适中为宜，过低，墨守成规，丧失市场机会；过高，战略冒进，当能力跟不上理想的脚步，风险的发生在早晚之间。

在网络经济发展中，与竞争对手合作、开放创新、产业集聚与网络生态一体化发展成为产业发展趋势，中小企业的网络化成长与发展不仅包含纵向链条的一体化关系合作，还包括与竞争对手的横向合作和网络化跨界合作与发展，所面临的关系冲突和风险不是单维的，而是多维的；不是双边的，而是多边的，甚至是交织进行的。这些风险包括：①产权保护风险。内容包括知识产权保护问题、保密问题、技术保护问题、技术绑架、专有技术控制问题。②利益冲突。利益冲突风险包括成本分摊、高额知识产权收费风险、关系租与资源租。③合作困境。内容包括发展依赖、核心能力丧失、自我创新能力蜕化、机会主义、道德逆向选择、合作机制僵化、观念与文化冲突。④能力风险。协同能力缺失、错误合作伙伴选择、创新能力不足、网络生态风险扩散等。

网络关系合作中的风险决策与管理问题是一个复杂的问题。常言说，风险与收益成正比，但没有说风险就一定能带来收益。对于中小企业来说，不承担风险，在竞争使产品服务同质化和价格平均化的背景下，不创新发展，走常人之道，企业肯定难以长足发展，也难以获得合作伙伴的青睐。创新发展则意味着风险承担，面临高失败成本的威胁。对于中小企业来说，无论是风险厌恶型还是风险偏好型，能力范围内的适度风险承担，合作发展中的风险分摊，创新发展中的风险试错与不断调整是风险管理的基本原则。创新发展中做好风险的预估，构建风险防范机制，提升风险防范的能力都是中小企业风险管理必备的功课。

（五）关系竞合：竞争还是合作

竞争范式下的传统企业战略选择立足于稀缺资源占有、不可复制的核心能力培育和打败对手的竞争战略定位，而在网络经济下的战略发展逻辑摒弃零和竞争思维，选择竞合共同发展之路。他们认为，世界上没有永恒的朋友，但是有永恒的利益，企业发展的目的不是打败他人，而是成就自我，不是你死我活的零和博弈，而是合作中的共赢，与其为了一块固定的蛋糕打得你死我活，不如大家一起把"蛋糕做大"，共享增值收益。据此，在竞争中合作，在合作中竞争，竞合战略成为企业发展的新思维与新范式。

现有文献列举了诸多竞合发展的诸多动因和正向收益，如竞争成本降低、能力互补、成本分摊、范围经济实现和市场规则与技术标准的共同制定等（Luo，2007），看起来竞合战略似乎可以实现竞争和合作的双向收益。但是，实际情况是，竞合战略带来的不仅有"双赢"，还有"双输"。研究发现，超过67%的战略联盟都是以失败而告终（lunnan & Haugana，2008）。导致竞合关系失败首要问题就是竞合关系中存在的悖论。

竞合发展意指竞争与合作的同时存在。研究者认为，这种竞争与合作共存的关系管理有着诸多悖论，共享还是独占、信任还是不信任、利己还是利他、成就他人还是成就自己、目标一致还是目标错位等（Bengtsson & Kock，2014）。了解竞合关系的本质和悖论是竞合关系管理的第一步。合作和竞争本身就是自相矛盾的行动逻辑。合作强调互利和集体利益，竞争却追求自利和机会收益（Park & Zhou，2005），这种矛盾逻辑本来就不容易调和，竞合关系却要求同时存在，同时这个词就是竞争与合作悖论存在的症结所在。组织间关系合作，一个阶段可能是合作，另一个阶段也可能是竞争；在一方面是合作，另一方面可能是竞争，如果把合作和竞争分离，这不符合合作竞争的定义；把合作与竞争并列，也没有道理，这就是竞合关系的悖论所在。

本书认为，合作和竞争不是一个矛盾的对立体，而是一个矛盾的统一体。统一点在于合作与竞争的合理平衡。Park（2014）研究发现，平衡的合作竞争悖论有利于关系合作绩效的提升。在联盟关系发展中，没有充分合作，联盟不可能顺利运行。同样不充分关注竞争，联盟将会在不知不觉中失去竞争优势，失去关系合作所带来的权力和权益。学者们认为，当竞争和合作各自势力既不强，也不弱，保持在一个合理平衡时，联盟最有竞争优势（Daanin & Pdula，2002）。

是竞争，还是合作，在复杂多变的网络关系合作中的确是一个两难的决策，但决策者遵从如下几点原则至少不会做得更差：①实力评估。竞争需要实力，合作同样需要实力，与竞争者合作，没有实力，是自取其辱。②不可替代性。你的不可替代性决定了你和竞争对手合作的广度、深度与宽度。③互补性。你与竞争对手的互补性决定了你关系嵌入的程度，而竞争对手对于你产业生态的互补性决定了你关系合作的深度。④风险收益对比。如果竞争的风险远远大于合作，不如合作；反之亦然。⑤价值创造。如果合作的价值和机会收益远远大于竞争，选择合作是理智的选择。⑥生态建构。如果竞争对手是你产业生态建构的一个重要组成部分，从战略角度看，合作是理性的选择。

世界上没有永恒的竞争对手，也没有永恒的合作者，有的是永恒的利益。从企业战略目标出发，因势利导、权变思考、动态管理、柔性调节、多样合作，是竞合关系悖论管理的真谛。

三、负面关系的权变管理

关系本身没有好坏之分。好坏之分，在人，不在关系。同样的关系对一些人是机会，对一些人可能是威胁；利危之别，不在人，在利。同样的处境，有人就能化害为利，有人却是两害相加。良好关系的维护在于辩证思考、因势利导与权变管理。根据关系冲突的类型，关系冲突可分为利益冲突、感知冲突、文化冲突、角色冲突、目标冲突、任务冲突、过程冲突。其中感知冲突、文化冲突、角色冲突属于主观感知范畴，冲突强度取决于关系合作者的主观认知、目标冲突、任务冲突与过程冲突，属于再生产范畴，冲突诱发与关系再生产的规范有关。利益冲突严格来说，也是一种主观感知，因为利益多少是一个相对数，不是绝对数，利益冲突与否与关系合作人的公平预期、公平比较和风险成本权衡后的收益有关，其中公平比较与评价贯穿整个关系交易之中。本书认为，良好的关系合作具有一定的确定性，如果出现不确定性，则意味着关系前景不明，关系冲突与机会主义的出现，最终随着不确定的不断加剧，关系会出现加速恶化，最终导致关系的终止和解体（见图3-2）。

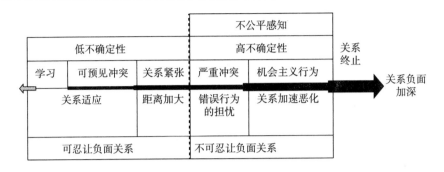

图 3 - 2　关系负面演化

资料来源：笔者整理。

从不确定性管理和忍让度视角，本书认为关系管理应该从不确定性管理和忍让角度把负面关系分为可容忍型负面关系和不可忍让型负面关系，并根据不同的关系演化程度确定具体的管理对策。

（一）可容忍型负面关系与演化

关系合作之路并不是一条充满阳光的朝天大道，而是一条充满不确定性、充满冲突的崎岖发展之路。良好的关系管理是把关系的积极效应发扬光大，把关系的负面效应降到最低（Hakansson H. & Snehota，1995）。

良好的关系合作与维持首先来自互信，而互信的前提是关系合作行为人认为关系合作各方不会利用机会损害其他人的利益。由于人的有限理性、信息的不对称、契约的不完备性，关系合作者的交易契约不可能涵盖关系交易情景的各个细节，关系合作的前提是关系合作各方对未来关系都有一个基本的预期。这些预期越清晰，则关系合作越顺利。负面关系效应和关系冲突的出现与关系预期的不确定性有关。关系的不确定性出现可能与不良互动、沟通不畅，或者偏离关系预期有关。不确定性被定义为合作各方缺乏足够的信息预测未来走向，也无法对自己决策的效果保持信心（Achrol & Stern，1988）。

商业合作中关系负面的最初出现会导致低度的关系不确定性。此时如果通过积极的了解、沟通、协调和相互适应，可以降低这种低度的关系不确定性，但如果消极对待，不去积极地了解沟通，不去主动地调整和适应，不去主动阻止关系未来的不确定行为，未来关系的走向就会难以预测，关系伤害行为和关系冲突势必难免（Kohli，1988），负面关系会在冲突中不断加剧。

关系具有阳光与阴暗两面性，关系冲突伴随着关系生命周期发展的整个生命周期。积极的关系冲突管理视冲突为机会，他们知道组织的成长过程是一个突破自我约束的过程，也是一个不断沟通、协调和解决各种冲突的过程，因此，他们会把冲突解决过程视为问题发现、误会消除、能力提升、自我加压的过程，因此会通过积极的、建设性的冲突管理引导冲突并向有利于组织发展的方向转化，也会通过可控的竞争和冲突激活组织活力、发现潜在问题，推动组织的良性进化。

消极的关系冲突管理则把冲突视为一种负担、不和谐和阻力，而这种负面的态度又进一步加深关系的不确定性和关系紧张（Tjosvold，Hui，Ding & Hu，2003）。而且，由于相关问题的不能及时解决，冲突阻碍了合作各方的信息共享，破坏了相互了解、沟通与信任，拉大了双方的关系距离，弱化了合作的感情基础，加大了关系紧张程度。关系紧张的出现，第一预示着和谐关系的结束，而和谐关系是关系信任提升的基础，第二意味着紧密关系的疏远，强化关系的弱化，其最大的危险在于促使对非合作者的动机产生，增加机会主义和未来关系处理的成本，甚至导致不可逆转性关系损害。对待关系冲突的不同态度和处理逻辑对于关系的演化方向至关重要，良好的关系冲突管理在于把握关系尺度，及时发现、沟通与解决问题，避免冲突的积累而进一步演化风险。

（二）不可忍让型负面关系与恶化

负面关系表现为以下特征：对冲突的负面态度、关系高度紧张、严重冲突和信任、承诺和合作的恶化。严重冲突是负面关系结果的体现，容易引发情绪波动，增加机会主义行为担忧。研究表明，严重的冲突不仅会导致合作关系恶化，而且会降低生产率和合作绩效（Skarmeas，2006），严重摧毁价值创造机制，引发敌意、不信任和信息封闭不健康行为，降低关系忠诚度。更危险的是诱发机会主义，导致网络关系的最终解体。

许多研究发现，机会主义是造成负面关系影响的主要诱因（Morgan & Hunt，1994；Nunlee，2005；Yang & Wang，2013），但 Hawkins 等（2008）认为，关系中的机会主义既在意料之中，也在心理认可之内，但是需要区别是强机会主义，还是弱机会主义，辨明其道德和伦理结合强度。强机会主义破坏的是契约理念，弱机会主义破坏的是关系理念。机会主义是人类的本性。在网络关系合作中，不对称关系、权力失衡、利益不公、第三方关系诱惑、环境变迁以及关系合作的条件不复存在都会诱发机会主义行为。有效的关系治理是通过事先的机会主义防范机制、事中的干预机制和事后的惩罚机制抑制机会主义行为的发生和发展

（Zhuang, Xi & Tsang, 2010）。

除了激励冲突、机会主义的发生容易把负面关系拖入解体的边缘，在这个阶段，不公平感知也是导致关系恶化的直接影响因素。正如学者 Samaha（2011）所言，不公平感知是"关系的毒药"，它可以直接摧毁渠道关系，加深负面关系冲突效应，诱发合作者之间的报复和惩罚行为，加速关系的解体。

本章参考文献

［1］Anderson, E. & Jap, S. D. The dark side of close relationships ［J］. MIT Sloan Management Review, 2005, 46（3）: 75 - 82.

［2］Achrol, R. & Stern, L. Environmental determinants of decision - making uncertainty in marketing channels ［J］. Journal of Marketing Research, 1988, 25（1）: 36 - 50.

［3］Akaka M A, Vargo S L. Technology as an operant resource in service（eco）systems ［J］. Information Systems and E - Business Management, 2014, 12（3）: 367 - 384.

［4］Alvarez, S. A. Entrepreneurial rents and the theory of the firm ［J］. Journal of Business Venturing, 2007, 22（3）: 427 - 442.

［5］Baumeister, Roy F, Bratslavsky, et al. Bad is stronger than good ［J］. Review of General Psychology, 2001, 5（4）: 477 - 509.

［6］Bengtsson, M. & Johansson, M. Managing coopetition to create opportunities for small firms ［J］. International Small Business Journal, 2014, 32（4）: 401 - 427.

［7］Carroll J S, Nelson D A, Yorgason J B, et al. Relational aggression in marriage ［J］. Aggress Behav, 2010, 36（5）: 315 - 329.

［8］Das T K, Teng B S. Alliance Constellations: A Social Exchange Perspective ［J］. Academy of Management Review, 2002, 27（3）: 445 - 456.

［9］Das T K, & Teng B S. A risk perception model of alliance structuring ［J］. Journal of International Management, 2001（7）: 1 - 29.

［10］Delerue, H. Relational risks perception in European biotechnology alliances: The effect of contextual factors ［J］. European Management Journal, 2004, 22（5）: 546 - 556.

［11］Eisenhardt K M. Paradox, Spirals, Ambivalence: The New Language of

Change and Pluralism [J] . Academy of Management Review, 2000, 25 (4): 703 – 705.

[12] Evans K R, Good D J. Relationship unrest – A strategic perspective for business – to – business marketers [J] . European Journal of Marketing, 2001, 35 (5/6): 549 –565.

[13] Fang E A. Method of fabricating non – volatile memory device having separate charge trap patterns [J] . May Be Provided at Crossing Points of the Control Gate Electrode, 2011.

[14] Freel, M. S. Perceived environmental uncertainty and innovation in small firms [J] . Small Business Economics, 2005, 25 (1): 49 –64.

[15] Hawkins, T. G. , Wittman, C. M. & Beyerlein, M. M. Antecedents and consequences of opportunism in buyer – supplier relations: Research synthesis and new frontiers [J] . Industrial Marketing Management, 2008, 37 (8): 895 –909.

[16] Holmlundrytkönen M, Strandvik T. Stress in business relationships [J]. Journal of Business & Industrial Marketing, 2005, 20 (1): 12 –22 (11) .

[17] Hughes M, Morgan R E. Deconstructing the relationship between entrepreneurial orientation and business performance at the embryonic stage of firm growth [J]. Industrial Marketing Management, 2007, 36 (5): 651 –661.

[18] Jaakkola E, Hakanen T. Value co – creation in solution networks [J]. Industrial Marketing Management, 2013, 42 (1): 47 –58.

[19] Jap S D, Anderson E. Safeguarding Interorganizational Performance and Continuity Under Ex Post Opportunism [J] . Management Science, 2003, 49 (12): 1684 – 1701.

[20] John, G. An empirical investigation of some antecedents of opportunism in a marketing channel [J] . Journal of Marketing Research, 1984 (21): 278 –289.

[21] Junshan G, Yong C, Changgui P. An Empirical Study of the Relationship between Staff Department Status and Effectiveness in Chinese SOEs [C] // International Conference on Management Science & Engineering, IEEE, 2011.

[22] Kohli, A. Determinants of influence in organizational buying: A contingency approach [J] . Journal of Marketing, 1988, 53 (3): 50 –65.

[23] Lin K H, Chang Y Y, Ou C C, et al. The Impact of Network Relationships, Environment and Localization on the Performance of Taiwanese Small and Medi-

um Sized Enterprises [M] // The Rise of Asian Firms, 2014.

[24] Lunnan, R. & Haugland, S. Predicting and measuring alliance perform-
ance: A multidimensional analysis [J]. Strategic Management Journal, 2008, 29
(5), 545 – 556.

[25] Mitrega M, Zolkiewski J. Negative consequences of deep relationships with
suppliers: An exploratory study in Poland [J]. Industrial Marketing Management,
2012, 41 (5): 886 – 894.

[26] Morgan, R. & Hunt, S. D. The commitment – trust theory of relationshipm-
arketing [J]. Journal of Marketing, 1994, 58 (3): 20 – 38.

[27] Nunlee, M. P. The control of intra – channel opportunism through the use of
interchannel communication [J]. Industrial Marketing Management, 2005, 34 (5):
515 – 525.

[28] Park, B. J. R., Srivastava, M. K. & Gnyawali, D. R. Walking the tight
rope of coopetition: Impact of competition and cooperation intensities and balance on
firm innovation performance [J]. Industrial Marketing Management, 2014, 43 (2):
893 – 907.

[29] Park, S. H. & Zhou, D. Firm heterogeneity and competitive dynamics in
alliance formation [J]. Academy of Management Review, 2005, 30 (3): 531 –
554.

[30] Quinn R E, Rohrbaugh J. A spatial model of effectiveness criteria: Towards
a competing values approach to organizational analysis [J]. Management science,
1983, 29 (3): 363 – 377.

[31] Ring P S, Van de Ven A H. Structuring cooperative relationships between
organizations [J]. Strategic management journal, 1992, 13 (7): 483 – 498.

[32] Samaha, S. A., Palmatier, R. & Dant, R. P. Poisoning relationships:
Perceived unfairness in channels of distribution [J]. Journal of Marketing, 2011, 75
(5): 99 – 117.

[33] Skarmeas, D. The role of functional conflict in international buyer – seller
relationships: Implications for industrial exporters [J]. Industrial Marketing Manage-
ment, 2006, 35 (5): 567 – 575.

[34] Tjosvold, D., Hui, C., Ding, D., & Hu, J. Conflict values and team
relationships: Conflict's contribution to team effectiveness and citizenship in China

[J]. Journal of Organizational Behavior, 24 (1): 69 – 88.

[35] Tore Strandvik, Maria Holmlund. How to diagnose business – to – business relationships by mapping negative incidents [J] . Journal of Marketing Management, 2008, 24 (3 – 4): 361 – 381.

[36] Villena, V. , Revilla, E. , & Choi, T. The dark side of buyer – supplier relationships: A social capital perspective [J] . Journal of Operations Management, 2011, 29 (6): 561 – 576.

[37] Wei J, Yuen E Y, Liu W, et al. Estrogen protects against the detrimental effects of repeated stress on glutamatergic transmission and cognition [J] . Mol Psychiatry, 2014, 19 (5): 588 – 598.

[38] Yang, X. &Wang, Z. Inter – firm opportunism: A meta – analytic review and assessment of its antecedents and effect on performance [J] . The Journal of Business and Industrial Marketing, 2013, 28 (2): 137 – 146.

[39] Zhuang, G. , Xi, Y. , & Tsang, A. Power, conflict, and cooperation: The impact of guanxi in Chinese marketing channels [J] . Industrial Marketing Management, 2010, 39 (1): 137 – 149.

第四章 企业网络化成长中的关系资本漂移、关系进化与重构

一、研究背景与问题的提出

　　成长性与扩张性是企业发展的主旋律。传统基于资源基础观、能力观和知识观的原子式企业内敛式的成长模式，对不具备任何"天赋"的企业成长与发展的解释力不足，而社会网络理论对企业获取资源、能力和信息，采用网络化外延成长模式提供了新的解释。从社会网络角度看，组织是镶嵌于一个多重、复杂、交叉重叠社会网络中的主体，其所拥有的关系网络有助于企业获取异质性资源、信息与能力，摄取内生式模式无法获取的网络租金和能力弥补。网络关系的不可复制性、特殊性、专有性等特质成为企业竞争优势的替代来源。在中国管理情境下，关系作为血液维系着中小企业的生存与成长，因此关系网络的建构成为中小企业成长中至关重要的命题（Jack S. , 2008）。

　　尽管传统社会网络的研究对企业如何通过社会网络创业和获取资源提供了许多理论解析和现实还原，但新技术革命所带来的网络经济不仅颠覆了许多经典理论，也对基于内生性发展的传统企业成长模式提出了挑战。网络关系边界的拓展性、规模的伸缩性、结构的重构性、关系的继承性与迁跃性都决定了网络关系演化的不确定性与非定向性，呈现出关系深化、强化、泛化、跃迁、解体等网络关系结构交叉交替重构的非线性演化过程。既往研究表明，企业的社会关系网络有助于企业摄取异质性资源，提升信息获取质量，增强企业核心能力，改善企业绩效（Collins & Clark，2003），但这些研究多侧重于网络结构特征、质量与能力等

对企业绩效及关系资本的影响，关注企业追求网络化成长中异质资源整合、稀缺能力获取、隐性知识的传授，而对网络关系所带来的"价值悖反""强关系封闭""新入缺陷""关系异化""关系解体"等负面效应重视不够（Wilma W. Suen, 2005；Tidstrom, 2009；徐礼伯、施建军, 2010），对于企业网络化成长中的租金分割、关系资本漂移、关系异化与关系重构问题研究不够。本书认为，中小企业的成长过程是一个不断试错的过程，一个在不断协调和解决各种冲突与矛盾，不断突破自我、成长进化的过程。对于关系的正面效应值得研究，对于关系的负面效应特别是关系异化行为问题更值得关注。

Uzzi（2002）认为，企业的成长过程实际上是面对关系冲突而采取的关系选择、保留、异化的反复迭代的关系进化行为选择过程。网络组织天然的不稳定性、网络利益相关者的不同目标函数以及动态变化的环境都是企业网络关系合作中绕不过的坎，关系冲突问题贯穿企业成长的全部生命周期。从关系行为异化和行为演化角度研究企业进化过程，不仅有利于揭示企业网络化发展进程，更有利于研究关系进化的本质。据此，本书采用多案例交叉研究方法，从关系异化和行为演化角度研究中小企业网络化成长中所面临的关系冲突与行为选择问题，重点探讨的问题包括以下三个：第一，中小企业网络关系进化中的关系异化与重构的诱因和动因是什么？第二，演化过程中呈现什么样的网络结构与关系特征？第三，面对关系异化行为，行为主体会采取什么样的应对策略和行为选择？

对于以上问题的解答，从理论上可以揭示中小企业关系进化的演化规律，从实践上可以帮助中小企业动态把握网络关系的变化，寻求网络关系的主动治理，为企业可持续发展提供更多的理论依据与借鉴参考。

二、文献综述与理论回顾

Parkhe 等（2006）与 Lee（2014）指出，网络化功能作用取得了广泛的研究关注，但是鲜有研究涉足从时间轴视角对网络化过程中的动态性方面的研究，对企业社会网络如何和为什么变化与发展解释不足。网络关系演化过程中强调时间跨度的差异性分析，因为网络演化的机制不是预先设定的，而是在行动者之间的不断互动过程中进化的。企业发展周期性决定了不同时期企业对网络中的资源、知识、信息、能力等网络租金有着多样化的需求。企业创业构想阶段、初创期和成长期的中小企业面临着新进入缺陷、高昂的学习成本（Singh et al.，1986）、缺少关系开关权（Hannan & Freeman，1984）等问题。企业生命周期的这个阶段突出表现为关系嵌入、关系协同以及占据结构洞企业与其他企业之间的错综复杂关系（Hite，2005），而现有的研究也多聚焦于这三个时期。由于关系的外部性、动态性、过程性和主观性的属性特征，加之研究者研究视角与场域的不同，造成了对企业社会网络关系演化的动力、网络结构与性质、网络关系治理机制等关键问题不同的解析与观点，本书对不同解释与观点综述如下：

（一）企业家社会网络关系演化的内生动力

Punnett 和 Yu（1990）指出初始网络的自发性与非正式性强调了网络在个体层面发生的关系异化的必然性，而对利益的敏锐把握是网络关系内驱力。后续学者林南（2002）、格兰诺维特（2000）和边燕杰（2000）等从弱关系、嵌入性和结构洞角度分别论述了企业社会网络关系演化的动力，尽管研究视角存在差异，但是利用关系嵌入获得稳定的关系资本进而攫取有价值资源是研究者的共识。虽然前人的研究揭示了环境因素是影响企业社会网络演化的重要外生变量，但是作为网络关系的内生变量强弱关系的选择、企业网络生态位竞争、规则与制度博弈才是企业网络关系演化的内在动力。

以血缘关系、朋友关系、地缘、同学等私人关系维系的非扩展信任为特征的强关系虽然有利于隐性知识的分享与资源共享，但也容易形成企业间合作半径小，结构松散，信息和知识同质化、企业创新和知识共享溢出的效率降低等问题（朱海就，2002）。弱关系虽然可以带来异质性资源与合作机会，但是结构洞第三方关系、资源与信息控制等网络结构刚性却导致弱关系的维护成本和交易成本增大；沉淀成本和锚钉效应造成了弱关系的较高的转换成本，从而将企业锁定在网络原有位置，阻碍了其网络关系的进化。

网络生态位是资源需求与能力匹配过程中博弈的结果，对资源、信息、市场的同质化诉求导致企业生态位重叠，而为获得该稀缺生态位的竞争则促使企业网络结构与关系的不断重构。

网络规则是规范和调整企业间关系以获得、运用和整合网络资源的制度保障（罗珉、何长见，2006）。在中国社会则表达为对稀缺资源进行配置的差序格局模式（孙立平，2010），这种内外有别、亲疏有序集中表现为企业网络关系中关系层次与质量的禀赋差异。同时差序格局彰显的"舍利取义"和强关系所附着的情感连带形成关系压力，要求关系交往中的"利他主义倾向"，加之激励与价值补偿机制不健全使这种情义利交织的网络关系容易产生"搭便车"行为等不公平现象，影响集体创新行为和知识共享的效率。因此，扭转和克服这种利益和资源分配的不公平性也促使了企业网络关系的异化与重构。

（二）企业社会网络关系演化的网络结构与性质

社会网络演化是基于网络整体行为的结构性限制来对个体企业施加影响（王涛、罗仲伟，2011），因此网络关系的结构与性质是研究网络关系的重要起点（Barden & Mitchelle，2007），决定了关系演化对中小企业网络化成长的作用与程度。Larson 和 Starr（1993）构建了企业网络演化"三步曲"模型从重视关键二元联系向社会经济交换转化并最终实现多次交换过程中的层级化交换。Hite 和 Hesterly（2001）指出，企业社会网络关系从单一强关系向成长期多元弱关系转变。刘冰和陶海清（2005）认为，企业社会网络演化经历了初期以特定范围内的强关系为主，中期以跨范围的弱关系为重心，后期以跨地域的强关系强化的过程，构成了"撒网"模型。

庄晋财等（2009）则将演化过程概括为单一网络嵌入、交易性嵌入、分离式嵌入向双重网络嵌入、关系性嵌入和叠加式嵌入的网络关系发展历程。然而，在企业社会关系网络演化过程中，资本、关系、结构的相互关联与交错不具有倾向一致性、节奏同步性、边界可测性和供需对接性使中小企业社会网络关系的演化处于长期不稳定状态的震荡状态（王大洲，2011）。网络企业位移所形成的替代嵌入和网络边界拓展所形成的延伸嵌入都为一些企业嵌入网络，占据网络结构位提供了条件。网络重心漂移、结构模块化也催生了网络中心度和密度等方面的变化。同时差序格局和结构洞控制使另一些企业网络权力局部塌陷、结构固化、深陷网络边缘，难以参与到网络分工细化和深化的过程中。关系双向选择面临着外部环境不确定性、资源使用效率高低、资源和技术异质化程度与互补程度的影响，也造成网络关系中的资源、能力等相似的企业仍然存在结构等势和关系等位的形成障碍。Jack（2005）指出，企业家社会网络治理中处于二元关系和多元关系的动态选择与试错过程中的不断调整与优化。这种非线性的演化过程既表现在企业家在"强弱关系""利己利他"的博弈关系，更体现在"一对一""一对多""多对一"等多种网络映射结构的选择中寻求间断式的网络结构均衡。在"网络关系不稳定之谜"的命题下（徐伯礼、施建军，2010），在企业生命周期中的阶段性强弱关系转换，网络关系重构与结构优化都是值得深入探讨的命题。

(三) 企业社会网络关系演化的行为与路径选择

企业往往不是网络关系演化的被动行动者，而是网络关系有意识的管理者（Hite & Hesterly，2001）。企业通过将自身效用目标纳入合作方的收益实现网络组织的群体效率则需要协调整合机制来维护网络关系。为此，受制于网络规则和制度下的网络企业需要利用价格、权威或信任等手段来适应网络环境，选取网络化成长途径进而获取网络收益（陈金梅、赵海山，2011）。基于交易成本理论的信任机制、基于资源基础观的组织学习、基于社会关系理论的关系嵌入都为企业社会网络关系行为与路径选择提供了有效方式。然而，信任机制和组织承诺所建立关系的契约治理方式所遵循的是一种由情感信任与认知信任从分离到叠加的线性逻辑（Larson & Starr，1993；张宝建，2011），但组织单位间的信任关系经常是由有权力的个人创造的，而个体在认知和个性方面与组织层面的契合度上的差异会导致个人信任向组织间信任跃迁中的非继承性。结构洞的信息控制效应、专用知识的关系产权剩余价值的索取强化了网络核心企业的知识控制力和影响力，同时隐性知识显性化也需要企业具备吸收、共享和内化知识的能力，这就造成知识管理能力较弱的中小企业很难通过组织学习实现网络化成长。网络关系的拓扑性、网络边界的伸缩性导致关系的进化和泛化过程中出现多个岔口和分支，出现网络关系稀疏、边界扩散的无序演化轨迹，容易诱发网络关系的突变、衰变和蜕化等现象，使关系嵌入理论失灵。同时企业主导业务的转型、企业家的更迭、市场环境的不确定性等突变因素都造成了企业社会网络关系的非定向性漂移路径。由此可以看出，网络关系演化的本质实际上是一个关系变异、选择、保留的反复试错循环过程（Compbell，2007），该过程以价值创造和价值共享为导向，具有动态性、目的性、选择性和重复性等特征，由此也决定了网络关系行为与路径选择的多样性与复杂性。因此，企业采用何种行为使其趋利于企业的定向演化成为企业社会网络治理中的核心议题。

(四) 企业社会网络关系演化中的关系冲突与行为异化

企业网络化成长的过程是其对所处网络环境不断进行动态响应的过程，因此关系冲突的信号识别、预判和反应尤为关键（陈震红、董俊武，2003）。占据结构洞的企业更容易识别潜在威胁与冲突，洞察合作伙伴的真实动机（张书军、李新春，2005），通过界定冲突内容、厘清冲突类型、把握冲突情境，对冲突的发展和效果做出合理的评估。布迪厄（1992）场域理论也指出，网络关系进化依赖于场域互动与关系惯习约束，冲突方通过"冗余—匹配""公正—效率"协调机制达到相互"适应"来应对网络关系冲突。同时还可以通过"鲇鱼效应"引入新关系、通过结构洞"架桥"和"补洞"改变网络结构特征来激发关系冲突的正能量。基于此，陈震红和董俊武（2003）提出了关系冲突的"适应—激发—反应"的决策机制。但是，由于关系冲突的多主体性、跨层次性，这些行动人在信息不对称下只能做出有限理性选择。短视行为和长期利益的权衡、"自益"还是"共益"等行为将一直伴随着关系冲突的演化。而网络关系冲突下的行为者关系异化问题，既有机会主义的自我算计、工具性的相互利用，还有关系解体时的自我保护。关系异化是指网络关系合作人背离了关系合作互利、互惠、互助的关系合作原则，基于自利而采取了有违关系可持续合作的行为。

网络关系并不具有天然的稳定性，在机会主义存在时，就有可能发生逆转。在这个过程中，网络关系体现为"双重叠加过程"和"帕累托改进过程"。社会关系和交易关系的双重叠加嵌入过程，本身就包含了企业成长的内涵；没有关系的嵌入，那些不能与其他企业建立起必要联结的企业，将遭受"未联结之负债"的困扰，使企业网路化成长能力大为减弱（胡保亮，2012）。但是该过程的选择性、叠加的嵌入成本和不同成长类型（资源依赖或技术依赖）的关系异动等问题还需要深入展开研究。网络关系的演进在与分工水平和市场结构的相互作用中获取了合作伙伴的各种资源，共同创造价值，由此获得超额利润，实现新兴古典经济学的帕累托边界的动态外推。在该过程中，关系协同效率、关系垄断租金攫取和关系价值的"集体剩余"等问题都有待于深入探讨。

三、研究设计与方法

关系具有外部性、主观性、动态性和边界不确定性，中小企业社会网络关系动态演化过程中涉及企业家社会网络、外部环境、网络成员关系等多方面的变量，它们之间复杂的逻辑关系呈现出网络关系多样性和复杂性的特征，实证研究的方法难以再现鲜活的社会现实。本书采用探索性多案例交叉印证研究方法，重点是理论建构。Herriott 和 Firestone（1983）认为，多个案例推导出的结论往往被认为更具说服力，也更能经得起推敲。因为多案例研究能够应用复制逻辑把不同的案例当成实验，相互印证或推翻从不同案例中得到的推论，从而产生比单案例更强健和更具普遍性的理论。多案例研究还具有结论更容易导向定量分析以及更有助于增加我们对经验世界多样性的理解，更容易导向"模式＋概率"的机制解释等优势（黄振辉，2010）。

（一）样本选择与理论抽样

本书的目的是探讨中小企业在生命周期不同发展阶段网络关系动态演化中网络特征、结构和行为，所选择的企业必须确保其经营管理过程依赖网络关系成长，具有行业代表性和管理的典型性。据此，在样本选择中我们遵循了以下原则：

（1）企业样本选择。根据研究目的，本书样本选择以中小企业，特别是成长性比较好的小微企业为主，年度销售额低于1亿元，企业员工人数低于200人。

（2）样本地区确定。本次案例研究只选择了京津冀地区的中小企业和河南的一家企业，理由如下：①尽可能消除地域特征对变量的影响，从而有利于实现复制逻辑。②京津冀地区处于环渤海经济圈，经济发达，存在着大量的中小型企业，且市场化程度较高不存在行业垄断性，具有较好的代表性。③考虑到研究的便利性，课题组成员在京津冀地区具有较好的社会关系资本，研究中更容易获取丰富翔实的数据资料。④选择河南一家企业，是因为研究者担任该企业所在地银行的独立董事，了解这家企业的全部发展历程。

（3）行业选择。本次案例企业选择既有制造业，也有服务型企业。既往研究中多关注高科技企业和制造业，但是对于服务型中小企业网络关系演化缺乏足够的解释力。服务型中小型企业往往缺乏技术优势和资源禀赋等竞争力，并且其在产业链中往往扮演着中介位置，不具备产业链整合能力，因此这类企业如何通过网络关系实现成长值得关注。

（4）产业集群选择。本次案例研究选择了非产业集群中的中小企业，既往研究多以江浙地区和广东地区的产业集群中的中小企业为样本，产业集群中分工明确、企业间互动关系频繁必然呈现出网络化成长的特征。而非产业集群中的中小企业的网络关系呈现为一种"黑箱"状态，他们如何利用关系，利用什么样的关系，以及表现出什么样的关系行为还存在深度缺失。通过对该类型企业的多案例分析对于指导我国多数不处于产业集群中的中小企业网络关系治理提供更为准确可靠的经验借鉴。

基于上述标准，本书最终筛选出3家制造业企业（建筑、印刷、包装），2

家服务型企业（医药代理、货运代理），这些样本来自不同行业，可以揭示出中小企业网络关系的多样性与复杂性。

表4-1　案例企业简介

企业名称	创立时间	创立区域	企业规模	年销售额	行业类型/主要产品
L公司	20012年	天津	18余人	2600万元以上	保温砂浆制造
T公司	2009年	廊坊	30余人	2000万元以上	不干胶印刷
W公司	2010年	北京	32余人	5600万元以上	药品代理
Z公司	2009年	河南Z市	160余人	8000万元以上	食品包装

（二）数据收集

在案例信息的收集过程中，本书遵循案例的"三角验证法"，期望通过多渠道信息和资料的相互印证，保证所得到信息的真实性、有效性和可信度。据此，我们在深度访谈中，既进行同一信息不同人员的互相验证，也采用案例多元的交叉验证。案例信息的主要来源为：①实地调研和深度访谈信息。通过对企业经营者、合伙人、企业中高层管理者以及同行多次半结构访谈来进行案例信息的互相验证和穷举。②企业内部资料查阅。在与企业签署保密协议的基础上，尽可能多地查阅企业相关资料，内容包括年度规划、年度财务决算、会议记录等，与此同时，根据案例研究需要，对企业进行实地考察、征得企业允许的情况下，拜访企业重要客户。所收集的资料经归类和编码后，进行数据解析。③媒体资料。主要通过企业的网站、行业刊物、网络媒体报道等了解企业的相关信息。

（三）深度访谈资料收集

从2015年9月开始本书小组开始对被研究企业的经营者、主要客户、供应商和同行企业进行了多轮的半结构访谈。由研究负责人主持每次访谈，由3名博士生和5名硕士生参与全程访谈记录，并在征得同意后进行全程录音。每次访谈后在第一时间将访谈内容转化为文字记录，对访谈中遗失信息或模糊信息采用电话回访的方式来补充或纠正，以确保信息的真实性与可靠性。对所研究公司主要管理者的访谈由三个部分组成：首先，我们询问受访者按照时间序列回顾企业创业构想阶段、萌芽阶段和成长阶段的发展概况。其次，我们向受访者提出开放式问题，请他们描述企业在以上三个发展阶段中如何利用关系促进企业发展，如何判断关系的可借用性，如何维护关系，如何应对关系异化或断裂、如何应对关系的变化等，力图通过开放性问题的归纳和凝练，关键事件的抓取，把握关系演化中关系冲突的本质与演化特征。最后，对访谈信息做出整理凝练出核心问题，对企业管理者做回访式访谈，获得他们对信息的确认与补充。

表 4 - 2　案例访谈数据采集概况

案例	企业名称	受访者	受访者职位	访谈时间
案例 1	L 公司	WX	企业投资人	面谈 1 小时
		TBX	企业合伙人、总经理	面谈 1.5 小时
		TDM	企业市场经理	面谈 2 小时；电话回访 1 小时
案例 2	T 公司	SZG	企业合伙人、总工程师	面谈 2.5 小时；电话回访 1 小时
		CRX	企业技术顾问、市场经理	面谈 2 小时
案例 3	W 公司	LZ	企业总经理	面谈 1.5 小时；面谈回访 1 小时
		LTT	企业副总经理	面谈 1.5 小时
案例 4	Z 公司	ZLX	公司董事长、总经理	面谈 3 个小时

（四）信度与效度

案例研究的信度效度检验强调过程的可复制性，即案例研究的步骤具有可复制性（Yin，2003）。为了确保本书的信度，我们在梳理文献的基础上形成基本的案例研究理论框架、主题和围绕主题的相关构念，进行了精密的研究设计，包括案例研究项目审查与评估、实地调查程序、需要研究的问题、撰写案例研究报告等内容。

案例研究的效度主要包括构念效度、内在效度和外在效度。对于建构效度，我们多证据来源互为印证，数据三角检验和关键知情人审阅反馈制度。对于内部效度，我们首先使用通过档案资料和访谈等方法通过时间序列大事年表方式追溯个案发展历程，由于原因序列及其影响在时间轴上的不可逆性有助于提升研究变量因果关系的判定。然后在这些案例中进行跨案例分析，通过不同个案的配对来突出异同，初步建立变量之间的关系，并通过复制逻辑来精炼初步发现的关系，在此过程中经常回到单个案例中去比较和验证具体的关系和逻辑是否存在。通过理论和数据之间的反复验证来强化变量之间的关系，另外还通过与现有文献的比较突出异同，以提高研究结论的内部一致性。外部效度的处理主要通过对这 5 个案例企业所得案例数据的分析归纳、理论假设、案例企业的逐项复制，来验证所提出理论的普适性。

四、案例分析与讨论

通过一手资料和二手资料的归类整理，结合先前提出的理论框架和界定的问题，针对样本企业的实际情况描述形成文字材料，对个案时间序列和关键事件采用列表形式总结。在此基础上展开案例讨论，探寻他们在企业社会关系演化不同阶段的共性特征与行为，以期归纳出相关解释性理论。本书按照企业生命周期探索企业的成长轨迹，是因为在企业不同的成长阶段其冲突内涵和方式各不相同，从生命周期角度观察企业成长冲突，更容易从微观角度了解企业在现实成长中的关系冲突内涵、结构特征与处理方式。

（一）案例1——L公司的关系演化

L公司是天津市一家专业从事保温涂料和保温砂浆生产民营企业，创建于2009年。公司产品广泛应用于建筑内墙和外墙等建筑行业。公司产品为国家A级防火砂浆备案产品，在天津市主要有3家企业生产类似产品，并且产品获得4A认证为建筑外墙制定目录产品。由于采用全自动化生产线目前公司员工只有20余人，年销售额在1000万元以上。

L公司自成立以来的发展大致可以划分为构想阶段（2011~2012年）、萌芽阶段（2012~2016年）以及成长阶段（2016年至今）。

1. 萌芽阶段：信任的力量

企业家TBX担任钢厂高管位置多年，2007年因业务和工作关系结识WX，建立了比较好的业务合作和私人关系。后来，因钢厂国企改制问题，TBX仕途不畅，WX引荐TBX进入地产界，并且为TBX的地产公司担保借款，帮助创业。2009年，WX通过朋友结识了A级保温砂浆专利发明人，并通过专利购买开始进入砂浆生产领域。由于其他4个合作人缺少技术与管理经验，工厂一直运行不顺。为防止专利流失，WX认为TBX具有多年工厂管理经验，而且曾获得国家科技进步奖，期望与TBX合作，2012年双方共同出资组建L公司。

2. 初创阶段：专业的力量

公司初建阶段，由于WX和TBX从未涉足保温材料行业，缺乏行业经验和销售市场，公司经营相当不顺，产品居高不下，销售拓展不利。在多次失败的市场销售经历后，TBX决定利用专利发明人在行业内的人脉和市场渠道来拓展销路。他们通过股权出让、佣金分成等方法，吸引专利发明人参与到企业的经营管理中和产品销售渠道的拓展中。在专利发明人的帮助下，公司结识了天津建筑设计院、建材协会主席和科委主任等相关政府和行业协会核心人物，并通过题目把产品列入投标制定产品目录，为拓展政府保温材料招标市场铺设了资格和资信。

3. 成长阶段，网络的力量

经过努力，公司虽说开辟了天津地区政府招标市场，但由于高昂的佣金成本和市场渠道的单一化，导致L公司的利润收入有限，销售增长乏力。为维持公司的生存和发展，L公司的管理层开始关系多样化主动拓展之路。2012年5月，公司通过专利发明人认识了同行Y公司。Y公司长于销售，但生产规模和技术水平有限，于是，双方决定采用专业化分工和资源置换的方式进行合作。L公司负责两个公司的专业生产，Y公司则负责渠道的开发和市场的拓展。2014年，为满足日益扩张的市场需求，扩大产能，Y公司引入航道局D公司，期望通过D公司的资金优势和行业地位，合作扩大产能，开辟新的市场。D公司的首批资金投入很顺利，公司业务拓展速度也很快。随着市场的进一步扩张、产能的进一步扩大，应收账款也在不断地膨胀，以致造成公司的流动性困难，此时，D公司提出要么对等投资、要么被D公司控股或者全面收购的要求，权益之争最终会导致合作破裂，D公司退出。同年，在与建设设计院合作招标中，L公司结识了S设计师，该设计师利用自己的专业知识帮助L公司解决了保温砂浆技术难题，并且把L公司产品列入指定产品目录。2016年，在外地投标中结识同行J公司，因为J公司不具备建筑材料4星认证，不具备施工资质，于是双方采用战略合作模式，L公司负责投标，J公司负责产品的供应。截至2016年12月底，L公司是一个只有18人的小公司，通过关系转接与扩展，市场销售规模达到2600万元，净利润收入820万元，在同行中属于成长性比较好的企业。

L公司的网络化成长机制表明，中小企业的成长过程是一个关系嵌入与重构的过程，也是一个企业家网络机会的发现过程。在企业的网络化成长中，以人际关系资本为桥接，以利益为纽带，以认知资本为准则，以企业的内在资本为支撑的关系资本运行机制左右着企业的成长方向与进程。

（二）案例2——T公司的关系演化

T公司创建于2009年，是廊坊市一家致力于不干胶标贴、电子标贴和防伪标贴印刷的民营公司，总投资1500万元，拥有中国领先的标签技术团队和专业设备。为食品、日化、石化、电子、医药、物流等各个领域提供不干胶标贴、电子标贴、防伪标贴、模内标贴的生产加工服务。公司员工 60 人左右，年销售额 3600 万元。公司由 S 总、Y 总和 M 总共同创立。

根据受访者的描述和公司网站信息，公司的发展历程可分为萌芽（2007～2009 年）、初创（2009～2013 年）、变异（2013～2014）、重构（2014～2016 年）与成长（2016 年至今）五个阶段。

1. 萌芽阶段：从他我到自我

企业家 M 总从 20 世纪 90 年代曾在一家集体企业从事纸箱与礼盒印刷工作，2005 年在集体企业解体后应聘到一家地方政府附属小企业工作，主要负责不干胶产品的销售和市场拓展工作。S 总和 Y 总都是 M 总的主要业务客户，占其业务的 40%。在业务合作中，因 M 总所在小企业的机器设备只能生产一些标准化产品，非标高端印刷产品需要另外采购。基于对 M 总业务能力的敬佩和人格的信任，S 总和 Y 总就把非标业务也交给 M 总一起配套供应，M 总就利用自己在业界的人脉开展定制业务，2007 年非标业务需求一度达到 800 多万元规模。2007 年因非标业务的提成原单位未按约定兑现，M 总辞职离开该公司，开始自己的创业历程，并且说服 Y 总和 S 总以渠道关系做投资，以业务提成作为固定回报，合作成立 T 公司，专门从事非标不干胶业务的生产，为 S 总和 Y 总所在的公司提供专业配套。

2. 初创阶段：从强关系到弱关系

与所有的创业者一样，M 总的创业先从身边的血缘、地缘、友缘、学缘强关系开放开始，逐步向业缘、趣缘等弱关系递进。与 Y 总和 S 总的业务合作稳定了初创公司的生存基础，基于利益提成分享制关系合作模式激发了合作者的驱动开放动力。从 2009 年到 2013 年公司创业阶段，强关系所带来的业务占其业务总量的 70%，弱关系开拓带来的业务占业务总量的 30%，强关系支撑了公司的生存与发展。

3. 异化阶段：从互惠到变异

2013～2014 年应该说是 M 总最难熬的一年。先是 Y 总因受贿被人举报而获刑，该公司继任者终止与 T 公司的业务合作关系；接着是 S 总被竞争厂家以更高的利益提成挖走，双方由朋友变成仇人；到最后由 S 总和 Y 总牵头合作的业务网络也逐步崩塌，由此导致公司失去 47% 的业务合作。而且，更要命的是，因购买设备负债太高，贷款银行开始抽贷，造成 T 公司资金的流动性困难，M 总和 T 公司再一次走到了命运的风口浪尖上。

4. 重构阶段：从利益独享到分享

2014 年的动荡使 M 总深刻地意识到利益面前关系的脆弱性和企业单打独斗内生式发展的局限性，从 2014 年开始，M 总就通过股权出让、技术入股、员工小股东合伙人制度开始公司合作关系的重构。先后通过融资租赁解决设备和技术更新难题；通过股权出让解决了流动性枯竭问题；通过员工小股东合伙人制度激发了员工的工作积极性和稳定性，通过人际关系投资稳定和拓展了市场发展空间。到 2016 年，公司各项业务基本恢复正常，走向了快速发展之路。

5. 成长阶段：从单打独斗到战略联盟

经过关系重构阶段，M 总的发展理念已经从单打独斗走向联盟合作模式。首先，利用良好的技术实力，引入私募基金，以上市为目标开展股份改造和管理模式重构。其次，企业生产规模扩大吸引了 F 和 C 供应商，企业利用 3 家供应商的竞争关系形成网络结构优势。再次，T 公司通过技术支持、信息共享、资源互补等方式成为该地区龙头公司 G 的代工企业。最后，与 Z 不干胶印刷机制造上进行全面技术合作与创新团队建设升级印刷设备。截至 2017 年，该公司被地方政府认定为高新科技企业，地方重点支持的小巨人成长性企业，企业实现销售额 1.3 亿元，也走向了高速成长与发展之路。

（三）案例 3——W 公司的关系演化

W 医药代理公司位于北京，成立于 2010 年。成立初期，主要向北京和天津郊区县医院提供心血管等新药药品，公司员工 10 人左右，年销售额 1000 万元以上。

1. 萌芽阶段：从代表到代理

企业家 A 多年为上海某药业的医药代表，熟悉天津和北京的医药市场，有很好的同业人脉关系。2009 年辞职，2010 年成立公司，创业之初仅做一些药品招标咨询业务。在一次业务合作中，得到一份某人民医院稀缺药品目录，A 认为公司发展不能仅仅局限于市场中介和技术咨询业务，应该发挥自己的人脉优势，走药品代理之路。A 抓住这个机会，利用原有药品代理 C 与该医院的代理关系，打通了为该医院提供紧缺新药品的供应权力。

2. 初创阶段：资质的壁垒

中国的药品进入医药销售渠道是有进入壁垒的：首先，需要代理资质；其次，需要药品进入目录招标资质；最后，还要有一定的资本壁垒和从业资格要求。作为新创公司，很难达到全部要求，所以，创业初期，与各种有资质的公司寻求合作，成为 A 企业的常项工作，饭店、酒吧、歌舞厅就是 A 总经常工作的地方，公司业务的拓展过程实际上就是关系租金的分割过程。可以说，企业初创期间，虽然每天业务繁忙，但由于网络合作关系单一，新特药品代理权的竞争、需求方新品药不断更新换代的需求、再加上各个过路财神的盘剥，公司初创的 3 年，公司盈利甚微，教训甚多，但正是这些教训和经验，加上非正式社交关系的积累成了 A 总未来撬动医药市场的杠杆。

3. 成长阶段：弱关系的力量

在经过几年人脉和经验积累后，2015 年 W 公司才进入快速成长阶段。这一年，在参加药品交流会中 A 认识了 QL 药业的天津和北京区域代表，A 总利用同乡关系和 W 总公司的实力取得了该药业的区域二级代理身份，并利用 QL 药业关系获得了北京和天津多家三甲医院的 QL 药业的独家代理权。同年同样在药品交流会上认识了 A 总，也认识了 TTS 药业，依靠 QL 药业区域二级代理身份获得其新药品的独家代理权。2017 年，在一次医学高峰论坛上，A 总结识某医科大学知名教授，依靠教授的介绍，W 公司成功并购一家小型医药企业，走上了科研、生产、销售、服务一体化发展模式，截至 2017 年底，W 公司实现销售额 5600 万元。

（四）案例 4——Z 食品包装公司

Z 公司成立于 2009 年，主要从事食品包装的印刷和制作工作，从 2009 年公司 90 万元创业发展到 2017 年底，拥有员工 160 人，固定资产 1.3 亿元，年度销售额 8000 万元，利税达到 2600 万元，企业为被地区认定为高科技企业。

1. 萌芽阶段：事业随着爱情走

企业家 L 总生于广东、长于广东，2006 年在广东一家印刷厂打工期间，结识河南 Z 市一位姑娘，两人从相互爱慕到结成秦晋之好。2006 年，为照顾女方父母，随女方回河南 Z 市落户，并在一家个体小印刷厂打工。2009 年因个体印厂印刷假冒包装被当地工商部门查封，工厂主被判刑。工厂被迫出售，L 总依托女方，借款 90 万元买下了这家企业。

2. 初创阶段：咬定理想不妥协

尽管 Z 公司创业一开始就面临困境，L 总的理想是用质量求生存，以信誉求发展，以品牌造就未来，为理想而战，绝不苟且生存。他利用他多年食品印刷行业的工作所积累的技术和市场经验，不生产没有特色的标准化食品印刷包装，而是集中资金和精力研究食品包装行业的难点和痛点，通过聘请大厂"星期天"

工程师和参加各种食品包装展览会，最后确定以方便面和火腿肠异形包装为重点，开拓差异化技术和市场开发。独特的技术优势和特色化的产品使 Z 公司首先在本地市场赢得了生存空间，也为公司未来成长奠定了技术、人才和市场基础。

3. 成长阶段：靠质量走天下

在公司渡过初创期难关以后，2012 年公司进入了高速发展阶段。首先，公司通过临近市工商部门的关系，结识当地最大、全国排行前五的一个方便面厂，通过免费技术支持，帮助这家企业大幅度降低了生产成本、产品破损率，最终赢得了这家企业的信任，获得年度 2000 万大单，成为指定包装厂；其次，自费为全国排行第二的火腿肠厂研制异形保鲜包装，解决了火腿行业多年未能解决的异形保鲜包装自动化包装工艺，赢得了这个企业年度 5000 万大单；最后，通过设备金融租赁，扩大了产能，降低了产品成本，保证了产品质量，使企业从一个90 万元起家的小厂，不到 10 年时间发展成为当地食品包装行业的龙头企业。

（五）基于关系生命周期的企业关系特征、网络结构与关系行为理论归纳

表 4-3　企业关系特征、网络结构与关系行为理论归纳表

公司名称	发展阶段	关系特征	网络结构	关系进化动因	关系行为
L公司	萌芽阶段	强关系		信任、义务与责任	关系转介、关系背书与关系责任承担
	初创阶段	强弱关系		同质化强关系难以带来互补资源，利益驱动	原生网络关系筛选，剔除冗余关系；通过价值分割与锚定效应锁定核心资源供给者；以资源供给者为核心节点，通过弱关系拓展网络规模，获得异质资源
	成长阶段	弱关系		结构洞信息控制；规模经济与范围经济利益共得，专业的协同有分工	通过主动搭桥实现结构洞补洞与跨越，将弱关系转变为强关系，并进一步利用该强关系的弱链接泛化网络关系
T公司	萌芽阶段	强关系		自我实现、利益之争	价值分享与关系权益确定

续表

公司名称	发展阶段	关系特征	网络结构	关系进化动因	关系行为
T 公司	初创与异化阶段	强弱关系		关系开关权丧失	通过动态试错断裂原有强关系，发展二级中介者，在合理的幅度范围内去控制更多的次级结构洞，节省了企业网络关系管理精力与成本
	成长阶段	弱强关系		网络生态位重叠，局部权力塌陷	通过资源互补、技术领先、情义互助，进行关系选择并强化核心伙伴关系，从利益独享到分享，从独斗到联盟
W 公司	萌芽阶段	强弱关系		关系机遇与自我实现	关系资源整合与关系桥接
	初创阶段	弱关系		关系压力	结构洞识别，主动架桥实现资源、促进信息流动，占据核心位置
	成长阶段	强弱关系		网络生态位合法性确定	网络生态位合法性确定，利用二级代理商角色，深化与医院网络关系
Z 公司	萌芽阶段	弱关系		关系压力与关系突变	关系转移与网络嵌入
	初创阶段	弱强关系		资源互补与关系价值定位	通过资源互补和差异化技术定位锁定核心节点，重新分配网络租金收益
	成长阶段	弱弱关系		价值补偿机制缺失，网络资源冗余	以资源供给者为核心节点，通过弱关系拓展网络规模，获得异质资源和关系的规模化生产与收益

五、案例研究结果讨论

（一）草创期：由信任的熟人网络向交易的市场网络的进化

在企业初创阶段，新进入企业面临着对知识产权保护不利的风险，而资源供给者则面对的是信息不对称、逆向选择及知识隐藏等来自小企业的行为。由于信用追溯记录的缺失以及缺少成员资格的合法性造成的不信任使得其很难从资源供给者获得发展所需的资源、信息和技术（Singh et al.，1986）。企业家关系搜索能力不足以保证企业家发现所有的市场关系纽带，最重要的是企业生命周期的初创阶段造成其他企业无法预知其成长性，因此通常不会将其视为未来的商业合作伙伴，关系的建立无法得到预期稳定的回报都阻碍其外部网络关系的拓展（Baum，1996；Gartner & Brush，1999）。因此企业家更多地依赖原生网络和强关系获取启动资金和信息支持（陈钦约，2009），保证了交往容易理解双方的兴趣与诉求，更容易将知识传递并内化。原生社会网络是基于个人的地缘、业缘、亲缘等关系而构建的社会网络，在原生网络中企业家所获得的成员合法性地位和关系强度保证其在网络结构中的稳固地位，中国传统文化中的"仁"和"义"使得这种"家人关系"或"拟似关系"在依赖于人与人之间的感情信任和身份认同的基础上肩负着责任与义务并受到强有力的规范和制度的强制约束，任何背叛行为和机会主义都认为是不道德的，会受到集体惩罚。因此，原生网络的资源共享义务性、机会主义惩罚的集体性有助于企业家获取专有性资源，节约关系搜索和构建成本与风险。同时原生网络的自发性、草根性、无序性和非目的性增加了企业家网络关系选择的难度和复杂度，企业发展的初期无法承担的高额试错成本造成在构想阶段已经开始对原生网络的关系进行有序的筛选，强关系、信任以及连带的情感约束使企业创立之初容易从强关系中获取发展必需的原始资金、信息和资源积累。但是，由关系形成的资源共享不能直接创造生产力，隐藏在资源背后的运用、搜索、整合能力才能把握网络收益，因此企业需要将外部资源获得性与能力相匹配才可以有效地利用外部资源，同时关系是双向选择问题，通过逆向选择外部关系会对创业企业本身具备的资源、能力和未来关系预期与回报做出价值判断，符合网络关系互惠互利的关系才具备衍生性和持续性。因此，双方的认知信任与情感信任是双重叠加过程。简言之，就是在企业初创阶段基于情感维系的网络关系嵌入还要具备成员资格才能形成波特提出的"位势效应"。

　　以上案例是企业家在创业构想阶段，都是通过情感信任与认知信任的双重叠加过程实现原生网络向衍生网络的迁跃，而强关系提供的往往是信用担保、风险规避、举荐以及信息和机会。

　　这种存在于闭合凝聚网络中的关系尽管不能给企业家带来直接的利益，但是这种纽带的存在也是需要企业家重视的（Aldrich，1999；Walker，Kogut & Shan，1997），在企业初创阶段一些外部网络所不可能获得的资源必须从这种闭合网络中获得。

（二）初创期：结构洞探索，关系架桥与锁定

企业家原生网络效应具有草根性、初生性和隐藏性，表现在网络关系互惠程度较小，显性利益不突出，容易受到网络资源互惠资源有限、同质信息冗余和外部环境不适应性的影响。这种网络演化周期中的滞化特征和刚性特征促使企业家拓展网络规模，深化网络关系，强化关系质量，有选择地发展网络关键节点。创业企业家可以通过功能衔接型、网络搭接型和重组融合型三种黏结方式实现原生网络关系与衍生网络关系的无缝对接。然而，初创企业在能力、资源等方面的非对称性是拓展衍生网络的天然障碍。由结构洞控制所产生的高昂嵌入成本和网络生态位的被动接受进一步使初创企业游离于网络中心，被锁定在网络边缘。这种网络边缘性所产生的权力不对等、资源获取权衰减、信息失真等促使创业企业家主动寻求网络关系调整与结构重构，努力实现结构趋中与关系稳定。Burt（1998）的结构洞理论指出结构洞可以为企业带来非重叠的网络收益，而企业战略网络中大企业往往是结构洞的受益者（王俊，2010）。但是创业企业仍能通过资源互补、信息优势、沉没成本和信息桥的作用主动来锁定网络中的核心节点，实现网络结构的关键位置卡位。

首先，创业企业可以通过凝聚性间断和结构等位间断识别结构洞价值和位势，依据战略资源互补性评判获得结构洞构建资格从而为获得结构洞优势铺平道路。其次，创业企业可以借助结构洞的第三方控制理论来主动搭桥实现强关系弱化和弱关系强化的飞跃。最后，创业企业可以利用信息不对称和资源互补等方式增加网络核心企业的沉没成本和转换成本，使其强化与创业企业的合作规模与深度，同时创业企业通过锁定获得了网络核心企业的专用资源，并在网络关系重构过程中实现了网络租金的重新分配与价值补偿。

（三）成长期：网络关系的动态扩散与主动关系治理

在中小企业网络关系进化的过程中，由于结构卡位和关系强化而产生的与网络核心企业的关系依赖与依附容易使企业家形成关系惯例，这种可重复式关系治理方式深植根于企业的思维和行为中具有遗传性和继承性。沿袭着这种惯性思维的企业家很容易陷入网络关系僵化和网络结构滞化状态，对环境、网络结构与关系的变化无动于衷。关系依附和过度嵌入的企业家在关系异化、关系断裂等突发情况下处于被动局面，威胁到企业的生存与发展。但关系惯例并非一成不变，企

业进化论也考虑到它受环境和随机因素的影响，为此关系的流变成为中小企业成长过程的必然。"搜寻"是指企业旨在改变其现存关系状态的行为。搜寻与关系惯例相关，搜寻的结果可能会导致现有关系的改变，或者新关系惯例代替旧惯例，或者增加了新惯例。这种搜寻导致关系惯例改变的特点正体现了进化的本义。

在强化与深化核心企业关系的前提下，企业家的危机意识导致企业会主动寻求关系的多元化和网络的多样化。而这一过程并非顺理成章，网络关系的复杂性和适应性都要求企业家在网络关系的发展中必然会经历多次试错过程，特别是在关系建立的初期，双方的信任程度较低、信息不对称，环境不确定性和企业的非理性选择往往造成交易无法一次达成，网络租金的利益分配产生冲突。试错是企业从学习中成长的必要手段和过程，也是企业管理在复杂多变的内外部环境中的必然选择。企业应具备"正确试错"的能力，对试错过程加以控制，使试错的成本最小而收效最大（彭华涛、王敏，2010）。

在市场机制不成熟和非正式契约关系的制约下，集体惩罚制度的约束力低下的情境下，双向选择的试错成本累积增加都会造成弱关系的网络效能和效率降低。因此，企业家需要借助试错过程中的学习性对网络关系做出新的价值判断，通过结构洞信号识别、关系预期与回报、关系价值补偿等进一步对新的网络关系进行筛选与剔除，通过结构洞控制、信息桥等作用形成网络位置优势。网络关系中隐性知识的传递、共享和累积，企业学习能力的提升，模仿性创新和探索性创新所形成能力的瓶颈突破，促使企业在网络关系中由资源依附者、信息接收者、技术获取者的被动角色向资源供给者、信息提供者、技术创新者的主动角色转化，这一过程必然出现关系异化导致网络结构的重构。

六、研究结论与管理启示

本章采用多案例交叉研究方法，从关系异化和行为演化角度研究中小企业网络化成长中所面临的关系冲突与行为选择问题，重点探讨中小企业网络关系进化中的关系异化与重构的诱因和动因、演化过程中呈现的网络结构与关系特征和面对关系异化行为主体应对策略和行为选择问题。根据文献综述梳理和案例研究结果讨论，本书得出如下研究结论：

第一，中小企业关系进化中的关系异化与重构动因在关系发展的不同阶段表现出不同的关系特征和关系行为选择，在关系初创期，鉴于资源缺乏、能力欠缺以及嵌入网络的合法性问题，基于信任的熟人网络成为关系进化的主要动力，推介人不仅承担关系转介的任务，同时承担关系背书和关系责任承担的责任。关系转介者在网络结构中的位置决定着关系新进入者的网络关系嵌入的深度与广度，同样地，也决定着关系新进入者资源整合与资源互补的质量。在此阶段，关系冲突最大的诱因是信任的背叛、预期期望的灭失和德不配位。

第二，随着关系新进入者企业成长的速度不断加快，合作边界的不断扩展以及资源需求量的不断提高，仅仅依靠原生网络和有限关系的领域难以满足企业成长的需求，此时，结构洞探索、关系架桥与关系锁定成为企业网络化成长的重要战略路径选择。关系企业首先通过结构洞探索在网络中寻找更好的结构等位，以获取更好的资源拓展与信息获取位置；其次，创业者通过对原生网络关系的筛选，剔除冗余关系，减少关系维护成本；最后，通过价值分割与锚定效应锁定核心资源供给者，提升互补能力。在发展阶段，最大的矛盾冲突是强关系封闭造成的资源、信息和能力的同质化以及关系租金分配的公平性。

第三，为了弥补强关系网络封闭带来的不足，在成长阶段，创业公司会以资源供给者为核心节点，通过弱关系拓展网络规模，获得异质资源和关系的规模化生产与收益。同时，利用网络关系的动态扩散主动进行关系治理与重构。治理的重心需要放在冗余关系的剔除、关系惯例所带来的组织僵化与外部环境相应迟钝、价值的重新分割与网络结构洞的重建上。

该研究结论表明，企业网络化成长的过程是一个关系的不断重建的过程，也是企业在成长中不断试错与冲突解决的过程。贯穿整个网络化成长过程、社会网络是企业创业的根基，基于信任的关系推介和桥接是企业创业网络扩展的通道，网络资源整合能力决定着企业的成长质量，网络关系冲突管理能力决定着企业的生存质量，而价值创造能力则是企业不断成长的动力，动态修正关系成长路径是网络创业企业必备的功课。

本章参考文献

［1］Barden J. Q. , Mitchell W. Disentangling the Influences of Leaders' Relational Embeddedness on Interorganizational Exchange ［J］. Academy of Management Journal, 2007, 50 (6): 1440 – 1461.

［2］Baum J A C, Oliver C. Toward an Institutional Ecology of Organizational Founding ［J］. Academy of Management Journal, 1996, 39 (5): 1378 – 1427.

[3] Clark C K D. Strategic Human Resource Practices, Top Management Team Social Networks, and Firm Performance: The Role of Human Resource Practices in Creating Organizational Competitive Advantage [J]. The Academy of Management Journal, 2003, 46 (6): 740 – 751.

[4] Compbell N D, Rogers T M. Economic Freedom and Net Business Formation [J]. Cato Journal, 2007, 27 (1): 23 – 36.

[5] Greene, P. G., Brush, C. G. & Hart, M. M. The Corporate Venture Champion: A Resource – Based Approach to Role and Process [J]. Entrepreneurship Theory and Practice, 1999, 23 (3), 103 – 122.

[6] Hannan M. Structural Inertia and Organizational Change [J]. American Sociological Review, 1984, 49 (2): 149 – 164.

[7] Herriott R E, Firestone W A. Multisite Qualitative Policy Research: Optimizing Description and Generalizability [J]. Educational Researcher, 1983, 12 (2): 14 – 19.

[8] Hite J M, Hesterly W S. The evolution of firm networks: from emergence to early growth of the firm [J]. Strategic Management Journal, 2001, 22 (3): 275 – 286.

[9] Hite J M. Evolutionary processes and paths of relationally embedded network ties in emerging entrepreneurial firms [J]. Entrepreneurship Theory & Practice, 2010, 29 (1): 113 – 144.

[10] Jack S, Dodd SD, and Anderson A. Change and the development of entrepreneurial networks over time: A processual perspective [J]. Entrepreneurship and Regional Development, 2008, 20 (2): 125 – 159.

[11] Larson A, Starr J A. A network model of organization formation [J]. Entrepreneurship Theory & Practice, 1993, 17 (1): 1071 – 1078.

[12] Lee, J. – Y., Bachrach, D. G. & Lewis, K. Social network ties, transactive memory, and performance in groups [J]. Organization Science, 2014, 25 (3): 951 – 967.

[13] Luo Y, Chen M. Does Guanxi Influence Firm Performance? [J]. Asia Pacific Journal of Management, 1997, 14 (1): 1 – 16.

[14] Mcintyre F S, Webb D J, Hite R E. Service Learning in the Marketing Curriculum: Faculty Views and Participation [J]. Marketing Education Review, 2005, 15 (1): 35 – 45.

［15］Meyer D J, Meyer J. Risk preferences in multi – period consumption models, the equity premium puzzle, and habit formation utility ［J］. Journal of Monetary Economics, 2005, 52 (8): 1497 – 1515.

［16］Palmer D, Singh F J V. The Ties That Bind: Organizational and Class Bases of Stability in a Corporate Interlock Network ［J］. American Sociological Review, 1986, 51 (6): 781 – 796.

［17］Parkhe A, Wasserman S, Ralston D A. Introduction to Special Topic Forum: New Frontiers in Network Theory Development ［J］. Academy of Management Review, 2006, 31 (3): 560 – 568.

［18］Singh J V. Performance, slack, and risk taking in organizational decision making ［J］. Academy of Management Journal, 1986, 29 (3): 562 – 585.

［19］Suen W. W. The Dark Side of Strategic Alliances ［M］ // Non – Cooperation – The Dark Side of Strategic Alliances. Palgrave Macmillan UK, 2005.

［20］Uzzi B. , Gillespie J J. Knowledge spillover in corporate financing networks: embeddedness and the firm's debt performance ［J］. Strategic Management Journal, 2002, 23 (7): 24.

［21］Walker G, Kogut B, Shan W. Chapter 10 – Social Capital, Structural Holes and the Formation of an Industry Network ［J］. Organization Science, 1997, 8 (2): 109 – 125.

［22］边燕杰, 丘海雄. 企业的社会资本及其功效 ［J］. 中国社会科学, 2000 (2): 87 – 99.

［23］陈金梅, 赵海山. 高新技术产业集群网络关系治理效应研究 ［J］. 科学学与科学技术管理, 2011, 32 (6): 154 – 158.

［24］陈钦约, 蔡双立. 企业家社会网络: 特征、演化及创业贡献 ［J］. 中南财经政法大学学报, 2009 (5): 106 – 110.

［25］董俊武, 陈震红. 从关系资本理论看战略联盟的伙伴关系管理 ［J］. 财经科学, 2003 (5): 81 – 85.

［26］胡保亮. 关系嵌入与创新绩效关系: 网络位置的调节作用 ［J］. 科技管理研究, 2012, 32 (23): 104 – 107.

［27］黄振辉. 多案例与单案例研究的差异与进路安排——理论探讨与实例分析 ［J］. 管理案例研究与评论, 2010, 3 (2): 183 – 188.

［28］林南. 建构社会资本的网络理论 ［J］. 国外社会学, 2002 (2): 18 – 37.

[29] 罗珉，何长见．组织间关系：界面规则与治理机制［J］．中国工业经济，2006（5）：87－95.

　　[30] 彭华涛，王敏．创业企业社会网络形成的试错机理研究综述［J］．科技进步与对策，2010，27（24）：151－154.

　　[31] 孙立平．中国社会结构的变迁及其分析模式的转换［J］．公安研究，2010（2）：92－92.

　　[32] 王大洲．企业创新网络的进化与治理：一个文献综述［J］．科研管理，2001，22（5）：96－103.

　　[33] 王俊．R&D 补贴对企业 R&D 投入及创新产出影响的实证研究［J］．科学学研究，2010，28（9）：1368－1374.

　　[34] 王涛，罗仲伟．社会网络演化与内创企业嵌入——基于动态边界二元距离的视角［J］．中国工业经济，2011（12）：89－99.

　　[35] 徐礼伯，施建军．基于中小企业角度：非股权战略联盟中不合作行为的成因与对策［J］．技术经济与管理研究，2010，2010（2）：82－85.

　　[36] 徐礼伯，施建军．联盟动态稳定：基于互依平衡的理论研究［J］．中国工业经济，2010（3）：97－107.

　　[37] 薛澜，刘冰，陶海青．基于知识的企业组织结构演化的模型分析［J］．清华大学学报（哲学社会科学版），2005（4）：73－80.

　　[38] 姚先国，朱海就．产业区"灵活专业化"的两种不同模式比较——兼论"特质交易"观点［J］．中国工业经济，2002（6）：45－49.

　　[39] 张宝建，胡海青，张道宏．企业创新网络的生成与进化——基于社会网络理论的视角［J］．中国工业经济，2011（4）：117－126.

　　[40] 张书军，李新春．集群资源、战略网络与企业竞争力［J］．产业经济评论（山东大学），2005（2）：26－39.

　　[41] 甄志宏．从网络嵌入性到制度嵌入性——新经济社会学制度研究前沿［J］．江苏社会科学，2006（3）：97－100.

　　[42] 庄晋财，许玉平，程李梅．复合系统视角的企业集群三重绩效综合评价模型研究［J］．科学学与科学技术管理，2009，30（10）：59－65.

第五章　中小企业网络关系冲突的风险感知与动态决策：基于权变价值的理性计算

　　在经济全球化、信息网络化、产业分工日益细化的今天，建构良好的关系网络不仅有利于中小企业的信息和资源获取、知识创新与租金获得，更有利于企业自身的能力提升与可持续性发展，关系资本建构成为中小企业网络化成长的有效路径选择。然而，关系带给中小企业的不仅是阳光的一面，资源需求的变动、网络结构的僵化、合作方认知的异化、关系能力的缺失、关系协调的失误、网络规则的调整、利益分配的失衡都可能引发关系冲突，阻碍关系资本的效能发挥与价值变现，引发合作者的激烈对抗行为，甚至导致关系断裂，使企业先前的关系投资沦为沉没成本，并蒙受巨大损失。企业的网络化成长过程实际上是一个不断协调解决各种关系冲突的过程，企业对冲突的管理能力不仅决定着企业的生存质量，也决定着企业的成长速度。因此，对冲突风险感知、识别、预判与预先处理能力是企业网络化成长中必须培养的技能。企业对于关系冲突的风险感知与关系的价值判断具有权变性和动态性，并内在地决定了企业面对关系冲突时形成的"风险感知—价值权衡—行为选择"的基本应对模式。目前研究大多注重关系资本的建构与管理，对于关系冲突的决策与应对研究较少；对于关系冲突的研究大多侧重于冲突的诱因与演化，对于企业间关系冲突的风险效应关注不够；只关注了基于关系利益的关系价值的计算，却忽略了基于风险感知的关系权变价值计算。因此，本书期望探讨的第一个问题是，企业网络化成长中如何认知和判断关系冲突的负面效应？第二个问题是面对多主体、多层次、多任务、关系叠加、动态多变的网络环境，企业是如何在关系冲突情境下权衡利弊的？第三个问题是期望探讨在关系压力约束的条件下，企业在风险和利益权衡的基础上如何优化自身的行为选择？对于以上三个问题的回答，不仅在理论上揭开了中小企业风险决策的黑盒子，也为其行为选择提供理论支持。

一、关系冲突风险感知研究

现实中大量网络失败和解体的案例表明（Dyer，Kale & Singh，2001），企业投入大量资源构建维护的关系网络注定是一种间断式的动态。复杂动态的外部环境、网络本身的开放性以及网络成员间的个体差异、机会主义倾向和竞争行为，决定了关系网络是一个内部存在诸多不确定性和冲突诱因的"冲突集"，而关系网络的"自稳性"又决定了网络内部天然存在关系冲突的扩散路径。当局部的关系冲突积蓄的能量冲破网络约束机制时，就会迅速由点向链、链向群扩散并最终在群体失衡下导致相变（卫海英、李清、杨德锋，2015），对关系网络的存续和企业的利益形成巨大威胁，并存在显著的风险效应。企业家对关系冲突的走向、升级、扩散趋势做出预警与预判，不仅决定着企业战略方向的预判，也决定着企业应对之策的选择。

（一）网络化背景下企业关系冲突风险感知的特性分析

1. 关系冲突影响的权变性

冲突作为一种无处不在的社会现象，一直是社会学、政治学、心理学等学科的重要研究对象。多数学者认为，冲突对于关系建构、关系维护和关系提升具有消极影响，冲突各方的不同的心理感知和利益目标的错位是引发关系冲突的直接诱因。但有些学者认为，冲突对于成员的影响是深刻而广泛的，单纯关注冲突的破坏性影响有失公正，在一定的条件下，冲突也能产生正效应。建设性冲突不仅不会给组织带来消极影响，反而有助于组织激发活力。比如，冲突反而能增加出口商的文化敏感性和资产专用性，进而增强其合作意愿，并且冲突还能抑制出口商的机会主义倾向。Hagel 和 Brown（2005）研究发现，企业间联合研发过程中的摩擦反而能够激发研发人员的创造力，加速隐性知识的传递和流动，催生突破性成果的诞生，最终加快研发活动的总体进程。

从研究者们相互对立的发现和观点中可以看出：冲突的影响具有权变性。因此，冲突的风险性并不体现在冲突爆发的概率大小上，而是在于冲突是否会对卷入双方带来消极的影响。根据此逻辑，企业对于关系冲突爆发可能性的判断和估计，并不能代表其对于关系冲突的风险感知，关系冲突可能带来的负面影响才是企业关系冲突风险感知的本质，也是本书关注的重点。

2. 关系冲突演化与扩散的混沌性

随着企业间关系发展的推进，企业在各个领域的相互渗透也会越来越深。企业在某一合作领域的分歧与争端有可能传递至其他领域，进而引发更广泛的争论与对抗，导致原始冲突在合作企业之间的波及范围扩大。更严重的是，对于冲突焦点问题的传播与讨论会导致人们的对立，激起大范围的负面情绪，形成"情绪共振"效应，使冲突的局面进一步恶化。原始冲突的影响会在合作企业间迅速传导，也会形成难以预估的"滚雪球"效应，使冲突的烈度呈非线性增长，甚至会在极短的时间内冲破企业间的冲突管理机制的阈值，导致整个网络的瘫痪。

因此，在关系网络之中，关系冲突的发展和演化具有鲜明的混沌性，关系冲突的升级和扩散会使冲突的破坏性呈几何指数增长，企业对于冲突升级、扩散的评估和判断也是风险感知的重要组成部分。

(二) 关系冲突感知风险要素分析

关系冲突一旦处理失当，带来的不仅有巨大的交易成本，甚至会导致关系环境的恶化和负外部性的诱发。关系网络具有环境因素复杂、多个主体参与、硬性约束缺乏的特点，潜在的关系冲突一旦失去控制爆发为显性冲突，便极有可能导致冲突烈度的升级和冲突范围的扩大，将企业卷入更大的旋涡，蒙受更大的损失，甚至使企业苦心经营的关系网络崩溃解体。对网络企业来说，可能导致以下风险：

1. 关系资本效能丧失风险

蔡双立（2013）认为，企业所拥有的关系资本是由企业内在资本、结构资本、认知资本、人际关系资本与价值资本构成，如果说关系资本要素的匹配程度决定着企业关系和谐发展的层次、范围与规模，关系资本要素的错配程度则决定着网络关系冲突的层次、范围、规模与深度。关系冲突对于关系资本核心要素的冲击和削弱构成了其最直接的风险来源。基于蔡双立（2013）提出的"成长性企业网络关系资本构建要素模型"，本书将对网络环境下关系冲突对企业构成的多种风险进行详细分析。

（1）资源要素丧失风险。首先，关系冲突冲击和影响的是企业资源整合绩效产出水平。关系冲突感知会增加合作伙伴对于核心资源投入的担心和疑虑，使企业的合作伙伴在资源投入方面采取保守策略，导致关系网络内部的共享资源无法得到丰富和及时更新，也无法实现网络化生产的规模效益和系统性优势。其次，关系冲突还可能会造成企业的核心资源在资源共享过程中流失，特别是知识和技术的外泄，而这些知识和技术很可能正是企业的竞争优势所在。从风险分类视角看，资源要素丧失风险可以划分为资源整合效能风险（关系冲突导致合作伙伴投入的资源数量和质量达不到网络化生产最低要求的可能性）和资源侵占风险（关系冲突导致合作伙伴窃取和占用使用企业资源的可能性）。

（2）认知要素丧失风险。关系冲突会降低网络成员间决策的匹配度。关系冲突会导致网络成员间的沟通不畅，增加各成员企业间在协同生产计划、联合营销推广等网络经营问题上的协调成本与协调难度，一方面造成网络成员间在决策目标上彼此脱节，另一方面使网络成员各自的决策目标与网络的共同目标之间出现偏差，放大了网络化生产的系统性风险，降低了网络化生产的效率。

关系冲突还会影响网络成员的决策逻辑。关系冲突引发的网络动荡会动摇成员企业对于关系网络稳定性和持续性的信心，不仅会促使企业忽视关系网络的总体目标，放弃集体理性，更加关注自己的私利，而且会使企业枉顾长远的发展前景，采取急功近利的做法来快速"套现"自己的网络租金收益。

因此，认知要素丧失风险可划分为目标错位风险（企业由于关系冲突引起的沟通不畅问题而出现决策目标偏差的可能性）和原则退化风险（企业由于关系冲突引发的网络紧张局势而改变自身决策原则的可能性）。

（3）结构要素丧失风险。网络关系的冲突实际上是网络结构位置的争夺，因为位于网络结构核心位置的企业因为结构洞位置的占优而拥有更多的信息剩余价值索取和更多的网络资源征召能力。企业竞争优势的蜕化往往可以从结构位置的边缘化得以反映。关系冲突不但导致企业间的关系断裂，还会使企业失去原有的资源获取通道。冲突引发的外部负效应会诱导如下风险的发生：网络崩塌效应、风险叠加效应、边缘化效应与网络排挤效应。这些效应的叠加出现会极大地削弱企业在网络中的讨价还价能力、价值创新能力与关系合作质量，也会极大地提高企业关系摩擦成本，甚至导致整个网络的解体。从风险分类来说，结构要素丧失风险可以划分为位置丧失风险（关系冲突引发的网络结构变迁使得企业失去原有网络位置的可能性）和网络解体风险（关系冲突导致整个网络解体的可能性）。需要说明的是，结构风险的变化既有渐变性类型，也有突变性类型。渐变性的出现是冲突摩擦长期积累的结果，而突发性的可能是与外生风险压力下临界突发的结果。

（4）能力要素体系机制失能风险。关系能力体现了企业对关系网络的影响力和控制力，具体表现为网络信息搜寻与甄别能力、战略机会发现与创造能力、网络资源整合能力、网络协同化生产能力、人际关系协调能力与网络福利贡献能力六种能力有机结合而构成的综合能力体系。关系冲突会严重地干扰企业关系能力的发挥，甚至使企业的关系能力效力递减。

首先，关系冲突不但会降低企业传递信息的积极性，造成信息不完全和信息失真等问题。其次，关系冲突引发的负面情绪也会严重影响非正式关系的作用效能。再次，关系冲突引发形成信任的负反馈机制，增加企业间的资源调配难度和行动协调难度，使企业的资源整合、协同生产和价值创造难以开展。最后，由于以上能力体系的失调，导致网络价值贡献能力降低，影响网络关系的可持续维护与发展。

关系冲突对能力体系的影响既可能是局部的，也可能是全面的；既可能是多因素的，也可能是多因素叠加引发的；既可能是局部的，或者单一的要素可能诱发关系要素体系的紊乱，也可能是关系能力体系整体低下而引起的局部冲突。由关系冲突诱发的能力风险可能表现出如下特征：外部环境反应能力减弱、网络资源整合能力下降、人际关系出现不和谐和网络价值创造能力降低。

（5）规则要素丧失风险。关系冲突不仅对企业间的关系契约和关系治理机制造成冲击，还会影响网络第三方的担保、监督与制裁，而规则约束机制的失效不仅增加了网络成员间的交易成本，还会降低网络内部交易的比较优势，促使更多网络成员转向寻找网络外的交易机会，导致网络成员间的交易可能性和交易效率的降低。关系冲突还会激发网络成员的机会主义倾向，促使企业采取各种各样的"背德行为"来维护自己的利益。规则要素的丧失不仅影响了关系合作者的关系行为预期，也降低了合作者彼此的信任，信任的缺少则会导致关系交易成本的提高和关系交易编辑的模糊性。

规则要素丧失风险可以划分为交易低效风险（关系冲突冲击关系契约和规则导致企业蒙受效率损失的可能性）和机会主义风险（关系冲突冲击关系契约和规则引发网络成员间的背德行为导致企业损失的可能性）。低效的交易风险出现也在一定程度上加重了机会主义行为选择。研究表明，规则要素的融合是保证关系生态有序发展的关键（Woodside A. G，2013）。

2. 涟漪效应风险

关系网络是由多个企业共同组成的有机整体，网络内部存在错综复杂的关系联结和利益绑定，关系冲突的影响不仅会打破合作者之间的均衡，还会通过多种机制传导至网络内部的其他企业。因此，关系冲突如同一块扔进水面的石头，不仅会溅起浪花、打破平静，还会引起一系列的涟漪，形成环环相接的连锁反应，导致冲突后果和波及范围的不可预测性和风险事件的不确定性，带来显著的风险效应后果。

（1）纵向涟漪效应风险。纵向涟漪效应风险是指关系冲突的烈度不断升级所形成的风险。具体表现为，首先，企业间的关系冲突会引起冲突双方的负面情绪（愤怒、焦虑、敌意、恐惧），使得企业的行为逐渐偏离理性轨道，导致更加激烈的互动行为出现。其次，合作双方的行为存在着相互对待性。营销学领域的研究者发现，企业在合作过程中具有追求行为对称的倾向，即"以德报德，以恶报恶"。最后，关系的植根性决定了关系嵌入行为的改变，引发网络结构的改变，进而引发风险的涟漪传导。如果说企业内部的关系冲突可以通过内部的协商予以解决，而关系外部冲突的解决在很多情况下不仅涉及冲突两方，甚至涉及第三方，乃至整个网络成员，其冲突风险规避机制更加复杂。

（2）横向涟漪效应风险。横向涟漪效应风险是指关系冲突的波及范围不断扩大的风险。当关系冲突出现僵局的时候，冲突双方通常会通过"拉帮手"的方法来增强自己的力量，以压倒对方，取得胜利，使更多的企业被迫卷入冲突。冲突双方的负面情绪和冲突因素会从网络内部的关系路径传递到其他的冲突局外企业，那些未被冲突波及的企业也会自发地"选边站"，主动地或者被动地介入冲突，使冲突的波及范围进一步扩大。

通过上文的风险树分析，我们可以看出，关系冲突给企业造成的客观风险源于以下两个方面：关系冲突所带来的直接负面后果——关系资本运转效率降低可能给企业造成的损失，具体表现为关系交易成本的提高，关系交易效率的降低，由此导致资源整合绩效衰减、整合能力弱化、结构位置边缘化、价值认知扭曲。关系冲突所带来的间接负面后果表现为：关系冲突升级和扩大风险的概率提高。关系冲突的发生不是偶发事件，而是长期矛盾积累而形成的结果，冲突的升级分为感知冲突、冲突发生、冲突升级和冲突扩散四个环节，每个环节的关系冲突处理策略的不当使用都会加快冲突升级的步伐，而到冲突的涟漪传导和横向传导的时候，冲突的升级就不再限于双边的冲突，也有可能导致多变的冲突，甚至导致网络冲突的扩散。纵向涟漪冲突主要发生在关系供给与需求层次方面，而横向冲突则可能扩展到网络层级，而一旦关系冲突扩散到网络层级，则风险的处理就变得异常复杂，网络关系压力、关系制裁、关系封挡以及关系惩罚都导致了关系冲突任务的增加和关系冲突协调成本的提高。具体关系冲突传导与影响路径如图5-1所示：要素冲突引起结构性冲突，进而扩散到多变，关系冲突处理的效能直接影响着关系资本效能的获得。

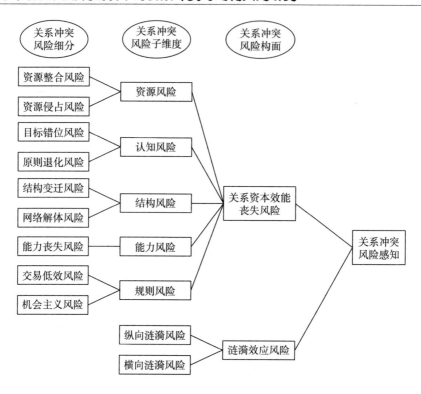

图5-1 网络背景下关系冲突的风险树分析

资料来源：笔者绘制。

风险感知是人类的感知对客观风险的反映，企业针对关系冲突的风险感知的构面（Facet）应该以客观风险为基础。因此，企业针对关系冲突的感知风险应当包括以下两个大的维度：一是关系资本效能丧失维度，包括资源、能力、结构、认知、规则五个子维度；二是冲突的涟漪效应，包括纵向涟漪效应和横向涟漪效应两个子维度。

二、研究设计

（一）量表设计

本书通过三个环节进行了量表开发：第一步，问卷的初稿设计；第二步，进行开放式问卷调查和预调研工作；第三步，针对调研结果对问卷存在的问题进行修正与修改。

本书问卷的测量项设计在借鉴了相关文献研究成果的基础上，通过与行业内人士的深度访谈，结合先前针对关系冲突风险树分析归纳出的 6 种风险类型进行题项设计，并分别给出各风险维度操作化的定义，形成了包含 32 个题项的预调研问卷。在预调研之后，经过 3 名企业管理系教授与 3 名企业管理系博士生的多轮梳理和提炼后，然后对预调研的结果采用决断值分析，删除 CR 值小于 0.005 显著性水平的题项，形成了具有 26 个题项的最终量表，具体情况如表 5 - 1 所示。

表 5 - 1 关系冲突感知风险的最终量表

编号	测量题项
V11	合作伙伴企业会降低投入资源的质量
V12	合作伙伴企业会减少投入资源的数量
V13	我们的商业机密可能会被合作伙伴企业窃取
V15	我们的技术人员和管理人员可能会流失
V21	关系冲突会妨碍我们与合作伙伴之间沟通的及时性
V22	关系冲突会妨碍我们与合作伙伴之间沟通的准确性
V23	合作伙伴会放弃合作目标
V24	合作伙伴会采取对自己更有利的行动
V31	冲突会损害本企业的声誉
V32	冲突会妨碍本企业与其他企业之间的交流
V33	合作伙伴会选择退出合作
V34	其他企业会停止与本公司的合作
V41	冲突会妨碍我们的信息获取
V42	冲突会降低我们与合作伙伴企业之间的相互信任
V43	冲突会妨碍我们与合作伙伴企业之间的感情
V51	冲突会增加本企业从合作伙伴处获得人、财、物等资源的成本
V52	冲突会迫使本企业投入更多资源和精力来监督合作伙伴的行为
V53	冲突会降低本企业与合作伙伴之间的交易频率

编号	测量题项
V54	合作伙伴会隐瞒对我们不利的信息
V55	合作伙伴可能会为了保护自己的利益而不遵守先前达成的协议
V56	合作伙伴可能会未经允许利用我们的某些信息
V61	合作伙伴不会寻求和解
V62	合作伙伴会采取更加激烈的反击行为
V63	合作伙伴会寻求他人的帮助
V64	会有其他企业介入我们的冲突
V65	会引发我们与其他企业间的冲突

资料来源：笔者编制。

（二）问卷发放与数据回收

本书以问卷形式展开调查，问卷制定后以纸质问卷和电子邮件的形式进行随机发放。问卷调查持续时间为 2017 年 1～2 月，对天津、洛阳和芜湖各大企业的中高层管理者进行随机抽样并发送电子邮件或者预约采访。问卷投放时间结束后，在截止日期一共发放了 400 份问卷，回收问卷共计 323 份，而进行甄选后的有效问卷共 255 份。综上所述，本问卷调查回收率为 80.75%，有效率为 78.95%。

（三）数据分析

1. 因子分析条件检验

为了进一步验证因子分析的可行性，需要采用 KMO 和 Bartlett 两种检验方式，前者大于 0.8 且后者小于 0.05，便足以说明问卷可做因子分析。经过分析研究，所使用问卷 KMO 值为 0.866，Bartlett 球形检验显著性为 0.000，都符合标准。

2. 因子抽取与旋转

采用主成分法进行分析，即我们从分析因子中选择特征值大于 1 的所有因子，再把这些因子进行最优斜交旋转，最终得到 6 个因子。表 5-2 反映了因子分析结果。

表 5 - 2　因子结构矩阵

编号	因子					
	1	2	3	4	5	6
V11	0.866					
V12	0.845					
V13	0.827					
V14	0.773					
V21		0.945				
V22		0.916				
V23		0.751				
V24		0.718				
V31			0.914			
V32			0.859			
V33			0.781			
V34			0.719			
V51				0.901		
V52				0.881		
V53				0.770		
V54				0.798		
V55				0.749		
V62					0.928	
V42					0.850	
V43					0.787	
V63						0.823
V64						0.759
V65						0.727

资料来源：笔者编制。

使用这种方法进行分子分析后，得到总方差解释率为 78.776%，这些结果在表 5 - 3 中显示了出来。

表5-3　方差贡献率

因子	初始特征值	提取平方载荷的总和			旋转平方载荷的总和 a 特征根
	累计方差贡献率（%）	特征根	方差贡献率	累计方差贡献率（%）	
1	32.209	6.759	32.209	32.209	4.173
2	51.384	4.031	19.175	51.384	4.906
3	59.650	1.722	8.266	59.650	4.389
4	66.993	1.566	7.343	66.993	3.912
5	73.545	1.347	6.552	73.545	3.664
6	78.776	1.091	5.231	78.776	3.521

资料来源：笔者编制。

（四）信度检验

为了检验出所测量的因子有没有因为本身之间存在着相似或者相等的关系而导致工作赘余，提高测量数据的可靠性，在本书中采用了Cronbach's α 值进行检测。表5-4给出了结果，显然大部分 α 值大于0.8，信度是值得信任的。

表5-4　Cronbach's α 系数

因子	因子1	因子2	因子3	因子4	因子5	因子6
α 系数	0.865	0.875	0.879	0.822	0.837	0.685

资料来源：作者编制。

（五）企业的关系冲突风险感知构面

经过上述步骤，提取出了企业关系冲突感知风险的6个基本构面，并对这6个感知风险构面进行了分析及命名（见表5-5）。

表5-5　关系冲突感知风险构面分析

构面	累计方差贡献率（%）	题项数目	题项原编号
资源丧失风险	32.209	4	V11
			V12
			V13
			V14

续表

构面	累计方差贡献率（%）	题项数目	题项原编号
认知失调风险	51.384	4	V21
			V22
			V23
			V24
结构变迁风险	59.650	4	V31
			V32
			V33
			V34
规则扭曲风险	66.993	5	V51
			V52
			V53
			V54
			V55
冲突升级风险	73.545	3	V42
			V43
			V62
冲突扩散风险	78.776	3	V63
			V64
			V65

资料来源：笔者编制。

1. 资源丧失风险

该构面由 4 个题项组成，集中体现了关系冲突对企业在关系网络中资源获得和资源保护的负面影响，故将此构面命名为资源丧失风险。

2. 认知失调风险

该构面由 4 个题项组成，集中体现了关系冲突对企业与合作者之间的认知统一性的负面影响，故将此构面命名为认知失调风险。

3. 结构变迁风险

该构面由 4 个题项组成，集中体现了关系冲突对企业所处的网络位置和关系网络的整体结构的负面影响，故将此构面命名为结构变迁风险。

4. 规制扭曲风险

该构面由 5 个题项组成，集中体现了关系冲突对企业间的关系契约和关系治理机制的负面影响，故将此构面命名为规制失效风险。

5. 冲突升级风险

该构面由 3 个题项组成，集中体现了关系冲突诱发合作者之间陷入消极相互性的负反馈过程的可能性，故将此构面命名为冲突升级风险。

6. 冲突扩散风险

该构面由 3 个题项组成，集中体现了关系冲突波及范围扩大的可能性，故将此构面命名为冲突扩散风险。企业的关系冲突感知风险构面组成如图 5 - 2 所示。

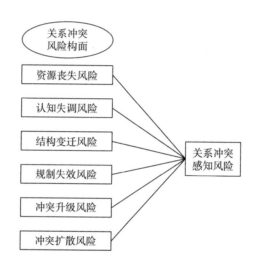

图 5 - 2　关系冲突感知风险构面

资料来源：笔者整理。

三、关系权变价值的理性计算

（一）关系权变价值：网络化成长背景下关系价值构成再探讨

关系营销学派认为在长期交易关系中，关系可以降低交易成本，提高交易效率，为合作各方带来可持续发展的比较优势。从而创造关系合作各方无法单独创造的关系价值。研究者把关系价值定义为企业感知到的合作关系所带来的积极经济影响，可以理解为在与合作伙伴进行的交换中得到的好处和降低成本的总和（Poulin，Pels，Beauregard，et al.，2009）。从价值特性来看，关系价值是由受益者判定的，且受到关系情景因素的影响，具有主观性和动态性。从价值来源上来看，关系价值的基础逐步延伸，从以产品和服务为核心逐渐演化为以网络经济效应为核心。

随着关系网络的建构、发展与稳固，企业间的价值共创已经不再满足于二元关系的价值创造活动，而是逐步从二元关系向多边关系深入，价值创造活动演化为网络组织中的群体协作行动。根据梅特卡夫法则，企业间的价值创造活动会随着网络规模的扩大和网络互动的深入呈几何式增长。在这种情况下，网络的价值创造效率和潜力高度依赖于网络化生产体系的稳定，而网络内部的动荡和混乱会严重干扰网络组织的生产进程，使原本能够持续贡献租金收益的关系资本逐步演变为严重拖累企业的关系负债，此时，关系的价值会随着网络环境的变化而反转。因此，网络内部环境对于关系价值有着深刻的影响，关系价值具有鲜明的权变性特征。

在高度依赖协作而又缺乏权威控制的网络组织中，关系冲突既是引发网络动荡的主要原因，也是企业间价值创造和分享的最大威胁，企业对于关系价值的计算和评判必须要充分考虑到关系冲突爆发和扩散的破坏性影响。网络视角下的关系价值衡量不能简单地沿袭二元范式研究的结论，从静态视角将关系价值看作收益与成本之间的权衡，而是必须将收益与风险结合在一起进行动态的综合考量。

由于关系冲突的突发性、影响范围的不可确定性，所造成后果的不可预测性，企业难以全面、系统、客观地衡量关系冲突的客观风险水平，只能依赖企业家的经验和主观判断对关系冲突的危害性及其到来的损失进行评估，其主观感知构成关系冲突的风险感知的内涵，需要注意的是风险损失并非财务账面意义上的经济损失，而是冲突感知人根据风险感知利得与风险感知利失、在扣除未来风险因素后所得到的风险调整后的经济损失，本书根据其权变特性将其定义为关系权变价值。

（二）关系权变价值计算模型的构建思路

关系权变价值是网络成员之间相互作用产生的预期收益，是长期的、未来的收益，具有不确定性，这种不确定性主要表现为企业间的关系冲突对于合作效率的破坏，即关系冲突风险。因此，传统的净现金流分析方法不能反映出关系权变价值的不确定性，关系决策者需要在网络关系价值和关系冲突风险之间进行权衡。因此，在评估一段合作关系的关系权变价值时，采用实物期权方法来对关系的价值进行评估更加符合管理实践，也能够为企业决策者提供更准确的决策依据。

对于实物期权理论进行分析可以知道，一个项目的价值等于项目的 NPV 和灵活性价值的加和，对于灵活性价值进行分析时，可以使用灵活性期权分析的方法，主要包括了扩张延迟以及放弃期权等方法。这一方法在投资决定当中的应用主要取决于高风险以及对于不确定环境动态完善的思想，主要作用是能够对于不确定事件的发展情况进行跟踪，从而进行合适的投资行为以及对于投资进行管理，在最大程度上增加投资的经济效益，减少因投资而带来的资金损耗。从战略投资的角度来看，关系资本的投资过程体现了多阶段以及逐渐进行的特点，企业都有着不同的决定权利，还需要考虑决策灵活性而带来的投资价值，可以对于收入成本进行更为灵活有效的权衡和把握；在每一个投资阶段都会产生包括负面的和正面的投资效果，与企业运用的两种期权是相似的。

实物期权定价一般有 B-S 连续模型和二叉树离散模型两种方法。二叉树离散模型是在离散时间的情况下，如果假设标定的资产价格只能上升或下降，而且保持稳定的波动幅度以及可能性，可以对于期权的有效期进行划分，分为多个阶段，按照资产的历史波动率进行模拟，得到资产在有效期内的发展情况，通过风险中性定理对于实物期权在投资末期的情况进行分析，得出实物期权的具体价值。B-S 连续模型是在连续时间状态下，一般假定标的资产价格可以运用几何布朗运动进行分析，在进行分析的过程当中，需要建立随机游走模型，并对于实物期权价值运动所按照的偏微分方程进行推导，最终得出实物期权定价模型，方便对于实物期权价值在投资周期当中的变化进行分析。

二叉树模型是在风险中性的假设之下建立的，将企业的期权简化为投资与放弃两项，对于实物期权价值的计算也更为简便，因此二叉树模型更适合模拟企业在关系冲突风险相对恒定状态下的关系价值评估过程。而 B-S 连续模型则更能体现出关系冲突风险对于关系未来价值的影响，除了投资与放弃两项基本期权，还能够彰显延迟期权的价值，更适合模拟关系冲突风险多发、易升级、易扩散的网络背景下的关系价值评估过程式。因此，选择 B-S 连续实物期权模型来构建企业对于关系权变价值的理性计算模型更符合现实状况。

（三）基于实物期权理论的关系权变价值理性计算模型

企业间的合作是一个长期的过程，企业之间建立良好的合作关系，可以为企业的长期发展以及市场的开拓发挥重要作用。在企业付出相应的权利金之后，如果合作企业的合作效果能够使得企业满意，那么就会增加继续合作的可能性，使企业在未来的投资过程中获得更大的收益，否则企业就会中断这种合作关系。

基于关系网络的复杂性、动态性和松散性，合作的真实效率通常会和企业的预期结果有着差距，当企业进行一定程度的投资之后，一旦感知到关系网络当中存在严重的关系冲突风险时，便可以使用推迟期权，这就使企业能够拥有对于和合作伙伴的交易以及项目投资进行推迟的权利，可以对企业的经济利益进行保护，降低企业产生资金损失的风险。尤其是如果企业感知到关系冲突的风险极高时，甚至超过了关系的未来收益时，企业手中的推迟期权将会演变为放弃期权，即企业将放弃这段关系。

对关系生命周期理论进行分析后可以知道，企业和企业网络进行合作并获得相应的经济利润的过程，是一个长期的过程，需要对每个阶段的结果进行累加。因此，我们就可以假设参与网络合作的决策是一个漫长的过程，这每一个过程当中产生的价值变化都和几何布朗运动保持一致，可以定义为：

$$dv = avdt + \sigma vdz \qquad\qquad (5-1)$$

如果网络关系合作者是否参与合作的决策是无限期推迟时，意味着期权的执行到期日也就没有具体的时间边界条件，此时，期权的价值与时间之间就没有了具体的关系。采用伊藤定理，并按照期权定价模型就可以推出相应的二阶微分方程，从这一方程当中就可以知道期权的价值和时间之间并没有明显的关系，方程如下：

$$\frac{1}{2}\sigma^2 v^2 \frac{d^2 f}{dv^2} + (r-\delta)v\frac{df}{dv} - rf = 0 \qquad\qquad (5-2)$$

二阶微分方程的主要条件为：

$$F(0) = 0 \qquad\qquad (5-3)$$

$$F(V^*) = V^* - I \qquad\qquad (5-4)$$

$$F'(V^*) = 1 \qquad\qquad (5-5)$$

式（5-3）表示如果合作价值为零时，那么对于网络关系的投资就不会产生任何经济价值，期权的价值也就为零。

实物期权的价值二阶微分方程式的解，即：

$$v^* = \frac{\beta}{\beta - 1}I \qquad\qquad (5-6)$$

$$F(v) = \frac{(\beta-1)^{\beta-1}v^\beta}{\beta^\beta I^{\beta-1}} \qquad\qquad (5-7)$$

$$\beta = \frac{1}{2} - \frac{(r-\delta)}{\sigma^2} + \sqrt{\left(\frac{r-\delta}{\sigma^2} - \frac{1}{2}\right)^2 + \frac{2^r}{\sigma^2}} \qquad (5-8)$$

式（5-6）提出了实施合作的具体条件；式（5-7）对于投资条件这一定条件下的情况进行了描述，对于实物期权价值和网络合作价值的关系进行了分析；式（5-8）对于数学表达式当中的参数进行描述，参数主要包括投资项目的期望收益率、现金收益率以及关系冲突风险指数等方面。

从上述分析后可以知道：

在动态环境下，关系冲突的风险 σ 是决定企业行使扩张期权或是放弃期权的主要因素。由式（5-3）可知，v*恒大于 I，企业行使扩张期权的条件是：

$$v > \frac{\beta I}{(\beta-1)}$$

由式（5-8）可知，当 $\beta > 1$，则 $\frac{\beta}{\beta-1} > 1$，表明 v^* 会随着关系冲突风险 σ 的增加而不断地增大。

同时由式（5-8）也可推导出，当 $\frac{d\beta}{d\sigma}$ 为负时，$d\beta/(\beta-1)/d\beta$ 也为负，而 $dv^*/d\sigma$ 则为正。

综合上述分析可知，关系冲突的风险 σ 越大，企业进行投资的临界值 v^* 就越大，企业实施扩张期权的可能性也会随之减少或者推迟。而当企业进行投资的临界值 v^* 超出了企业自身的支付能力上限或者超出了预算范围，那么企业就应当行使放弃期权。

当关系冲突的风险 σ 无限趋近于 0 时，企业进行投资的临界值 v^* 也会随之无限趋近于投资 I。因此，企业未能感知到关系冲突的风险 σ 或者感知到的关系冲突风险极低 σ 时，只要合作价值 v≥I 即可进行合作。

（四）基于关系权变价值的关系类型划分

通过上述的关系资本价值计算模型的模拟与推导，可以看出，关系的价值与关系冲突的风险是决定企业投资行为的两个核心因素。依据关系价值和关系冲突风险的高低，可以得出三种基本的实物期权类型——扩张期权、延迟期权与放弃期权。根据这三种基本期权并结合关系价值和关系价值风险的具体情况，可以推导出四种基本的关系类型，即战略成长型关系、离散交易型关系、僵持恶化型关系和交叉演变型关系。

1. 战略成长型关系

该模式拥有较高的关系价值和较低的关系冲突风险。在该模式下，关系资本投资的边际收益极高，并且投资额度也低，企业对于合作关系的投资意愿很高，愿意行使扩张期权，投入大量的资源和时间以获得稳定的价值回报。并且，企业不断投入的资源还会形成关系的专有资产，能降低成本、提高效率，合作伙伴间的密切互动能够提高关系治理机制的效能，从而进一步降低关系冲突所带来的不确定性，形成"关系投资—治理强化—风险降低"的正反馈机制，使关系的价值呈几何式增长。因此，在这种关系模式下除了保持战略稳定性外，还可能会呈现出一种成长的趋势。

2. 离散交易型关系

该模式拥有较低的关系价值和较低的关系冲突风险。虽然企业感知到的冲突风险并不高，但是由于关系价值较低，企业投入的时间和资本投资明显无法获得合理的回报，投资的边际效益较低。在该关系模式下，企业可以采用的最优合作策略是行使延迟期权，与合作伙伴进行离散型交易，即仅仅与合作伙伴进行市场框架内的公平交易，维持现有的关系状态，降低关系投资的水平。并且，企业需要密切关注市场的发展状况，并根据其变化来进行中断或扩张现有关系的决策。

3. 僵持恶化型关系

该模式拥有较低的关系价值和较高的关系冲突风险。在该关系模式下，由于企业感知的关系冲突风险高而关系所能带来的价值收益较低，该合作关系的价值为负，并形成了"关系负债"。企业可以采用的最有效合作方式是行使放弃期权，立即停止对合作伙伴的关系投资，并做好退出这段合作关系的准备。同时，企业需要密切关注合作伙伴的行为和关系网络内部的局势，并根据其变化进行中断或维持现有关系的决策。

4. 混沌演变型关系

该模式拥有较高的关系价值和较高的关系冲突风险。在该模式下，虽然与关系伙伴的合作存在较高的预期价值。但与此同时，企业感知到的关系冲突风险也很高，企业难以对关系的"真实价值"做出明确的判断。在混沌演变型的关系之中，如果企业或者网络内部的其他成员能够有效地遏制关系冲突对网络价值创造效率带来的负面影响，那么该关系就会演变成有价值的关系，随着企业对于关系的维护与投资（即行使扩张期权）而逐渐演变为战略成长型关系。如果企业或者网络内部的其他成员无法有效地遏制关系冲突对网络价值创造效率的负面影响，那么该关系就会因为企业的忽视和放弃（即行使延迟和放弃期权）而进一步贬值，最终演变成离散交易型关系甚至是僵持恶化型关系。因此，交叉演变型关系并不是一个稳定的关系状态，这种关系会随着企业对于关系投入演变成其他三种稳定的关系模式。具体情况如图5-3所示。

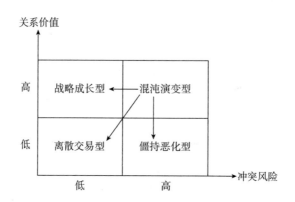

图5-3　基于价值—风险划分的关系类型

资料来源：笔者绘制。

对于战略成长型关系，最佳的策略是提升关系投资价值，通过不断优化实现企业的网络化成长，而对于离散交易型关系，则遵从市场交易原则，减少关系投资；对于僵持恶化型关系，最佳的策略选择是善退；对于混沌演化型关系需要根据权变管理原则，因势利导见机而行。

这四种关系类型所对应的期权类型与相应的关系合作策略的对应关系，如表5-6所示。

表5-6　基于关系权变价值的关系类型划分与合作策略

关系类型	价值—风险状态	关系权变价值	企业应行使的期权类型	最优合作策略
战略成长型关系	高价值—低风险	较高	扩张期权	增加关系投资
离散交易型关系	低价值—低风险	较低	延迟期权	只进行市场交易，不进行关系投资
僵持恶化型关系	低价值—高风险	负	放弃期权	停止关系投资，做好退出准备
混沌演变型关系	高价值—高风险	不确定	延迟期权	静观其变

资料来源：笔者编制。

四、关系冲突情境下企业的价值判断与权变行为决策研究

（一）相关概念界定

1. 关系冲突氛围

关系的演化和发展会被独特的氛围所影响（Hakansson，1982；Oesterle，1997；Aquino，1998；Butler，1999），企业对于关系冲突的共同感知形成了网络内部的关系冲突氛围。Bodtker 和 Jameson（2001）认为，负面情感和特定事件是企业感知关系冲突的媒介。企业在冲突中的负面情感最终会表现为对合作者的态度，而网络成员间的恶性互动则是关系冲突最鲜明的体现。因此，冲突氛围应当从恶性互动和企业间态度两个方面来衡量。企业间态度是指企业间的敌意水平，恶性互动是指企业间的攻击行为和反击行为的频率。关系冲突的诱发往往从关系冲突氛围感知开始，这种感知可能是理念不合、公平感知偏差或者合作人态度的变化，冲突是否发生与关系合作的沟通协调具有直接的关系。如果冲突感知者感到事态的演进偏离了自己的预定轨道，往往会从态度和行为上开始表现，而冲突的发生往往从冲突的感知与判断开始，最终才会演变为冲突行为。

2. 关系权变价值

关系营销领域的研究者普遍认为，在长期交易中，良好的关系能够为合作双方带来独特的竞争优势，提升企业的交易收益。所谓关系价值，就是企业感知到的合作关系所带来的积极经济影响，可以定义为在与合作伙伴进行的交换中得到的好处和降低成本的总和（Lefaix - Durand，2009）。然而，在高度依赖协作而又缺乏绝对权威的网络组织中，关系冲突是引发网络动荡的主要原因，也是企业间价值创造和分享的最大威胁。因此，企业对于关系价值的计算和评判必须要充分考虑到关系冲突爆发和扩散的破坏性影响，关系冲突的风险不容忽视。

在网络化成长的背景下，企业间关系的价值来源于以下两个方面：一是网络经济的正态效应。企业是价值要素的集合，企业网络化的本质是资源、信息、知识、能力等价值要素的网络化。网络成员企业内部的价值要素以关系合作网络为平台，跨越企业边界，整合网络资源汇聚而成的"网络要素池"。这些要素根据

其不同禀赋，在网络化生产中予以重新分工与组合，借以实现规模经济和范围经济，形成网络生产曲线的边界外推。这种推动力量会随着网络规模的扩大和成员间互动的深入呈几何倍数增长。二是交易成本的缩减。企业间关系网络作为一种介于市场和企业之间的制度安排，能够通过关系契约机制强化企业间的互信，借助关系治理机制来约束企业的机会主义行为，从而降低企业间的交易成本。

关系冲突给中小企业造成的客观风险包括以下两方面：一方面是关系冲突影响关系资本运转效率给企业造成损失的可能性，另一方面是关系冲突升级和扩大的可能性。本书基于蔡双立（2013）提出的"中小企业网络关系资本构建要素模型"和消费者行为决策理论的风险感知模型，从两个维度来刻画网络环境下中小企业针对关系冲突的风险感知：一是关系资本效能丧失风险，包括资源、能力、结构、认知、规则五个方面；二是冲突的涟漪效应风险，包括纵向涟漪效应和横向涟漪效应两个方面。

3. 关系回应行为

Ping（1993）提出的 EVLN 框架理论给出了企业在面对关系问题时的基本反应行为，但却并不能精准地刻画中国企业的关系行为。本书在借鉴 EVLN 理论的基础之上，结合中国特色的关系文化背景和网络环境，从关系互动水平变化的角度来界定行为的主动和被动，从经济合作水平变化的角度来界定行为的积极和消极，将企业在网络环境下面对关系冲突风险之时的反应行为界定为主动—积极、主动—消极、被动—积极和被动—破坏四大类，分别是投资、退出、忠诚和规避。

（1）投资。强化是指企业加强与合作伙伴的关系联结的行为。投资行为的目的在于通过利益和关系的双重绑定来扩大关系资本份额，确保企业在未来的关系租金收益权。投资行为意味着企业不仅投入更多的资源来强化合作双方在经济上的相互依赖性（Schurr & Oh，1987），还会提升关系互动水平来增加企业间的信任和承诺，抑制关系冲突爆发的风险。

（2）退出。退出是指企业不愿再与现有网络成员保持合作关系，打算终止合作关系。Stewart（1998）将关系退出定义为"企业间终止关系合作，停止交易的一种经济行为"，这个定义从关系退出经济视角仅仅考虑了经济行为，但在中国文化背景下，关系退出不仅意味着企业间关系合作行为的中断、交易流程的中止，还可能表现为关系的背反，合作态度的转变以及进一步合作意愿的降低。从退出表现的态度与行为来看，一方面在近期内如果关系没有实质的改善，进一步的合作不再延续；另一方面在关系终止和退出后，合作各方的沟通与交流会逐步疏远。

（3）忠诚。忠诚是企业默守本分参与网络合作的行为。Ping（1993）认为，忠诚的行为表现是企业积极地履行关系义务，乐观地希望事态得到改善。在中国的网络组织之中，忠诚不仅意味着企业要保持先前与网络成员间的交易水平和网络资源投入水平，还意味着企业要继续维持与网络之间的关系往来。

（4）规避。规避是指企业降低与网络成员间的经济合作水平来规避关系冲突风险的行为。EVLN框架中忽视的做法是不符合中国文化的，中国人在面对冲突时崇尚"万事留一线，日后好相见"，在合作方面更是崇尚"买卖不成仁义在"。企业在面对较高的关系冲突风险时，会依据市场逻辑来降低交易频率，减少资源投入，以此降低被关系冲突所造成的损失。但是，在避险的同时，企业还会继续保持与合作伙伴之间的人情往来和相当水平的关系互动，为今后继续参与网络中的价值创造机会保留可能。因此，企业的规避行为在行为上体现为明显地降低经济合作水平，较少地降低关系互动水平。

4. 关系压力

西蒙认为，人具有社会属性，对于每个人行为的选择，不能单独从其自我动机上去理解，而是应该纳入社会背景下予以考察。中国是一个关系导向的国家，关系的差序格局决定了行为人不同的行为选择。同样，这种关系文化也交织在错综复杂的网络关系中，使得关系网络中存在着一种左右网络成员行为的内生性规则和力量，本书称其为网络关系压力。这种压力一方面来自网络成员的行为反应，即行为压力；另一方面来自以"人情"和"面子"为代表的中国式关系规范，即制度压力。

行为压力来源于以下两个方面：个体层面的压力源于中国关系独有的"隐性第三方"——介绍人，群体层面的压力来源于中国特色的集体主义文化下的群体制裁。人情和面子是中国关系文化中最基本、最独特的规范，也是制度压力形成的根源。在中国，信任更多地存在于个人之间而非企业间，商业关系的建立以亲缘、友缘、趣缘等个人关系为先导，人际层面的关系规范会随着企业间人员的互动渗入企业间的关系之中，并对企业的行为产生影响。

（二）研究假设

1. 关系冲突氛围与关系回应行为

冲突是企业间关系发展过程中最具破坏性的事件（Samaha, Palmatier & Dant, 2011）。面对这种外生的冲击，企业会针对不同冲突行为，采取不同的回应行为（Kelly & Peters, 1977）。在针对70篇冲突研究文献的元分析中，Geyskens、Steenkamp 和 Kumar（1999）确定了冲突与信任的反向关系。Gaski（1984）认为，冲突会影响企业对于合作关系的满意度。Anderson 和 Weitz（1992）发现，企业感知到的争执和冲突可能会影响企业对于这段关系的忠诚度。诸多学者的研究表明，企业感知到的关系冲突会降低企业对于关系的投资和维护意愿，增加企业采取消极行为的可能性（Anderson & Narus，1990）。据此，本书提出如下假设：

H1：关系冲突氛围会负向影响企业的积极回应行为。

H1a：关系冲突氛围会负向影响企业的投资行为。

H1b：关系冲突氛围会负向影响企业的忠诚行为。

H2：关系冲突氛围会正向影响企业的消极回应行为。

H2a：关系冲突氛围会正向影响企业的规避行为。

H2b：关系冲突氛围会正向影响企业的退出行为。

2. 关系冲突氛围与关系权变价值

关系冲突氛围作为企业对于网络成员互动历史的认知，必然影响企业对网络未来状态的评估和预判。强烈的关系冲突氛围会显著降低企业对于网络合作前景的预期和信心。研究表明，负面关系冲突氛围不仅会引发关系决策者的负面情绪，还会干扰决策者对于信息的判断和关系预期的解读。而且负面信息与消极情绪如果处置不当，还有加剧的趋势（Reyna & Brainerd，1991）。在一个充满冲突与不确定性的氛围，关系合作者对关系冲突破坏性的担忧，不仅影响关系质量的评价，而且影响关系行为的选择。据此，针对关系冲突氛围与关系冲突价值，本书提出如下假设：

H3：关系冲突氛围会负向影响关系权变价值，冲突程度越高，对关系价值的评价越低。

3. 关系权变价值与关系回应行为

关系权变价值是企业权衡网络关系价值与关系冲突感知风险后得出的"净价值"，是企业对于关系产出的总体衡量标准（Corsaro & Snehota，2010；Ulaga & Eggert，2006），决定了企业进行关系行为决策时的心理状态。关系权变价值从经济满意度、长期导向和得失框架三个方面影响企业的行为选择：

第一，关系收益的满意度与关系价值具有相关性，关系收益的满意度越高，其关系价值的感知价值就越高，关系合作的满意度自然也高。研究表明，关系合作者的公平预期和关系承诺不仅决定着关系各方理性计算范畴，关系合作的经济满意度取决于公平预期的实现程度和关系另一方对关系承诺的兑现程度，比较结果直接影响着未来关系的走向（Hocutt，1998；Rusbult & Farrell，1983）。关系权变的价值越高，企业对合作关系就越满意；反之亦然。

第二，关系权变价值会激发企业的长期导向。关系权变价值越高，企业就会更希望保持这种关系，使企业判断损益的标准从单次交易的利润转向长期交易的累积利润，提升企业对于关系价值波动的容忍度。

第三，关系权变价值决定了企业进行行为决策时的"得失"框架。当关系权变价值为正时，企业会更加厌恶消极行为带来的价值损失，高估消极行为的风险性，更倾向于采取积极的合作行动。当关系权变价值为负时，企业会更看重消极行为的确定性收益，并低估对此类行为的后果及与未来的潜在损失，更倾向于采取消极的破坏行为来"止损"。因此，我们提出如下假设：

H4：关系权变价值会正向影响积极回应行为。

H4a：关系权变价值会负向影响企业的投资行为。

H4b：关系权变价值会负向影响企业的忠诚行为。

H5：关系权变价值会负向影响消极回应行为。

H5a：关系权变价值会正向影响企业的规避行为。

H5b：关系权变价值会正向影响企业的退出行为。

H6：关系权变价值在关系冲突氛围与关系回应行为之间起中介作用。

H6a：关系权变价值在关系冲突氛围与投资行为之间起中介作用。

H6b：关系权变价值在关系冲突氛围与忠诚行为之间起中介作用。

H6c：关系权变价值在关系冲突氛围与规避行为之间起中介作用。

H6d：关系权变价值在关系冲突氛围与退出行为之间起中介作用。

4. 关系压力的调节作用

（1）行为压力。在中国，介绍人的存在决定了中国企业之间的合作关系从建立伊始就是一种无形的三方关系。如果合作双方出现了问题，介绍人也会充当调解人和仲裁人，能够化解低水平的摩擦和矛盾，提升企业采取积极行为的意愿。但是，企业如果无视介绍人的调解与斡旋，采取非合作或者抵制行为，不仅会损害合作各方的关系，还会损害共同第三方的关系。因此，介绍人的存在增加了企业采取消极行为的不确定性，从而抑制了企业采取消极行为的意愿（Walker，Kogut & Shan，1997；Rowley，Behrens & Krackhardt，2000）。

中国文化集体至上，集体主义文化决定了中国网络组织在情感上和行动上的统一性。对于网络中不遵守规矩者，害怕的不是双边关系破裂，而是网络关系压力和第三方的制裁。我们每个人都是嵌入整合社会网络的一个交易主体，企业也嵌入各种交易关系的产业和社会网络中。网络中的双边关系冲突有可能导致多边冲突。

（2）制度压力。Hwang（1987）认为，人情是中国人交往的基本规范，是建立与维系关系的重要原则。人情包括两个方面：一是长期互惠，即欠了人情必须要还；二是危难援助，即在他人遇到困难时应当给予帮助。在冲突情境下时，长期互惠的要求会促使企业选择采取更加积极的行为来报偿长期互动的过程之中所欠下的"人情债"。而危难支援的要求构成了道德压力，不仅会增大企业采取消极行为时的心理负担，还会增加企业采取消极行为的声誉损失，抑制企业逃脱回避的想法。

面子是根植于中国儒家文化的独特概念，代表了中国人在关系网中的地位和名声。在中国关系文化中，拂别人的"面子"是维持商业和社会关系中的大忌，必须不惜一切代价避免。保全他人"面子"的要求会抑制企业在冲突情境下采取消极行为的倾向，而在面对关系冲突风险时选择维持合作关系或是采取更加积极的行为化解风险，则会被认为是给别人"面子"，强化企业采取积极行为的意愿。因此，我们提出如下假设：

H7：关系压力正向调节关系权变价值与积极回应行为之间的影响路径。

H7a：关系压力正向调节关系权变价值与投资行为之间的影响路径。

H7b：关系压力正向调节关系权变价值与忠诚行为之间的影响路径。

H8：关系压力负向调节关系权变价值与消极回应行为之间的影响路径。

H8a：关系压力负向调节关系权变价值与规避行为之间的影响路径。

H8b：关系压力负向调节关系权变价值与退出行为之间的影响路径。

本书的概念模型如图5-4所示。

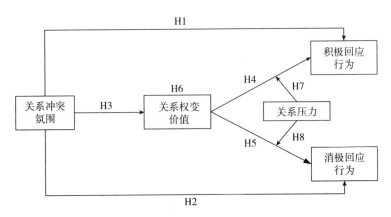

图5-4　研究模型

（三）研究设计

1. 量表设计

为保证量表的信度和效度，本书在对国内外相关研究变量借鉴吸收的基础上进行了本地化设计。首先，项目组把所借鉴的相关变量理论背景和量表的可借鉴行进行了认真梳理；其次，邀请南开大学和天津财经大学5位教授就量表的概念、内涵及本土的适用性进行了讨论；再次，项目组邀请了8位具有丰富冲突管理经验的企业高管对拟调研的问卷进行深度访谈和试填，历经3次调整与修改，最后才形成了现有的调查问卷。

调研问卷确定后，项目组成员首先接受培训，合格后才能参与调研。调研共花费3个半月的时间，共收到937份问卷，剔除填写不合格的问卷，得到有效样本783份。

因为关系冲突的主观性、动态性与互动性，本项目问卷调查采用的是李克特5分量表。重点从受访者的主观倾向角度观察对关系冲突的感知、理解与处理逻辑。其中，关系冲突氛围出自Kumar、Scheer和Steenkamp（1995）以及Koza和Dant（2007）的相关量表选择；关系权变价值借鉴杨娟、阮平南（2015）和Delerue（2005）的研究内容；投资行为来源于武志伟、陈莹（2008）的研究成果；退出行为源于Kang、Oh和Sivadas（2012）的研究结果；关系压力借鉴Roos（1999）和Alajoutsijarvi、Moller和Tahtinen（2000）的研究成果。

2. 量表的信度与效度

项目组对量表进行了信度和效度检验，具体检验结果如表5-7所示。

表5-7　测量题项与信度效度检验

变量	测量题项	因子载荷
关系冲突氛围（CC） Cronbach's α = 0.837 CR = 0.827 AVE = 0.566	CC1	0.775
	CC2	0.769
	CC3	0.851
	CC4	0.671
关系权变价值（CR） Cronbach's α = 0.786 CR = 0.798 AVE = 0.513	CR1	0.787
	CR2	0.817
	CR3	0.655
	CR4	0.789
	CR5	0.658

续表

变量	测量题项	因子载荷
关系权变价值（CR） Cronbach's α = 0.786 CR = 0.798 AVE = 0.513	CR6	0.669
	CR7	0.771
	CR8	0.849
	CR9	0.839
	CR10	0.784
	CR11	0.769
	CR12	0.769
	CR13	0.669
	CR14	0.769
	CR15	0.702
	CR16	0.769
	CR17	0.707
投资行为（IB） Cronbach's α = 0.779 CR = 0.792 AVE = 0.506	IB1	0.691
	IB2	0.879
	IB3	0.814
忠诚行为（LB） Cronbach's α = 0.826 CR = 0.766 AVE = 0.534	LB1	0.803
	LB2	0.670
	LB3	0.777
规避行为（AB） Cronbach's α = 0.764 CR = 0.743 AVE = 0.577	AB1	0.713
	AB2	0.690
	AB3	0.832
退出行为（EB） Cronbach's α = 0.911 CR = 0.907 AVE = 0.633	EB1	0.763
	EB2	0.724
	EB3	0.737
关系压力（RP） Cronbach's α = 0.827 CR = 0.835 AVE = 0.579	RP1	0.660
	RP2	0.747
	RP3	0.800
	RP4	0.798
	RP5	0.680

模型拟合指数：CMIN/df = 1.072，p = 0.176，RMSEA = 0.021，IFI = 0.983，CFI = 0.981，TLI = 0.981，NFI = 0.873，RFI = 0.849，GFI = 0.866

资料来源：笔者整理。

从上表可以看出，各个变量的 Cronbach's α 系数和 CR 值均大于 0.7，表明量表的内部一致性良好，具有较高的信度。验证性因子分析的结果显示，测量模型拟合度良好。测量题项的因子载荷均高于 0.5，且变量的平均炼方差（AVE）均高于 0.5，表明变量之间具有较好的聚敛效度。

（四）假设检验

1. 相关性检验

本书对各个变量进行了皮尔逊（Pearson）相关系数分析，具体结果如表 5 - 8 所示。

表 5 - 8　均值、方差与相关系数

	CC	CR	IB	LB	AB	EB	RP
CC	0.741						
CR	- 0.381 **	0.684					
IB	- 0.343 **	0.384 **	0.695				
LB	- 0.329 **	0.455 **	0.001	0.774			
AB	0.265 *	- 0.279 *	0.009	0.007	0.756		
EB	0.198 *	- 0.238 *	0.004	0.003	0.002	0.796	
RP	0.112	0.113	0.269 **	0.356 **	0.377 **	0.284 **	0.712
均值	3.557	3.741	3.923	4.269	3.887	4.125	3.683
标准差	0.806	0.756	0.485	0.501	0.564	0.486	0.782

注：N = 783；对角线上的数字是平均炼方差（AVE）的平方根；* 表示 $p < 0.05$，** 表示 $p < 0.01$。
资料来源：笔者整理。

从表 5 - 8 可以看出，各个变量的平均炼方差（AVE）均高于其相关系数的绝对值，具有良好的判别效度。

2. 直接效应分析

本书分别以投资行为（IB）、忠诚行为（LB）、规避行为（AB）、退出行为（EB）和关系权变价值（CR）为因变量，以关系冲突氛围（CC）、关系权变价值（CR）为自变量，构建五个回归模型，分析结果如表 5 - 9 所示。

在以关系冲突氛围为自变量、以关系回应行为为因变量的 IB（I）、LB（I）、AB（I）、EB（I）四个回归模型中，F 值均显著不为 0，表明关系冲突氛围对关系回应行为存在显著的影响。其中，模型 IB（I）、LB（I）的作用系数分别为

-0.277和-0.412，表明关系冲突氛围对于投资行为和忠诚行为有显著的负向影响，假设H1a和H1b得到验证。模型AB（Ⅰ）、EB（Ⅰ）的作用系数分别为0.267和0.229，表明关系冲突氛围对于规避行为和退出行为有显著的正向影响，假设H1c和H1d得到验证。

表5-9　回归分析结果：标准系数

	IB		LB		AB		EB		CR
	（Ⅰ）	（Ⅱ）	（Ⅰ）	（Ⅱ）	（Ⅰ）	（Ⅱ）	（Ⅰ）	（Ⅱ）	（Ⅰ）
CC	-0.277**		-0.412**		0.267*		0.229*		-0.344**
CR		0.426**		0.488**		-0.326**		-0.265**	
F值	5.937**	7.449**	6.675**	8.123**	5.197**	6.255**	4.633**	6.476**	6.225**
R^2	0.179a	0.213a	0.201a	0.231a	0.172a	0.271a	0.161a	0.226a	0.184a

注：*表示$p<0.01$，**表示$p<0.05$，a表示调整后R^2。
资料来源：笔者整理。

在以关系权变价值为自变量、以关系回应行为为因变量的IB（Ⅱ）、LB（Ⅱ）、AB（Ⅱ）、EB（Ⅱ）四个回归模型中，F值均显著不为0，表明关系权变价值对关系回应行为存在显著的影响。其中，模型IB（Ⅱ）、LB（Ⅱ）的作用系数分别为0.426和0.488，表明关系权变价值对于投资行为和忠诚行为有显著的正向影响，假设H4a和H4b得到验证。模型AB（Ⅱ）、EB（Ⅱ）的作用系数分别为-0.326和-0.265，表明关系权变价值对于规避行为和退出行为有显著的负向影响，假设H4c和假设H4d得到验证。

在以关系冲突氛围为自变量、以关系权变价值为因变量的CR（Ⅰ）回归模型中，F值均显著不为0，表明关系冲突氛围对关系权变价值存在显著的影响。其中，模型CR（Ⅰ）的作用系数为-0.344，表明关系冲突氛围对于关系权变价值有显著的负向影响，假设H3得到验证。

3. 中介效应分析

本书采用Preacher和Hayes（2004）的Bootsrap检验法和Zhao等（2010）的中介分析程序，构建了四个多元回归模型来对关系权变价值（CR）在关系冲突氛围与关系权变价值之间的中介效应进行检验，分析结果如表5-10所示。

从表5-9中可以看出，在四个多元回归模型中，关系权变价值中介作用a×b的95%置信区间均不包含0，表明存在显著的中介作用。同时，关系冲突氛围对四种关系回应行为的主效应c'的95%置信区间均不包含0，表明关系冲突氛围对四种关系回应行为的作用显著。综上所述，H6得到验证。

表5－10　中介效应分析结果：标准系数

	CC→CR→IB		CC→CR→EB	
	置信区间	作用大小	置信区间	作用大小
CR 中介作用 a×b	（－0.213，－0.017）	－0.114	（0.019，0.119）	0.078
主效应作用 c'	（－0.195，－0.069）	－0.161	（0.012，0.210）	0.159
结论	部分中介		部分中介	
	CC→CR→LB		CC→CR→AB	
	置信区间	作用大小	置信区间	作用大小
CR 中介作用 a×b	（－0.178，－0.073）	－0.195	（0.054，0.167）	0.146
主效应作用 c'	（－0.223，－0.098）	－0.225	（0.109，0.322）	0.297
结论	部分中介		部分中介	

资料来源：笔者整理。

4. 调节效应分析

本书采用多元层次回归法来检验关系压力的调节效应，分析结果如表5－11所示：

表5－11　调节效应分析结果：标准系数

	IB			EB		
	（Ⅱ）	（Ⅲ）	（Ⅳ）	（Ⅱ）	（Ⅲ）	（Ⅳ）
CR	0.426**	0.285**	0.285**	－0.265**	－0.207**	－0.214**
RP		0.046	0.045		－0.149*	－0.184**
CR×RP			0.001			－0.205**
F值	7.449**	4.067**	3.366**	6.476**	5.123**	5.543**
R²	0.213a	0.129	0.129	0.226a	0.158a	0.196a
	LB			AB		
	（Ⅱ）	（Ⅲ）	（Ⅳ）	（Ⅱ）	（Ⅲ）	（Ⅳ）
CR	0.488**	0.317**	0.309**	－0.326**	－0.258**	－0.249**
RP		0.153**	0.162**		－0.133**	－0.145**
CR×RP			0.211**			－0.129**
F值	5.772**	4.975**	6.297**	5.214**	7.228**	5.355**
R²	0.163a	0.155a	0.221a	0.160a	0.208a	0.184a

资料来源：笔者整理。

从表5-11中可以看出，在加入交互项（CR×RP）的 IB（Ⅳ）、LB（Ⅳ）、AB（Ⅳ）、EB（Ⅳ）四个模型中：IB（Ⅳ）的作用系数不显著，表明关系压力在关系权变价值对投资行为的影响中没有起到调节作用，假设 H7a 未被验证；LB（Ⅳ）的作用系数为 0.211，表明关系压力正向调节关系权变价值对忠诚行为的作用，假设 H7b 得到验证；AB（Ⅳ）、EB（Ⅳ）的作用系数分别为 -0.129和 -0.205，表明关系压力负向调节关系权变价值对规避行为和退出的作用，假设 H7c 和 H7d 得到验证。

五、本章研究结果讨论与归纳

第一，本书认为，资源丧失风险、认知失调风险、结构变迁风险、规制失效风险、冲突升级风险与冲突扩散风险这六个方面是影响关系冲突感知的重要因素。资源丧失带来能力缺失方面，因为组织资源和能力是紧密相关的，资源的缺失意味着能力的缺失；认知失调意味着理念冲突和潜在的行为冲突；结构变迁风险在于网络边缘化后资源整合能力的降低；规则失效风险可能导致冲突行为的不可预期，当所有这些风险叠加的时候，冲突的升级与扩散势必难免。

第二，网络关系价值和关系冲突风险感知不仅影响着网络关系参与者对于网络关系价值的判断，风险感知参照，而且影响着关系行为人下一步行为的选择。企业选择网络化合作的目的是获取自身无法独立获取的关系溢价，而关系合作者的合作意愿、协同行为和价值要素的整合能力直接影响着关系价值的生成。协作、协调和协同是网络关系生产价值的基础，但这种基础的多主体、多目标、多任务的动态协同特征也决定了这种生产模式对于分歧和摩擦天然的脆弱性。关系从潜在冲突到显性爆发，再到升级到扩散，每一个环节都在侵蚀着关系的价值要素的生成，而关系冲突感知是影响关系行为的第一步，企业网络成长的过程实际上是冲突制造与管控的过程，没有冲突就没有创新，没有自我突破，但冲突管控不当则会极大损害关系合作价值，因为，关系价值是一个相对价值，是关系合作人感知利得和感知利失权衡的结果。综合考量这种结果对于企业网络化健康成长具有很重要的参考价值。

第三，冲突情境下的关系权变价值可以采用实物期权理论中的 B-S 连续模型来模拟和计算。B-S 连续模型是在连续时间状态下，一般假定标的资产价格服从几何布朗运动规律，在此基础上建立随机游走模型，进而根据实物期权价值运动所遵循的轨迹，对偏微分方程求解（在大多数情况下，不存在解析解，只能得到数值解），借此得出动态的关系权变价值。把握关系权变价值的实践意义在于需要根据事物的发展规律，动态把握关系生产要素的变化规律，实现要素生产的最优配置。

第四，依据关系价值和关系冲突风险的高低，可以推导出四种基本的关系类型，即战略成长型关系、离散交易型关系、僵持恶化型关系和交叉演变型关系，分别对应企业在关系决策时所面临的扩张、延迟和退出期权。

第五，企业面对关系冲突采取的是一种二阶的权变决策机制。一阶决策机制是基于市场逻辑的双边关系决策。决策人通过对关系利得与关系利失的价值的理性权衡，得出关系权变价值。二阶决策机制则是基于关系逻辑的网络化决策，是决策人在对关系权变价值判断的基础上，再结合网络关系外部效应与关系压力而采取的关系应对行为。不同于双边关系冲突应对决策，网络关系冲突决策不仅要权衡关系冲突双边的关系得失，更要综合考量网络关系的综合得失，考虑关系发展未来的得失，考虑网络第三方关系压力和关系制裁所引起的风险连锁反应。

第六，网络关系压力是在网络关系利益的第三方基于利益、道义或者情义而对关系冲突决策者实施的一种压力，在网络条件下行为表现为游说、劝和、协调、仲裁或者奖励等。在以关系导向的中国文化中，网络关系压力是一个必须考量的重点因素。关系冲突管理的外部性、动态性、不确定性都是网络关系冲突必须考虑的综合因素。

本章参考文献

［1］Alajoutsijärvi K, Möller K, Tähtinen J. Beautiful exit: how to leave your business partner［J］. European Journal of Marketing, 2000, 34 (11/12): 1270 – 1290.

［2］Anderson E, Weitz B. The use of pledges to build and sustain commitment in distribution channels. ［J］. Journal of Marketing Research, 1992, 29 (29): 18 – 34.

［3］Anderson J C, Narus J A. A Model of Distributor Firm and Manufacturer Firm Working Partnerships［J］. Journal of Marketing, 1990, 54 (1): 42 – 58.

［4］Aquino, K. The effects of ethical climate and the availability of alternatives on the use of deception during negotiation. International Journal of Conflict Management,

1998, 9 (3): 195 - 217.

[5] Bodtker A M, Katz Jameson J. Emotion in conflict formation and its transformation: Application to organizational conflict management [J] . International Journal of Conflict Management, 2001, 12 (3): 259 - 275.

[6] Butler Jr. , J. K. Trust expectations, information sharing, climate of trust and negotiation effectiveness and efficiency [J] . Group & Organization Management, 1999, 24 (2): 217 - 239.

[7] Corsaro D, Snehota I. Searching for relationship value in business markets: are we missing something? [J] . Industrial Marketing Management, 2010, 39 (6): 986 - 995.

[8] Delerue H. Relational risk perception and alliance management in French biotechnology SMEs [J] . European Business Review, 2005, 17 (6): 532 - 546.

[9] Dwyer F R, Schurr P H, Oh S. Developing buyer - seller relationships [J] . The Journal of marketing, 1987: 11 - 27.

[10] Gaski J F. The Theory of Power and Conflict in Channels of Distribution [J] . Journal of Marketing, 1984, 48 (3): 9 - 29.

[11] Geyskens I, Steenkamp J B E M, Kumar N. A meta - analysis of satisfaction in marketing channel relationships [J] . Journal of Marketing Research, 1999, 36 (2): 223 - 238.

[12] Hagel J, Brown J S. Productive friction: how difficult business partnerships can accelerate innovation [J] . Harv Bus Rev, 2005, 83 (2): 82 - 91.

[13] Hakansson, H. (Ed.) . International marketing and purchasing of industrial goods, an interaction approach [M] . New York: Wiley, 1982.

[14] Hocutt M A. Relationship dissolution model: antecedents of relationship commitment and the likelihood of dissolving a relationship [J] . International Journal of Service Industry Management, 1998, 9 (2): 189 - 200.

[15] Hwang K. Face and favor: The Chinese power game [J] . American journal of Sociology, 1987, 92 (4): 944 - 974.

[16] Kale P, Dyer J, Singh H. Value creation and success in strategic alliances: alliancing skills and the role of alliance structure and systems [J] . European Management Journal, 2001, 19 (5): 463 - 471.

[17] Kang B, Oh S, Sivadas E. The Effect of Dissolution Intention on Buyer -

Seller Relationships [J]. Journal of Marketing Channels, 2012, 19 (4): 250 – 271.

[18] Kelly J S, Peters J I. Vertical conflict: A comparative analysis of franchisees and distributors [J]. Contemporary Marketing Thought, American Marketing Association, Chicago, IL, 1977, 9 (2): 380 – 384.

[19] Koza K L, Dant R P. Effects of relationship climate, control mechanism, and communications on conflict resolution behavior and performance outcomes [J]. Journal of Retailing, 2007, 83 (3): 279 – 296.

[20] Kumar N, Scheer L K, Steenkamp J B E M. The effects of perceived interdependence on dealer attitudes [J]. Journal of Marketing Research, 1995, 32 (3): 348 – 356.

[21] Oesterle, M – J. Time – span until internationalization: Foreign market entry as a built – in – mechanism of innovation [J]. Management International Review, 1997, 37 (2): 125 – 149.

[22] Ping R A. The effects of satisfaction and structural constraints on retailer exiting, voice, loyalty, opportunism, and neglect. [J]. Journal of Retailing, 1993, 69 (3): 320 – 352.

[23] Poulin D, Pels J, Beauregard R, et al. Extending relationship value: observations from a case study of the Canadian structural wood products industry [J]. Journal of Business & Industrial Marketing, 2009, 24 (5/6): 389 – 407.

[24] Reyna V F, Brainerd C J. Fuzzy – trace theory and children's acquisition of mathematical and scientific concepts [J]. Learning and Individual Differences, 1991, 3 (1): 27 – 59.

[25] Roos I. Switching processes in customer relationships [J]. Journal of Service Research, 1999, 2 (1): 68 – 85.

[26] Rowley T, Behrens D, Krackhardt D. Redundant governance structures: An analysis of structural and relational embeddedness in the steel and semiconductor industries [J]. Strategic Management Journal, 2000, 21 (3): 369 – 386.

[27] Rusbult C E, Farrell D. A longitudinal test of the investment model: The impact on job satisfaction, job commitment, and turnover of variations in rewards, costs, alternatives, and investments [J]. Journal of applied psychology, 1983, 68 (3): 429.

[28] Samaha S A, Palmatier R W, Dant R P. Poisoning relationships: Perceived

unfairness in channels of distribution [J]. Journal of Marketing, 2011, 75 (3): 99 – 117.

[29] Skarmeas D. The role of functional conflict in international buyer – seller re-lationships: Implications for industrial exporters [J]. Industrial Marketing Manage-ment, 2006, 35 (5): 567 – 575.

[30] Stewart K. The customer exit process – a review and research agenda [J]. Journal of Marketing Management, 1998, 14 (4): 235 – 250.

[31] Ulaga W, Eggert A. Value – based differentiation in business relationships: Gaining and sustaining key supplier status [J]. Journal of Marketing, 2006, 70 (1): 119 – 136.

[32] Walker, G., Kogut, B., & Shan, W. J. Social capital, structure holes, and the formation of an industry network [J]. Organization Science, 1997, 8 (2): 109 – 125.

[33] Woodside, A. G., & Baxter, R. Achieving accuracy, generalization – to – contexts, and complexity in theories of business – to – business decision processes. Industrial Marketing Management, 2013, 42 (3): 382 – 393.

[34] Zhang G, Luo S, Preacher K J. Bootstrap Confidence Intervals for Ordinary Least Squares Factor Loadings and Correlations in Exploratory Factor Analysis [J]. Multivariate Behavioral Research, 2010, 45 (1): 104 – 134.

[35] 蔡双立, 孙芳. 关系资本、要素整合与中小企业网络化成长 [J]. 改革, 2013 (7): 111 – 119.

[36] 卫海英, 李清, 杨德锋. 品牌危机中社会关系冲突的动态演化机理——基于解释学的研究 [J]. 中国工业经济, 2015 (11): 109 – 124.

[37] 武志伟, 陈莹. 关系专用性投资、关系质量与合作绩效 [J]. 预测, 2008 (5): 33 – 37.

[38] 杨娟, 阮平南. 网络租金的测量研究 [J]. 经济管理, 2015, 37 (2): 149 – 155.

第六章　有规矩就能成方圆吗?

——中国式关系规范对关系质量影响的本土化研究

一、问题提出

孟子曰:"不以规矩,不能成方圆",体现了中国人在治国平天下中对规则的重视和态度。在网络化组织中这种规范性既表现为正式的合同治理也体现为非正式的关系规范。关系规范是关系契约形成惯例性做法而产生的行为准则(王颖、王方华,2007),体现了关系双方共同的理解和期望。由于嵌入性产生的规范约束限制了机会主义行为,促进了信任与互惠(Granovetter & Swedberg,1992),因此关系规范被认为是关系治理的核心内容和手段(任星耀,2012)。虽然现有研究普遍认为关系规范有助于减少机会主义(Brown,Dev,& Lee,2000;Gundlach,Achrol & Mentzer 1995;Joshi & Stump 1999)、化解冲突(Jap & Ganesan,2000)、提升合作关系绩效(周茵等,2013;Cannon,Achrol & Gundlach,2000;Gencturk & Aulakh,2007;Siguaw,Simpson & Baker,1998;Zhang,Cavusgil & Roath,2003),然而有规矩就一定成方圆吗?关系规范一定有助于关系质量的改进和提升吗?

关系规范未必在关系治理中总起作用(Wathne & Heide,2000;Luo,2006),持续的关系规范容易产生关系疲劳,与关系绩效呈现出倒 U 形的相关关系(relational fatigue)(Anderson & Jap,2005);首先,关系规范具有双边的长期导向性,强调在互信和承诺基础上的相互约束与自我控制(董维维、庄贵军,2012)。这种惯例性行为准则会因为惯习的形成容易导致合作伙伴丧失风险防范意识，给对方留有更多机会主义投机的空间（Wuyts & Geyskens，2005）。其次，不同于合同治理事前防范的完备性约定，关系规范中合作伙伴间的权利与义务是模糊的（董维维、庄贵军，2012）。关系的演化、嬗变、异变以及关系预期升级都会引起合作方对关系规范内容的重新界定与修正，这种灵活性和柔性给未来合作中的冲突与矛盾埋下了伏笔。另外，关系规范是长期交往中的共同认知，网络结构中的关系和节点具有非均质性，成员间对关系规范的解读存在差异（Achrol & Gundlach，1999），会向着有利于自身利益的方向理解（任星耀，2012）。

关系规范的作用还受到权变性的挑战，不同于西方文化价值观下的关系，中国人的关系更具文化内涵（庄贵军，2012）。中国社会从古到今存在的内外、尊卑和亲疏上的关系差序性导致了国人在为人处世中强调认清自身位置、以礼行事、"讲责任、讲人情、讲利害"，并由此形成了"情""义""利"三者的动态博弈下的中国式关系规范（沈毅，2007）。虽然中国式关系规范具有丰富的文化隐喻，然而现有研究多借鉴了西方的理论与分析框架。这种生搬硬套忽视了中国式关系规范的本土化解读，很难诠释出中国社会关系规范运作的内在规律与逻辑（徐淑英，2011）。有鉴于此，我们有必要厘清关系规范在中国文化价值观下的本质与内涵，探讨其在"情义"与"利益"不同取向下对关系绩效的作用，从而为清晰理解中国组织间关系交往的行为方式，把握关系交往范式，提升组织间关系质量，化解冲突与矛盾提供理论指导。

二、理论基础与研究假设

（一）关系规范与组织间关系质量

社会关系理论认为："规范"类似于文化，是一个显性和隐性契约的组合，直接或间接影响着行为人行为和关系质量评价（Heide et al.，1992）。关系规范是双方在合作过程中形成的共同的期望和行为模式，是双方共同认可的一系列隐性规则（Macneil，2004），用来指导组织对合作伙伴的评估及合作行为。但是不同的文化传统与社会制度下，关系规范的内涵与作用机制会呈现出较大差异。

西方学者将关系规范的界定为一种减少自利行为、鼓励寻求共同利益与共识的社会环境（Achrol & Gundlach，1999），包括信息交换性、灵活性以及团结性等基本要素，是组织间建立信任和构筑团结的基础。这些学者从理论视角出发，提出了关系规范对组织间关系质量作用效果的影响路径，如表6-1所示。

表6-1 关系规范对组织间关系的影响机制

文献	研究视角	影响因素	影响路径
Claro；Joshi；Stump 等	交易成本理论商业网络视角	资产专用性投入、交易时间长度、环境不确定性、网络强度等	联合计划、共同解决问题，减少成本和机会主义
Joseph；Lambe；Ronald 等	社会关系视角社会资本理论	关系持续时间、关系亲密度、提供帮助、相互信任、合作期望时间	关系网、合作规范、适应性、社会资本
Joshi；Cambell 等	技术和学习视角	技术不确定性、学习能力、知识水平	相互学习、知识与信息共享机制、互惠、关系租金
Sandy；Shankar 等	资源依赖视角	依赖程度，不对称依赖	不可模仿与不可替代性资源、投入更多的资源
Hewett K.，2001 等	沟通视角	沟通环境、沟通行为等	明确合作的细节、冲突问题有效解决

　　交易成本理论认为，组织间关系规范下形成的信任机制使交易双方具有充分的自由度，一方面降低了签订各种合同或者协议所带来的高昂成本，另一方面良好的信任关系可以减少交易过程中双方出现机会主义行为的风险，促进企业之间深度的交互作用。社会关系理论认为，关系规范是组织间确定公平感知预期，建立关系交易规则的一种互动机制。公平预期确定了各方的关系期盼，而关系交易规则又有利于双方关系行为的预期，规范的关系行为对于组织联盟的稳定具有重要的影响。Wang等（2009）进一步发现，关系规范能够提高企业之间的信息透明程度，进而影响企业合作的柔性，实现组织间关系的持续。资源依赖理论认为，企业合作关系的建立，是因为交易双方之间的资源存在异质性，通过对外部异质性资源的整合与开发才能实现技术创新。组织间关系规范的形成既有助于双方资源的相互流动，也有助于双方形成不可模仿与不可替代性资源。当组织间形成了一定的关系规范时，双方会对合作关系做出积极的预期，更有利于双方把自身的优质资源积极投入合作项目中，提高双方的合作效率。技术和学习视角认为在知识经济时代，信息和知识成为组织最具战略性的资源，关系规范的建立可以

使双方形成一种知识与信息的共享机制，为合作关系创造自由、开放的氛围。根据 Dyer 等的观点，当合作双方实现共享、组合时，关系租金就会被创造。最后，沟通视角认为关系规范的形成可以实现组织间及时、有效的沟通，有利于解决合作过程中的细节问题。交易关系中肯定会存在不满意或者冲突，良好的沟通和过去合作行为导致对冲突的感知，随着双方信任水平的不断增强，面对摩擦冲突上，组织更愿意通过积极地协调和沟通来促进矛盾的有效解决（Hewett K，2001）。

虽然西方学者对关系规范的研究为网络组织的关系治理提供了有益的研究视角与分析框架，然而单纯从西方经济学理论视角对关系规范的研究是有失偏颇的，它忽视了新经济社会学中社会关系对关系规范的解读（尹洪娟，2010）。西方学者基于理性人和经济人假设，认为关系规范依赖于信任和承诺，是一种不掺杂个人情感的群体理性选择。而"关系"是中国社会的重要特征，也是影响和支配个体认知与行为、处理与环境互动关系的准则（韩少功，2001）。人情、礼节和面子等儒家价值观和准则是影响中国式关系规范的形成与执行的重要因素（庄贵军，2012）。因此，本书将中国本土文化要素纳入组织间关系治理研究框架中，用来解决关系治理机制的文化嵌入问题。

虽然学者对中国式的隐性规范已进行了研究，但并没有给出统一的定义。李伟民（1998）认为，"人情"是中国文化特有的现象，是中国人与人交往中应遵循的一种行为规范准则，人与人相处之时所遵守的一种道义。他认为，"人情"可以从三个方面去理解：人之情感、人与人互动中交换的资源以及交往中应遵循的规范准则。在现实中，中国人所讲的人情，既有一种带有主观性的社会情感，也包含一种可被用于人际交换的资源，这些影响中国人互动纽带与准则的角色（陈俊杰，1998）。在中国人看来，人情为投资而不是消费，对尚未产生，但极有可能在未来某个时点发挥作用的人情关系需要进行投资与维护，未雨绸缪以期未来实现更多的回报。关系的广泛程度与人情关系的深厚程度直接影响商业活动的成功与否，因此人情的长期经营成为中国组织普遍认同并践行的行为方式。人情的运作结果，不是为了两者的直接利益最大化，而是为了互惠的最优化，即交往中有许多非直接利益因素的考虑。人情社会是以"社会人"为假设，因此"经济人"追求的直接利益最大化，并不是"社会人"所追求的最终目标。因为"社会人"想要获得比直接预计结果更大的利益，在组织间不会使用赤裸裸的利益谈判，更多的是使用委婉和迂回的交往过程来维护双方的关系。这使中国组织间关系交往中由于人情因素更容易规范组织双方的行为，因为"往而不来，非礼也，来而不往，亦非礼也""知恩不报"等违背人情规范的行为，会受到社会舆论及组织网络的排斥。

作为另一个文化嵌入性因素，"关系"被认为是中国社会合作中最为重要的机制之一。关系本身是一个内涵非常丰富的复杂概念，包含的维度也是多样的，有信任、互惠、依赖和适应等。高权力距离与集体主义取向的中国重视"关系"的存在，因为关系反映了社会依存和社会交往规范，可以使组织随时随地获得其他组织的帮助，获得组织需要的社会资源（金杨华，2008）。为了获得比较稳定而可靠的社会资源，组织会更多地遵循维护已建构的组织关系或者寻求新的组织关系的行为规范，从而使组织获得更多的资源或渠道，降低组织成本，提高效益。因此关系也反映了一种社会交往规范，体现了冲突化解的模式与商业实践的普遍规则（黄光国，2000）。

面子是中国社会中使用频繁的另一个本土化概念，面子是一种声誉，是一个受社会的尊重程度，一个基于社会文化对他人最基本的尊重。从本质上来说，面子是个体对自我在他人心中的价值与地位的关注，在这里，自我价值是面子的内核，社会性资源是面子的象征。自我价值的认同诉求与回应的冲突是面子的直接诱因，组织在交往中表现"相符行为"或允许他人利用自己的社会性资源是赢得面子的基本途径。中国讲究"给面子""讲面子"，可以使组织获得积极的印象与正面的评价，在组织发展过程中，可以获得更好的声誉与地位，在组织交往中更容易实现自身目标，减轻障碍。"讲面子""给面子"的规范也会约束组织行为，减少组织间投机行为的发生，更加注重组织间的长期效益。

翟学伟（2005）认为，中国人在情理社会中，通过人情、关系和面子的运作，放弃的是规则、理性和制度，得到的却是不可估量的社会资源、非制度性的社会支持和庇护及以势压人的日常权威。在组织间的交往过程中，遵循这些隐性的中国式的关系规范成为组织的行为准则，可以更好地消除组织间交往关系的障碍，规避组织间的关系冲突。因此，基于以上分析，本书提出以下假设：

假设1：中国式的关系规范能有效促进组织间关系质量，表现为两者具有正相关关系。

（二）关系取向的调节作用

关系是儒家文化的本质表现，而关系取向则是这种文化价值观的具体表达，是国人社会关系运作的主要方式（黄国光，2006；佐斌，2002）。关系取向是中国人在儒家文化规范下对关系的一种态度和看法，反映了个体在追求自身目标时，处理与他人关系的不同价值导向（杨国枢，1992），既是一种心态也是一种行为模式（佐斌，2002），影响着关系行为及对关系规范的遵守程度（庄贵军，2012）。

中国社会人际关系中最重要的特征就是差序性，无论是费孝通的"差序格局"还是翟学伟提出的"亲亲"心理、乔建的"自我中心"，都表达出儒家思想中的等差之爱（胡士强，2010）。这种关系的等级差是受人伦的影响而制度化地固定下来，参照亲疏和内外有别的原则形成了"情感—混合—工具"的关系取向划分（沈毅，2007）。情感型关系取向更多的是利用委婉迂回的交往方式，注重直接利益之外的其他利益；工具型关系则着眼于短期的经济交换，一种具有功利性的不稳定关系导向（Hwang，1987）。尽管关系取向对主体行为方式的影响已被很多学者所肯定，但面对不同的关系模式和关系取向，组织间形成的关系规范作用机制是否存在差异却鲜有涉及。本书从情感型关系取向和工具型关系取向两个方面来分析检验"关系取向"的调节作用。

情感型关系取向是国人对中庸和谐的追求，强调与合作伙伴建立长期、信任以及互惠的合作关系（庄贵军，2012）。在中国的组织间关系治理中，情感型关系取向具有互惠互利、减少摩擦以及加强良性互动的功能（庄贵军，2004）。工具型关系取向是短期的、基于一方利益的权利与经济交换关系（Su & Littlefield，2001）。情感型关系取向的组织间关系是建立在彼此信任的基础上，注重的是彼此间的情感连接。若组织一方感知到对方对自己的信任，并且是发自内心地来给自己提供帮忙或支持，出于道德和伦理考虑都会抑制机会主义行为。因此，情感型关系取向作为强大的内在化约束机制，其水平越高，组织间发生冲突的可能性就越低。同时与工具型关系取向的企业相比，情感型关系取向的企业遵循关系规范、履行承诺的效率要高于工具型关系取向企业的履行效率（Wong & Leung，2001）。

此外，由于人情、关系等隐性规范的约束，组织与组织之间的交往原则之一是"报"。"滴水之恩涌泉相报"反映出中国人情义混合的人情实践（沈毅，2007）。人情总是捆绑着对应的义务，两者在中国文化价值理论上呈现模糊化的倾向，"交情深""关系铁"导致彼此的互助义务嵌入越深。若对方对自身有恩，情感型关系取向的组织却做出有损对方利益的行为，自身会由于情义的"心理绑架"受到良心和道德的谴责。而工具型关系取向的组织之所以帮助对方是因为预期的回报。虽然中国人认为"情义无价"，但是情义是可以带来"利"的，而这种"利"又依赖于关系深浅、亲疏等人情要素。回报是情义中的义务连带，表达是回馈的心意而并非一般性的经济交换。"临时抱佛脚""急功近利"的人情投资不符合国人"人伦""礼数"的道德要求。单纯功利性的工具性关系取向，缺失了人情往来，违背了"由己及人"差序外推的"舍利取义"的本质过程，导致社会交往中的关系逐渐边缘化，"得报"也就无从谈起（沈毅，2007）。同时带有获利目的性的赤裸裸的关系投机造成合作方产生被利用的不适感，容易让组织间产生不信任感，进而不遵守甚至破坏关系规范，激发机会主义行为（庄贵军，2008）。基于以上分析，由此我们提出第二个假设：

假设2：关系取向对关系规范与组织间关系质量的关系具有调节作用。情感型关系取向增强了关系规范对组织间关系质量的正向作用，工具型关系取向削弱了关系规范对组织间关系质量的正向作用。

（三）嵌入性视角下的关系取向

关系规范对网络化组织中的关系绩效的影响在很大程度上是取决于关系的内容与性质（Rowley et al.，2000），这使嵌入性成为理解网络组织中关系的一个重要起点（Barden & Mitchell，2007）。因此，有必要反思和审视嵌入性的效果差异，否则社会网络学派的嵌入性就只是一句空话（Mouw，2003）。在关系嵌入层面，关系规范的作用有赖于关系的社会化程度即关系嵌入程度、内容和强度都影响关系规范自我履行与约束。Hoetker 和 Mellewigt（2005）发现，资源投入方式与绩效正相关，关系规范作用在知识资本投入中的作用更显著。Poppo 和 Zenger（2002）认为，交易预期程度低会削弱关系规范对关系绩效的正效应。而在结构嵌入层面上，资源依赖理论和合作成本分析理论认为组织间相关依赖深浅和对称性程度是影响关系取向作用的关键因素（李永峰，2014）。王颖和庄贵军（2010）认为，合同治理在离散型交易中更为有效，关系规范则更适用于长期交易。另外非对称关系导致优势方具有较大的议价空间和话语权，在关系规范制定和执行中获得更大的收益。因此，本书从嵌入视角出发，采用Sheppard等的研究按照组织间相互依赖程度以及交易深浅为标准，将组织间关系分为：浅度单向依赖、浅度双向依赖、深度单向依赖与深度双向依赖四种关系模式，来分析在这四种不同的企业关系模式下，关系取向的两个维度对关系规范影响机制的调节作用是如何产生的。

在浅度单向依赖关系中，一方对另一方的依赖更强，且交易规模小且不频繁。此类关系模式中组织的关系取向呈现出高工具、低情感型的特点。交易历史的缺失导致双方互信程度较低，可能存在强势方丧失核心知识和能力的风险，因而其往往遵循"以利交往"的原则，利用强权控制弱势方，追求自身利益的最大化，不必背负"人情"和"义务"的关系负债（Boist & Child，1996）。但是，由于工具型关系取向占据主导地位，使情感型关系取向的存在程度较低。因此随着情感型关系取向的不断提升，对于关系规范与关系质量影响的边际效应则存在较大的增长空间。弱势方投入情感既有可能会"一无所获"，也有可能"事半功倍"。在实际经营中，弱势方对强势方的信任会跟着机会主义行为的存在而降低（Kumar，Scheer and Steenkamp，1995），使弱势方渴望寻求外在的制约机制来保护自己在交易中的利益。因此具有外部机制保护的情感投入更可能受到良好的效果。

在浅度双向依赖关系中，交易双方对另一方都有一定程度的依赖，但是交易不频繁且规模也不大。与浅度单向关系相似，交易低频度使双方难以建立情感纽带，组织间的关系取向仍处于高工具型。但是由于组织间处于互依平衡状态，合作双方也会出于外部约束，利用情感手段维护双方关系。此时双方的情感投入会使两者由浅度合作关系逐步转向深度合作关系，在转型过程中情感型关系取向对于关系规范与关系质量具有正向的促进作用。

在深度单向依赖关系中，特点是交易一方对另一方的依赖更强，交易频繁且交易量大。处于弱势的一方对强势方具有深度依赖关系，强势一方可以利用弱势企业对自己的依赖作为制约，产生各种机会主义行为。弱势方由于强势方具有权力优势，并且出于沉淀成本和转换成本的考虑，解除这种脆弱性依赖关系对弱势方来说需要付出极大的代价（石乘齐和党兴华，2012；Czarnitzki & Hottenrott，2011）。因此大多数情况下，弱势方很难抗拒强势方的机会主义行为（Kim & Oh，2006）。在这种关系模式中，强势方的工具型成分与弱势方的情感型成分是共存的，这种心理距离的差距导致了双方在关系规范的认知和遵守上的偏差（Bhawuk，2001）。由于缺乏有效的制约机制，弱势方单纯的情感投入很难有效阻止强势方的机会主义行为，因而在该模式下关系取向起不到明显的作用。

深度双向依赖关系中，双方交易频繁且总量较大。交易的频繁性使双方形成了情感纽带，由于深度依赖关系使双方都注重关系的长期导向，也形成了两者的共同利益。因此，情感型成分大于工具型成分。情感型成分占主导，使双方都拿出足够的善意，形成共同的价值观和认知，积极建立两者之间的信任和承诺机制，减少各自的机会主义。但此时双方的感情处于深度稳定状态，因而一般性的情感投入难以获取有效的边际收益，此时情感型关系取向对于关系规范与关系质量的调节作用则会有所减缓。

　　基于上文对不同交易与依赖模式的分析，提出以下假设：

　　假设3：关系取向在关系规范与关系质量之间的调节作用在不同的交易与依赖模式下呈现出不同特征，在工具型成分占主导的模式中，情感型取向对关系规范与关系质量的正向促进作用更为明显；而在情感型成分占主导的模式中，情感型关系取向的作用则有所减弱。

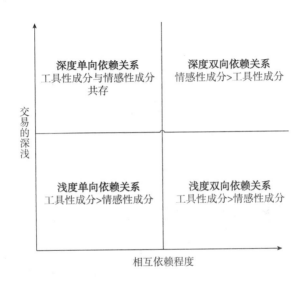

图6-1　不同关系模式下关系取向

三、研究设计

（一）变量界定

1. 解释变量

　　本书所研究的中国式关系规范与西方相比具有较大差异，突出表现为中国受到传统文化影响而形成的"隐性规范"。在情理合一的中国社会，受中庸和和谐等儒家思想的影响国人拒绝偏激的纯理性或非理性的思维与行为方式，而是希望在两者之间做出平衡和调和，为人处世中兼顾情与理（翟学伟，2004）。因此，本书主要通过人情、关系、面子三方面具体形式来体现。由于人情、关系和面子并非在关系规范的某一时点起到作用，而是整体嵌入中国式关系的全过程中，且三者在重要性上难分伯仲，因而本书对三者使用等权重的方法来对中国式的关系规范进行测度。

2. 被解释变量

借鉴 Dwyer、阮平南、伍志伟等学者的研究，以组织间关系绩效来反映企业的关系质量，分别从最小机会主义、关系满意度、关系持续性三个维度通过等权重的方式对组织间关系绩效进行测度。

3. 调节变量

本书借鉴 Su 和 Littlefield（2001）的研究，将关系取向划分为情感型关系取向和工具型关系取向。

4. 控制变量

为了更好地分析中国式的关系规范与关系质量的关系，本书选取了企业规模、企业性质、企业所属行业，以及高管的学历等因素作为控制变量。所有变量的概念与相关界定如表6-2所示。

表6-2　变量界定表

变量性质	变量名称	英文符号	界定方式与数据来源
被解释变量	组织间关系绩效	R_QUALITY	最小机会主义、关系满意度、关系持续性三者等权重测度
解释变量	人情	FAVOR	量表设计与问卷调查
	关系	RELATION	量表设计与问卷调查
	面子	FACE	量表设计与问卷调查
	中国式关系规范	NORM	人情、关系和面子三者等权重测度
调节变量	情感型关系取向	EMOTION	量表设计与问卷调查
	工具型关系取向	INSTRUMENT	量表设计与问卷调查
控制变量	企业性质	STATE	1 为国有企业；2 为民营企业
	企业规模	SIZE	Ln（企业职工总数＋1）
	企业行业	IND	按照证监会 2012 行业标准划分
	高管学历	EDUCATION	高中、本科、硕士、博士

（二）模型设计

本书设置如下模型对假设进行检验，其中模型（6－1）针对假设一分别从人情、关系和面子三方面以及整合而成的关系规范四个解释变量对组织间关系绩效进行检验；模型（6－2）、模型（6－3）针对假设二分别考察情感型和工具型关系取向对关系规范与关系质量的调节作用。

$$R_{QUALITY} = a_1 + a_2 NORM（FAVOR、RELATION、FACE）+ a_3 SIZE + a_4 STATE +$$
$$a_5 IND + a_6 EDUCATION + \varepsilon \qquad (6-1)$$

$$R_{QUALITY} = a_1 + a_2 NORM + a_3 EMOTION + a_4 NORM \times EMOTION + a_5 SIZE +$$
$$a_6 STATE + a_7 IND + a_8 EDUCATION + \varepsilon \qquad (6-2)$$

$$R_{QUALITY} = a_1 + a_2 NORM + a_3 INSTRUMENT + a_4 NORM \times INSTRUMENT +$$
$$a_5 SIZE + a_6 STATE + a_7 IND + a_8 EDUCATION + \varepsilon \qquad (6-3)$$

（三）问卷设计与数据采集

本书研究的主要变量，在企业内部信息和对外披露的年度报告中多数鲜有涉及，特别是关系规范、关系质量以及关系取向三者均为定性类指标，需通过问卷调查的方式进行相关数据的采集。问卷的设计基于国内外文献，经过团队讨论、深度访谈以及预测试等环节反复修改而成，最终的问卷共包含两部分内容：第一部分采用李克特五点量表分别对人情、关系、面子、最小机会主义、关系满意度、关系持续性、性感情关系取向以及工具型关系取向等内容进行了调查分析；第二部分主要是对企业基本信息以及高管基本信息的调查，其中本书调查的高管主要是对企业日常活动起决定性作用的总经理。考虑到操作的可行性以及数据的准确性，我们采用了一个方便样本，选择山东、天津、河北和北京共 200 家企业进行问卷发放，通过对回收的问卷进行完整度分析、前后回答是否存在矛盾的一致性检验，最终得到的有效问卷共 180 份。使用 SPSS20.0 和 AMOS7.0 对收回问卷数据进行分析，对来自山东、北京、河北以及天津的不同来源样本进行 t 检验，发现不同地区样本间无显著性差异，可以合并分析；又对 20 份无效问卷和 180 份有效问卷进行了 t 检验，结果显示非回应性偏差不显著；此外采用 Harman 单因子检验，没有发现能解释所有测量指标大部分方差的主导单因子，因此不存在明显的共同方法偏差问题。

我们分别采用克朗巴哈系数、探索性因子分析以及验证性因子分析的方法对问卷信度与效度进行检验。对于因子载荷小于 0.4，且相关系数显著较小的题项进行剔除，最终得到信度效度检验结果如表6-3所示。

表6-3 信度效度检验表

变量	测量条目	因子载荷	T值	克朗巴哈	组合信度	AVE
人情	与合作伙伴相互理解对方的价值观和目标	0.63	6.24	0.78	0.86	0.78
	与合作伙伴相互了解彼此的感受	0.65	6.53			
	共同信奉"滴水之恩当涌泉相报"的座右铭	0.63	6.91			
关系	重视以关系为中心、以整体为中心	0.65	6.49	0.76	0.77	0.73
	认为与合作伙伴之间的关系就是一种资源	0.68	6.57			
	信奉以和为贵，避免冲突，给对方以好的印象	0.61	7.15			
面子	合作伙伴对贵公司的评价对你来说很重要	0.65	7.96	0.78	0.77	0.90
	帮助伙伴可以让你有一种提高威望的感觉	0.73	6.45			
	即便不太情愿，也不直接回绝合作伙伴的请求	0.63	7.80			
最小机会主意	很少为了自己的利益而隐瞒一些信息	0.62	6.92	0.78	0.85	0.76
	很少会为了自己利益而违反已达成的协议	0.74	6.78			
	很少会利用协议中的漏洞来牟取利益	0.70	5.96			
关系满意度	与合作伙伴的合作关系实现了预期目标	0.70	7.40	0.79	0.83	0.74
	与合作伙伴的合作关系节约了运营成本	0.65	7.57			
	合作关系使贵公司获得了一定的竞争优势	0.66	6.48			
关系持续性	与伙伴保持长期关系从经济上来说是可行的	0.64	6.20	0.79	0.88	0.80
	预期贵公司与对方的合作还将持续较长时间	0.74	7.37			
	贵公司愿意继续这种合作关系并将追加投入	0.68	6.82			
情感型关系取向	贵公司是真诚的尊重合作伙伴，而不是在敷衍	0.61	9.92	0.76	0.87	0.76
	贵公司将尽最大努力帮助合作伙伴	0.71	9.23			
	双方出现纠纷时，贵公司会选择主动承担责任	0.65	7.51			
	合作伙伴与贵公司有共同的目标和发展理念	0.70	7.02			

续表

变量	测量条目	因子载荷	T值	克朗巴哈	组合信度	AVE
工具型关系取向	伙伴和贵企业来往是为了达到某些利益目标	0.65	5.82	0.74	0.91	0.82
	除非有好处，否则伙伴不会为你提供额外帮助	0.73	5.38			
	提供帮助或恩惠，是为了让获取更大的回报	0.63	6.63			
	伙伴为获取利润可能损害到贵公司的利益	0.71	6.49			

模型拟合度指数：$X^2 = 19.634$. df = 17 p = 0.000. TLI = 0.992. CFI = 0.995. RMSEA = 0.029，P < 0.01 时，t 值显著

从表 6-3 中可以看出，各因子的克朗巴哈系数均大于 0.7，组合效度范围从 0.77 到 0.91，问卷的整体信度可以通过检验；量表所有测项的标准化因子载荷系数大于 0.6，t 值都落入接受域内，因子的 AVE 值也都大于 0.5，这些结果显示了量表具有较好的聚合效度。最终我们对 180 份有效问卷的数据进行了采集与处理，并使用 Stata12.0 对数据进行了回归分析。

四、实证分析

（一）描述性统计

表 6-4 是对主要变量的描述性统计，并按照企业性质的不同进行了对比。可以看出，民营企业的关系质量为 2.62，略好于国有企业的关系质量 2.46；在关系规范方面，民营企业更加注重对关系和人情的运作，使其在关系规范整体上略高于国有企业；从关系取向来看，民营企业的情感型关系取向要高于国有企业。这些数据反映出国有企业在与合作伙伴的相处中往往处于优势地位，无须通过大量的情感投入来获取稳定的资源和收益。而在"讲人情"方面，不同性质企业没有差异，这表明国有企业同样受到我国传统文化的影响，在人情方面履行着中国式的关系。此外，国有企业在规模和高管的教育水平上均优于民营企业。

表6-4　描述性统计表

变量名	民营企业				国有企业			
	N	min	mean	max	N	min	mean	max
关系质量	77	1	2.62	5	103	1	2.46	5
关系规范	77	1	2.9	5	103	1	2.82	5
面子	77	1	3.48	5	103	1	3.34	5
关系	77	1	3.02	5	103	1	2.91	5
人情	77	1	2.21	5	103	1	2.21	5
情感型关系取向	77	1	3.85	5	103	1	3.69	5
工具型关系取向	77	1	3.38	5	103	1	3.34	5
企业规模	77	1	2.04	4	103	1	2.74	4
教育水平	77	1	2.03	4	103	1	2.43	4

（二）中国式关系规范与关系质量的检验

表6-5是对中国式关系规范与关系质量的检验结果。从分组结果来看，无论是国有企业还是民营企业，关系规范与关系质量均在1%水平上显著正相关。同时，从中国式关系的不同维度来看，无论是面子、关系还是人情也都与关系质量呈显著的正相关，但三者相关系数的大小逐渐减弱，表现为"面子＞关系＞人情"。这说明中国式的关系规范能显著提升组织间的关系质量，假设1得以验证。

表6-5　关系规范与关系质量分析表

变量名	国企组（组织间关系质量）				民营组（组织间关系质量）			
	模型1	模型2	模型3	模型4	模型1	模型2	模型3	模型4
关系规范	0.62***				0.94***			
	(8.54)				(8.28)			
面子		0.54***				0.81***		
		(9.50)				(8.59)		
关系			0.46***				0.71***	
			(6.66)				(6.77)	
人情				0.41***				0.46***
				(6.18)				(3.56)

续表

变量名	国企组（组织间关系质量）				民营组（组织间关系质量）			
	模型1	模型2	模型3	模型4	模型1	模型2	模型3	模型4
企业规模	0.06	0.04	0.05	0.09*	-0.03	0.01	-0.11*	-0.04
	(1.49)	(0.95)	(1.32)	(1.89)	(-0.77)	(0.25)	(-1.82)	(-0.48)
教育水平	0.08	0.00	0.03	0.07	-0.03	-0.06	-0.01	-0.05
	(0.95)	(0.01)	(0.29)	(0.78)	(-0.36)	(-0.81)	(-0.16)	(-0.41)
常数项	0.58*	0.68**	1.13***	1.39***	0.07	-0.07	0.79	2.00***
	(1.74)	(2.31)	(3.06)	(4.73)	(0.13)	(-0.14)	(1.65)	(3.87)
N	103	103	103	103	77	77	77	77
adj. R2	0.46	0.47	0.31	0.25	0.69	0.68	0.54	0.21
F	10.71	11.91	7.37	5.40	11.58	11.06	6.57	2.27
p	0.000	0.000	0.000	0.000	0.00	0.00	0.00	0.03

注：*表示 $p < 0.1$，**表示 $p < 0.05$，***表示 $p < 0.01$。

（三）关系取向的调节作用

表6-6是关系取向对关系规范与关系质量的调节作用结果。可以看出，情感型关系取向在10%水平上能显著正向促进关系规范对关系质量的作用；而工具型关系取向虽然也呈现出正向调节作用，但并不显著。这说明在我国当前环境下，企业通过情感的投入来建立长期信任、互惠合作关系，有利于中国式的关系规范发挥出更好的效果。而出于功利主义考虑的工具型关系取向，会使企业与合作伙伴之间的关系渐行疏远，对于进一步提升中国式关系的作用实际影响不显著。

表6-6 关系取向调节作用表

变量名称	模型1	模型2	模型3	模型4
关系规范	0.527***	0.534***	0.663***	0.670***
	(7.76)	(7.76)	(11.85)	(12.10)
情感型关系取向	0.193***	0.193***		
	(3.64)	(3.70)		
关系规范×情感型关系取向		0.069*		
		(1.73)		

变量名称	模型1	模型2	模型3	模型4
工具型关系取向			0.082**	0.062
			(2.07)	(1.58)
关系规范×工具型关系取向				0.068
				(1.37)
企业规模	0.025	0.022	0.035	0.033
	(1.08)	(0.93)	(1.41)	(1.34)
教育水平	0.036	0.036	0.038	0.042
	(0.78)	(0.80)	(0.80)	(0.89)
常数项	0.316	0.285	0.343	0.382
	(1.21)	(1.08)	(1.31)	(1.44)
N	180	180	180	180
adj. R2	0.551	0.554	0.520	0.523
F	17.89	16.88	15.94	15.02
p	0.00	0.00	0.00	0.00

注：$*$表示 $p < 0.1$，$**$表示 $p < 0.05$，$***$表示 $p < 0.01$。

（四）不同关系模式下关系取向的调节作用

由上文所述，企业间关系的模式按照相互依赖程度以及交易的深浅为标准，共分为浅度单向依赖、浅度双向依赖、深度单向依赖与深度双向依赖四种。其中除了深度单向依赖模式下工具型与情感型关系取向重要性相同之外，在其他模式中均存在某种关系取向的主导模式。因此，我们以情感型和工具型关系取向的中位数作为分割标准，当情感型取向 > 工具型取向时，此时处于情感主导情境；反之则为工具主导情境。由上文检验发现工具型关系取向的正向调节作用不显著，因此该部分侧重于检验情感型关系取向调节作用的差异。从表6 - 7来看，在情感占主导的模式中，情感型取向的正向调节作用并不显著；而在工具占主导的模式中，情感型的取向在1%水平上促进关系规范与关系质量的正向关系，假设3得以验证。这说明在双方的浅度关系中，无论是单向依赖还是双向依赖，加大情感投入均会产生显著的积极效果；而在深度双向依赖中，情感的投入带来的边际收益并不十分明显。

表 6 – 7 不同情境下的实证检验

	情感取向占主导		工具取向占主导	
	模型 1	模型 2	模型 3	模型 4
关系规范	0.416***	0.411***	0.645***	0.681***
	(3.96)	(3.67)	(6.61)	(7.37)
情感型关系取向	0.166**	0.163*	0.188**	0.178**
	(2.09)	(1.89)	(2.42)	(2.38)
关系规范×情感型关系取向		0.017		0.090***
		(0.11)		(2.83)
企业规模	0.036	0.035	0.023	0.018
	(1.04)	(1.01)	(0.82)	(0.67)
教育水平	− 0.067	− 0.067	0.070	0.076
	(− 0.94)	(− 0.92)	(1.11)	(1.20)
常数项	1.084**	1.104**	− 0.174	− 0.264
	(2.13)	(2.02)	(− 0.62)	(− 0.95)
N	92	92	88	88
adj. R2	0.437	0.429	0.674	0.681
F	6.42	5.89	29.295	40.564
p	0.00	0.00	0.00	0.00

注：*表示 $p < 0.1$，**表示 $p < 0.05$，***表示 $p < 0.01$。

五、研究结果讨论与结论

（一）研究结果讨论与研究结论

首先，区别于西方社会那种泾渭分明的团体格局，中国社会关系体现出由己外推的"差序格局"。这种界限模糊且具有较强伸缩性与情境性的社会关系模式形成了"我中有你""你中有我"的以私人关系所构成的人伦关系网络（沈毅，2007）。这种社会关系差序性不仅仅是一种人伦模式，而更多地体现了一种对社会稀缺资源进行配置的模式和格局，同样也适用于指导商业合作中的关系运作

（孙立平，1996）。通过理论分析与数据检验，本书初步检验了以"关系、面子、人情"为主要特征的中国式关系规范对组织间关系质量的正向影响，并且研究发现以上三者的作用呈现出"面子＞关系＞人情"的差异。之所以出现以上差异在于面子既是心理建构也是能力建构（周美玲，1994），是与个人属性和社会身份依存有关的（Spencer – Oatey，2002）。互依身份理论认为指出那些顾忌他人感受和"给面子"的成员，不会被其他成员视作敌视和排斥的对象，容易形成较好的人缘成为圈子中的核心成员，在未来合作中被认为是顾全大局的优质成员而被尊重和举荐（Olekalans et al.，2008）。网络化组织中非契约式的合作方式体现出一种弹性和柔性化的合作方式，产权独立的各成员既为了既定目标而协同又需要保持相对的独立性，"讲面子"是对其经营管理自主性和能力的认可与认同（Lim，1994）。

之所以关系的作用小于面子在于本书所界定的关系指的是对关系的重视程度，体现的是中国人追求和谐的信念（庄贵军，2012）。这种"牺牲小我，成就大我"的价值观主要靠个人自律来实现，目的在于避免关系交往中的"无礼"而并不能直接提升关系绩效。

人情对关系质量改善的作用最小，原因可能与网络组织发展的所处的生命周期和治理方式有关。面子强调是正面评价，而人情则需要实质性的帮助，而且这种帮助并非是一次性对等的补偿。人情世故要求被帮助者在未来随时提供可以预期的回报，否则被视作背信弃义。人情可以被视作一种关系负债，欠人情总是要还的。随着网络组织范围扩大和节点增多，治理范式更应该偏向合同治理，而关系治理则作为补充。处处"讲人情"可能会与照章办事的合同治理相抵触，破坏了公平公正的合作基础，且不利于网络关系的良性发展。

其次，本书采用关系取向这一构念，考察了其对关系规范与组织间关系质量的调节作用。从本土化角度揭示了关系文化的中国组织对关系规范的理解与认知在何种条件下会产生变化，反映了中国的传统儒家思想以及"关系"文化对于组织间的管理具有重要影响。具体而言，关系取向对关系规范与关系质量具有调节作用，其中情感型关系取向正向调节二者的作用，而工具型关系取向的影响并不明显。李沛良（1993）提出了"工具性差序格局"，认为其是传统人伦式的社会关系向功利性社会关系的转变。关系交往中无论是个体还是组织都处于人伦之"义"与自我之"利"之间的矛盾中，"和谐"与"中庸"的思想要求人们在其中适中、适度、调和、平衡。中国人所崇尚的恩义要求即使"无利可图"也要尽量给予回报。在关系交往中处心积虑、斤斤计较，表现出一种"势利眼"或

"小家子气"的工具型取向是不符合在儒家人伦对"义"的价值要求的。儒家讲究的"人情"实践本质上是一种"义""利"交融的施报关系。个体并非利他主义下的"伦理本位"，也不是完全理性下的"利己主义"，而是通常采取一种先"义"后"利"、由"义"及"利"之委婉曲折的行为方式，体现着由"无我"到"有我"，"牺牲自我"以求达到"成就自我"的阴阳思维。

最后，在浅度单向和浅度双向依赖模式下，情感型关系取向对关系规范与关系质量的正向促进作用更为明显，而在深度依赖模式下，情感的投入带来的收益并不十分可观。

之所以存在以上的调节差异，主要原因在于互信关系。在浅度依赖关系中，合作企业面临的是交易频率和质量的松散交易模式，由于存在事前机会主义的逆向选择和其他合作方的可替代选择，造成双方合作缺乏必需的信任基础，即使背信弃义其所受到的集体惩罚也很微弱，这就为情感投入留有空间。根据社会渗透理论和吸引理论，企业可以通过情感型关系取向的表达向合作方传递己方可靠可信的信息，由"生人"向"熟人"关系过渡，通过"情感关怀""礼尚往来"等感情投入将这种合作关系固定并深入。而在深度依赖环境下，长期的互惠与交往使得双方互信程度加深，商业合作中的利益均沾实现双赢，双方合作的意愿更强（李永峰，2014）。此时一般的情感投入并不能起作用，需要的是"雪中送炭"而非"锦上添花"。

（二）理论及实践意义

本书主要关注关系规范和组织间关系质量的作用、关系取向的调节影响，以及上述关系在不同模式下的差异，不仅丰富了相关领域研究的经验证据，并在此基础上有了进一步的理论发现：①我们从中国文化情境下，用中国企业样本实证检验验证了关系规范对组织间关系质量的正向关系。不仅印证了早期西方学者提出的理论，也为在中国文化情境下，更好地处理组织间关系，提高组织关系绩效提供了直接的经验支持，有利于更全面、更合理地处理组织间关系问题。②本书发现不同性质企业在中国式的关系规范上具有一定差异，表现为民营企业在面子和关系的投入力度上要强于国有企业，同时情感型关系取向也更为突出，这说明国有企业大多处于交易的优势方，对于情感的投入往往有所忽略。③本书采用关系取向这一构念，考察了这一构念对关系规范与组织间关系质量的调节作用。从本土化角度揭示了关系文化的中国组织对关系规范的理解与认知在何种条件下会产生变化，揭示了中国的传统儒家思想以及"关系"文化对于组织间的管理的影响机制，为处理组织间关系增加了新的实证经验和理论基础。④本书识别出了情感型关系取向和工具型关系取向对关系规范的作用效果产生了不同的影响，因此，有助于组织间处理网络关系过程中更全面地把握各组织的关系动机，提前识别合作伙伴的关系动机。这既有利于增强高情感带来的积极效果，也有利于减少由于工具型关系取向对组织带来的机会主义以及"敲竹杠"等不利影响。

（三）研究的局限性与对后续研究的建议

本书也存在一定的局限：①在样本选取的过程中，没有严格按照抽样原则选取企业，而是仅仅局限于天津、山东、河北等地的目标企业进行数据抽样，因此研究结果对其他地区不同行业组织的普适性还有待于进一步验证。②由于问卷调查获取的只是一个截面数据，构建的模型难以反映关系规范的动态演化过程，如何获取高质量的跨期数据进行纵向研究，进一步剖析关系规范与组织间关系质量之间的关系是今后努力的方向。

本章参考文献

［1］Achrol, Ravi S. 1 ; Gundlach, Gregory T. Legal and social safeguards against opportunism in exchange［J］. Journal of Retailing, 1999 75（1）：107 - 124.

［2］Cannon, Joseph P. 1 ; Achrol, Ravi S. 2 ; Gundlach, Gregory T. Contracts, Norms, and Plural Form Governance［J］. Journal of the Academy of Marketing Science. Spring, 2000, 28（2）：180 - 194.

［3］Claro D P, Hagelaar G, Omta O. The determinants of relational governance and performance：How to manage business relationships?［J］. Industrial Marketing Management, 2003, 32：703 - 716.

［4］Granovetter M. The strength of weak ties［J］. American Journal of Sociology, 1973, 78：1360 - 1380.

［5］Gulati R. Network location and learning：The influence of network resources and firm capability on alliance formation［J］. Strategic Management Journal, 1999, 20：397 - 420.

［6］Hamel G. Competition for competence and inter - partner learning within international strategic alliances［J］. Strategic Management Journal, 1991, 12：83 - 103.

［7］Haugland, Sven A. Factors Influencing the Duration of International Buyer -

Seller Relationships [J]. Journal of Business Research, 1999 46 (3): 273 – 280.

[8] Hennart J F. A transaction costs theory of equity joint ventures [J]. Strategic Management Journal, 1988, 9 (4): 361 – 374.

[9] Holmlund, M. A Definition, Model, and Empirical Analysis of Business – to – Business Relationship Quality [J]. International Journal of Service Industry Management, 2008, 19 (1): 32 – 62.

[10] Ireland R, Hill M. Alliance management as a source of competitive advantage [J]. Journal of Management, 2002, 28 (3): 413 – 446.

[11] Jap, Sandy D. ; Anderson, Erin Safeguarding Interorganizational Performance and Continuity Under Ex Post Opportunism [J]. Management Science, 2003, 49 (12): 1684 – 1701.

[12] Jeffries, Frank L. ; Re ed, Richard trust and adaptation in relational contracting [J]. Academy of Management Review, 2000, 25 (4): 873 – 882.

[13] Joseph P C, WILLIAM. Buyer – seller relationships in business markets [J]. Journal of Marketing Research, 1999, 36 (4): 439 – 460.

[14] Joseph P, Ravi S, Gregoryt. Contracts, norms, and plural forms governance [J]. Academy of Marketing Science Journal, 2000, 28 (2): 180 – 194.

[15] Kogut B. Joint ventures: Theoretical and empirical perspectives [J]. Strategic Management Journal, 1988, 9 (4): 319 – 332.

[16] McCutcheon, David ; Stuart, F. Ian Issues in the choice of supplier alliance partners [J]. Journal of Operations Management, 2000, 18 (3): 279 – 301.

[17] Morgan H. The Commitment – Trust theory of relationship marketing [J]. Journal of Marketing, 1994, 58 (7): 20 – 39.

[18] Oshi A W, Stump R L. The Contingent effect of specific asset investments on joint action in manufacturer – supplier relationships: An empirical test of the moderating role of reciprocal asset investments [J]. Uncertainty, and Trust, Academy of Marketing Science Journal, 1999, 27 (3): 291 – 304.

[19] Su, Chenting ; Littlefield, James E. Entering Guanxi: A Business Ethical Dilemma in Mainland China? [J]. Journal of Business Ethics, 2001, 33 (3): 199 – 210.

[20] Ting – Toomey S. The matrix of face: An updated face – negotiation theory [M] //Gudykunst W B. Theorizing about intercultural communication. London: Sage,

2005：71 - 92.

［21］Wang C. L. , Siu N. Y. M. , Barnes B. R. The Significance of Trust and Ren qing in the Long – term Orientation of Chinese Business – to – Business Relationships［J］. Industrial Marketing Management, 2008, 37 (4)：819 - 824.

［22］Wuyts & Inge Geyskens. The Formation of Buyer – Supplier Relationships：Detailed Contract Drafting and Close Partner Selection［J］. Journal of Marketing, 2005, 69 (4)：103 - 117.

［23］Yau O. H. M. , Mc Fetridge P. R, Chow R. P. M. , et al. Is Relationship Marketing for Everyone?［J］. European Journal of Marketing, 2000, 34 (9/10)：1111 - 1127.

［24］Zaheer A, Venkatraman N. Relational governance asan interorganizational strategy：An empirical test of the role of trust in economic exchange［J］. Strategic Management Journal, 1995, 16：373 - 392.

［25］Macneil. 新社会契约论［M］. 雷西宁, 潘勤, 译. 北京：中国政法大学出版社, 2004.

［26］费孝通. 乡土中国生育制度［M］. 北京：北京大学出版社, 1998.

［27］高维和, 陈信康, 江晓东. 声誉、心理契约与企业间关系：基于在华外资企业采购视角的研究［J］. 管理世界, 2009 (8)：102 - 112.

［28］高维和, 黄沛, 王震国. 资产专用性、渠道异质性与渠道投机行为：基于中国汽车企业的实证［J］. 财贸研究, 2006 (4)：102 - 109.

［29］何梦笔. 中国产业文化的组成特点：地区团体主义与家族主义［J］. 农村经济与社会, 1993, 6：5 - 15 +32.

［30］李雪灵, 马文杰, 于晓宇, 董保宝. 中国新企业社会关系的特征与演化：情感型关系和工具型关系［J］. 吉林大学社会科学学报, 2013, 53 (1)：124 - 131.

［31］梁漱溪. 中国文化的要义［M］. 上海：学林出版社, 1985.

［32］刘艳菊. 非正式组织中个体间的关系对隐性知识共享影响的实证研究［D］. 西安：西安电子科技大学博士学位论文, 2011.

［33］卢政营, 蔡双立, 余弦. 结构洞探寻、网络生产与网络福利剩余——企业网络化成长的跨案例经验解析［J］. 财贸研究, 2013, 1：131 - 139.

［34］彭泗清. 信任的建立机制：关系运作与法制手段［J］. 社会学研究, 1999 (2)：53 - 66.

［35］任星耀，朱建宇，钱丽萍等．渠道中不同机会主义的管理：合同的双维度与关系规范的作用研究［J］．南开管理评论，2012，15（3）．

［36］王立磊，张剑渝，胥兴安．感知供应商"关系"取向对分销商机会主义行为的影响——治理策略的调节作用［J］．商业经济与管理，2015，6：25－37．

［37］王琴．基于价值网络重构的企业商业模式创新［J］．中国工业经济2011，1：79－88．

［38］武志伟，茅宁，陈莹．企业间合作绩效影响机制的实证研究［J］．管理世界，2005（9）：99－106．

［39］杨光飞．关系治理：华人家族企业内部治理的新假设［J］．经济问题探索，2009，9：81－85．

［40］杨国枢，黄光国．中国人的心理与行为（一九八九）［C］．台北：桂冠图书公司，1991．

［41］张钰，刘益，杨伟．供应商影响战略与分销商机会主义——分销商关系承诺的调节作用研究［J］．2013，26（5）：50－62．

［42］周茵，庄贵军，崔晓明．营销渠道中的渠道关系、权力使用与投机行为［J］．商业经济与管理，2011（3）：91－97．

第七章　关系冲突、修复方式与
合作意愿

——认知机制的中介作用

一、问题提出

中小企业网络化成长中与其他伙伴形成竞争、合作协作、竞合等多元复合关系，组织间冲突则伴随着协作而生（Tidstrom，2009）。如何协调中小企业的危机管理至关重要。关系修复是冲突协调的有效方式，修复方式的选择对于关系的冲突管理具有重要的影响。那么，道歉等口头修复方式是如何修复关系的？实质性修复方式又能如何修复冲突关系呢？

不少学者已经对冲突修复进行研究，并探讨了不同的冲突修复方式，包括口头修复方式（Verbal Response）和实质性修复（Substantial Strategies）两种。口头修复方式是指通过解释、道歉等口头反应来表达忏悔，改变自身缺陷，并承诺未来行为合规性的一种关系修复手段（Tomlinson et al.，2004；De Cremer et al.，2011；Ferrin & Kim et al.，2007）。实质性修复方式包括提供补偿和设立约束机制两种方式，补偿是指对受害方提供金钱或具有金钱价值的物品作为补偿的一种常见的关系修复手段，包括对技术、资金、市场、人力、财务等资源的补偿（P. Desmet et al.，2011）。约束机制（Regulation）是指各种控制措施，如公众声誉、政策、程序、监督、抵押等（Tomlinson & Mayer，2009）。

对于口头修复方式而言，一些学者认为口头修复方式能够减轻不满、不公、报复等消极情绪，得到宽恕（Ren & Gray；2009），有利于关系修复。然而，其他研究表明解释等口头修复方式是一种对行为的否认与辩解（Tomlinson et al.，2004），是"廉价谈判"（Cheap Talk），是一种策略性的反应，并不能有效地修复冲突（De Cremer，2010）。那么，是什么原因造成这样的相反结论？口头修复方式到底是如何修复冲突关系的？

同样，对于实质性修复方式而言，社会交换理论也认为，人一切行为是由自利性所趋势的，即冲突发生后，受害方是否合作取决于合作关系带来的利益与损失的判断。如果违规方的实质性补偿足以弥补冲突带来的损失，那么受害方倾向于继续合作。然而，Amy 等（1999）研究发现，对过程冲突而言，实质性修复方式却不能修复关系。在现实中，当面子遭到威胁时，宁要"面子"，不要"里子"，崇尚"士可杀不可辱"的理念。那么，是什么原因造成这样的相反结论？实质性修复方式到底是如何修复冲突关系的？

因此，本书的研究问题包括：①研究口头修复方式是如何修复关系冲突的。②研究实质性修复方式是如何修复关系冲突的。

二、文献回顾

冲突是当事一方感受到对方损害了或者打算损害自己利益时所开始的一个过程（Thomas，1992），在这个过程中一方感知到自己的利益会受到另一方的消极影响（Wall & Canister，1995），这种消极影响威胁到关系满意度，引起关系破裂。因此，本书把冲突修复定义为：冲突修复是指冲突一方为降低冲突成本、消除冲突的消极影响、恢复双方关系满意度和继续合作而采取的一系列冲突修复行为。

（一）修复方式

现有学者已经研究了不同修复方式的适用条件，认为修复效果依赖于所选择的修复修复类型与冲突类型是否匹配（Fehr & Gelfand，2010）。Ren 和 Gray（2009）基于冲突所破坏的类型将其划分为控制违背（Control Violation）和身份违背（Identity Violation）。控制违背与目标受阻有关，破坏公平原则；身份违背与脸面有关，威胁到自尊。他们认为，实质性修复方式对于控制违背比身份违背更重要，而道歉等口头修复方式正相反。基于社会交换理论和公平理论，Amy 等

(1999）认为，冲突造成了一方的经济性损失或者符号性损失，经济性损失主要是指经济资源的损失，如金钱、技术和市场等损失；而社会性损失是指精神性和社会性资源的损失，比如自尊、情感和面子等损失。他们依据损失类型把冲突划分为过程冲突（Process Violation）和结果冲突（Outcome Violation），即结果损失涉及经济性损失，过程冲突涉及社会性资源的损失。冲突修复就是为了弥补相应的损失而采取的对应修复修复，因此，针对结果冲突，实质性修复方式效果更加明显，针对过程冲突，口头修复方式效果更加明显（Amy 等，1999）。

有不少学者认为修复的效果依赖于所选择的修复与盛行的文化的匹配性。Fehr 和 Gelfand （2010）从文化角度把受害方划分为集体型自我构念占主导（Collective Self - control）和独立型自我构念占主导（Independent Self - control）两种类型，研究结果发现，集体型自我构念占主导的受害方更加容易接受道歉等口头修复方式，而独立型自我构念占主导的受害方更关注实质性修复方式。Ren 和 Gray （2009）研究结果也证实了这一结论，认为对集体主义者而言，口头修复方式足以修复冲突，而对于个人主义者而言，实质性修复方式才能够修复冲突。

然而，这些研究只是证实了不同修复的适用条件，既没有说明修复方式是如何修复冲突关系，也没有说明对于同一种修复方式，为什么会出现不同的修复结果。

（二）认知机制（Cognitive Mechanism）

冲突修复就是采取行动来克服消极影响，恢复双方关系满意度，进而增强合作意愿。归因理论认为，减少消极情绪，增加积极情绪是一个归因的过程，是一方通过观察对方的言行举止来搜集信息，形成自己的认知，并采取行动的过程（Ferrin & Dirks，2003）。从这个角度来看，当违规方发生违规行为时，受害方形成倾向于负面归因，形成对违规方未来行为的负面期望，会重审双方继续合作的必要性。修复冲突关系意味着在违规行为发生后，尝试增加受害方的积极认知，消除负面认知，进而修复双方关系。

Heider （1958）提出修复关系的两种因素：个体因素和情景因素（Dispositional and Situational Forces），基于这两种因素，Dirk 等学者 （2011）提出了两种感知机制：感知到的忏悔（Perceived Repentance）和感知到的防范（Perceived Prevention）。前者强调违背方内在认知的改变，是指通过改正违规方自身缺陷以增强信任，进而修复关系，其优势在于关注违规的潜在原因（如违规方的价值观或能力），后者强调外部情景条件，是指通过设置外部条件以限制违规方非合规行为，进而修复关系，其优势在于直接关注非合规行为。

个体因素基于假设：受害方在负面事件之后会进行个体判断，个体判断对合作意愿具有很大的影响。为了修正负面归因，违规方应该承认，他们过去的行为是不可接受的，并承诺违规行为不会重复（Lewicki & Bunker，1996）。违规方可以口头沟通，例如通过道歉（Kim et al.，2004；Schweitzer et al.，2006）。Bottom 等（2002）研究发现该方式表现出悔恨之意，并承诺未来不会再次违规，将有助于恢复双方之间的合作关系。

个体因素的逻辑表明，违规方通过一系列的修复方式，引起受害人感知到的悔恨，也就是说，受害方相信违规方的悔意，并相信其未来不会再次违规，以改正自身错误。这使得受害方对未来合规行为的期盼，并接受其悔意，继续合作。因此，我们认为，口头修复方式能够增强感知到的悔恨，有利于关系的修复。

对于情景因素而言，现有研究主要集中于工程领域，主要通过增加对未来合规行为的保证，并限制非合规行为，以提高受害者对未来的积极期望。Sitkin 和 Roth（1993）提出，当存在违规行为时，各种约束机制（如政策、程序、合同、监测）可以有效地恢复关系。例如，他们指出，如果雇员表现出不能有效地执行工作，并且导致缺乏信任，那么可以实施政策或程序，以保证该雇员将有效工作，从而恢复信任。Nakayachi 和 Watabe（2005）实证研究表明监视和制裁有助于在违约后恢复信任。此外，在组织层面的失败的工作中，Gillespie 和 Dietz（2009）认为"规制"（Regulation）是修复组织信任的重要方法，可以通过采取行动以避免未来的违规行为。Slovic（1993）报告的调查结果表明，为了增加对核电厂信任，最有效的策略是建立一个监测系统和限制电厂运行力系统。

从情境因素的逻辑来看，情境力量能够引起受害方对未来非合规行为的感知到的防范。现有研究将这两者联系在一起：①信任是一方对另一方未来行为或者意图的积极期望，并愿意接受对方；②感知到的防范直接影响对个人行为的积极期望。如上分析，监控和控制通过确保合规行为进而影响信任，修复关系（Kramer & Lewicki，2010；Sitkin & Roth，1993）。因此，感知到的防范能够直接引起受害方的信任意图和行为（McKnight，Cummings & Chervany，1998）。据此，本书认为，实质性修复方式能够增强感知到的防范，有效地修复关系。

本书认为：①口头修复方式通过增强对方感知到的悔恨，进而修复冲突关系。受害方感知到对方忏悔，减轻消极情绪，修复冲突。如果对方感知不到忏悔，口头修复方式就被认为是一种对行为的否认与辩解，是一种策略性的反应，不仅不利于关系修复，有可能进一步加速关系的恶化。②实质性修复方式通过增强对方感知到的防范，进而修复冲突关系。一方面，违规方增强技术、资金、市场、人力、财务等专项投资，增强违约的沉没成本；另一方面，建立起一种双方都不愿违背的、相互牵制的"自我强制协议"，增加违约成本。通过这两方面来增强受害方的感知到的防范，进而修复关系。

因此，本书的研究目标包括：①研究口头修复方式是如何通过增强感知到的悔恨，进而修复关系冲突。②研究实质性修复方式是如何通过增强感知到的防范，进而修复关系冲突。

三、模型设计与假设提出

（一）口头修复方式与合作意愿

口头修复方式是指通过解释、道歉等口头反应来表达忏悔，并承诺未来行为合规性的一种关系修复手段（Tomlinson et al. , 2004；De Cremer et al. , 2011；Ferrin & Kim et al. , 2007；Schweitzer et al. , 2006）。

Ren 和 Gray（2009）基于社会学观点认为，组织间的冲突行为不仅破坏了组织合作的秩序，而且挑战了双方的相对位置以及统辖关系的规范，因此导致组织合作秩序的失衡。关系冲突的修复，需要通过恢复双方的相对位置来恢复秩序平衡，通过关系合作的规范重新确定关系合作的秩序。关系修复方式可选择道歉和承诺等方式（Hareli & Eisikovits，2006；Ferrin & Kim et al. , 2007）通过表达社会情绪来有效恢复社会秩序，该研究认为，冲突的发生使受害方处于弱势方的位置，通过道歉等口头修复方式可以表明违规方已经意识到自己的行为破坏了关系合作规范，并承诺未来坚守行为的合规性。道歉等口头修复方式能够降低违背方地位、恢复社会秩序平衡，其对关系修复效果的研究为该过程提供了间接的实证证据（Okimoto & Tyler，2007；Cooper & Dirks，2007）。

归因理论认为，受害方会根据冲突行为对违规方做出推断（即判定违规方是否值得继续交往的），进而决定是否继续合作，据此，本书认为，冲突关系的修复可以通过口头修复方式管理归因，干预认知，影响合作行动的选择（卢东和Samart Powpaka，2010）。归因过程包括冲突诱因溯源、可控性、稳定性三个方面

（Tomlinson & Mayer，2009），诱因溯源是要找到引发冲突的根源，归己因、归他因，还是归环境因，或者无因。可控性和稳定性是指冲突的类型，可控性是指冲突的发生是否为违规方所控，稳定性是指冲突的发生是否稳定，未来是否还会再次发生。从责任大小的角度来看，把冲突行为归因为外因、不可控且可变的，能减轻违规方的责任（Schlenker & Pontari et al.，2001），此冲突归因方式有利于减轻不满、不公、报复等消极情绪，宽恕违规行为。而从改正的可能性（或再次发生的风险）来看，把冲突行为归类为可控且可变类型，更有利于冲突修复。

据此，提出假设：

H1：当冲突发生时，口头修复方式中不同的冲突归因对冲突关系的修复产生不同效应。

（二）感知到悔恨的中介作用

感知到的悔恨（Perceived Repentance）指使受害方感知到违规方对自己行为的悔恨，并使其相信未来行为的合规性（Dirks et al.，2011）。Kim 等（2004）认为通过道歉等口头反应来承认过去的违规行为，改正自身缺陷，同时承诺未来不会再次发生类似的违规行为（Lewicki & Bunker，1996），能够消除负面认知，表现自己的悔恨意识并承担责任的主动性，这种感知到的悔恨对于成功修复冲突是很重要的（Wenzel & Okimoto et al.，2008）。

口头修复方式是通过传达忏悔，改变自身的缺陷，使受害方相信违规方未来行为的合规性（De Cremer et al.，2011；Ferrin & Kim et al.，2007），这种可信性将决定合作与否（姚琦等，2012）。如果口头修复方式并不能达到修复冲突的效果，说明受害方无法认知对方的悔恨，口头修复方式被怀疑是"廉价谈判"（Cheap Talk），是对社会压力的一种反应，甚至是策略性的（De Cremer，2010）。此时，口头修复方式就会被认为是一种对行为的否认与辩解（Tomlinson et al.，2004），不利于关系修复。

相反，如果受害方感知到违规方的诚意，相信其悔意，增强对未来继续合作的期待。此时，口头修复方式就能够减轻不满、不公、报复等消极情绪，得到宽恕（Riordan，Marlin & Kellogg，1983），有利于关系修复。

因此，口头修复方式是指通过解释、道歉等口头反应来表达忏悔，增强受害方感知到的忏悔，减轻消极情绪，进而修复冲突。据此，提出假设：

H2：通过增强对方感知到的悔恨，口头修复对冲突关系修复效果更好，感知到的悔恨在口头修复方式与合作意愿之间起中介作用。

（三）实质性修复方式与合作意愿

实质性修复方式包括提供补偿和设立约束机制两种方式，补偿是指对受害方提供金钱或具有金钱价值的物品作为补偿的一种常见的关系修复手段，包括对技术、资金、市场、人力、财务等资源的补偿（P. Desmet et al., 2011）。约束机制（Regulation）是各种控制措施，如公众声誉、政策、程序、监督、抵押等（Tomlinson & Mayer, 2009）。

中小企业要成长，必须获取各种资源（Barney & Clark, 2007；Delwyn & Heather Douglas, 2014）。资源的稀缺性决定冲突的发生是稀缺资源的争夺，利益冲突程度决定着关系的冲突方式和级别。在经济交换关系中，双方对利益的关注对于关系的维系起到决定性的作用（De Cremer, 2010），因此，中小企业更加希望冲突关系的修复能得到实质上的利益补偿（Bottom et al., 2002）。社会交换理论也认为，一切行为是由自利性所驱使的，即冲突发生后，受害方是否合作取决于合作关系带来的利益与损失的判断。如果违规方的实质性补偿足以弥补冲突带来的损失，那么受害方倾向于继续合作。同时，群体参与模型（Group Engagement Model, GEM；Tyler & Blader, 2000）也持相同的观点，认为与群体进行社会资源交换是个体行为参与的基本原因之一，认为通过资源判断，如果能够从群体中获得更多的利益补偿，就会对合作关系更加满意，进而影响合作意愿。

与口头修复方式相比，实质性修复方式意味着已经知错，并用实际行动来为自己的行为负责（Cropanzano & Goldman & Folger, 2003），可以达到更强的后悔信号传递的效果（Okimoto & Tyler, 2007），这是因为违规方传递信号是需要付出代价的，信号的成本效应可以保证它的真诚度（Lewicki et al., 2005）。当违规方提供利益让步时，需要牺牲自己既得的利益，以较高信号的成本保证了真诚度。

实际生活经验也告诉我们，当我们需要弥补由于损失造成的伤害时，提供实质性补偿是我们直觉上的第一反应（De Cremer, 2010）。实质性补偿由于其自身带来的直接利益，已经被证实是一种更加有效的修复关系修复（Okimoto & Tyler, 2007）。据此，提出假设：

H3：冲突发生时，采用物质赔偿等实质性修复方式更有利于冲突关系的修复和继续合作意愿的增强。

（四）感知到的防范的中介作用

感知到的防范（Perceived Prevention）是指提供未来合规行为的保证。也就是说，提高未来非合规行为的成本，增加冲突双方对长期合规行为的预期（Dirks et al.，2011）。

关系的建立、维护和退出都需要投入一定的成本和精力。为保证关系合作的稳定性，防止机会主义行为的方法，关系合作各方都需要对其合作关系进行专项投资，由此形成专有资产和专项关系投资。关系冲突的出现恶化了以往的合作关系。技术、资金、市场、人力、财务等资源的补偿是对双方关系的投入，也是一种专项投资，专用性投资的概念来自交易成本理论，是指企业为了特定的贸易伙伴或交易关系所做出的高度专业化的持久性投资，一旦关系破裂，做出投资的一方将遭受巨大的沉没成本损失（Williamson，1985）。随着违规方在冲突关系中投入的专用性投资增多，它就在更大程度上被锁定在交易关系中（钱丽萍，2008）。专用性投资能明确表达出违规方的诚意、对关系的忠诚以及维持关系的意愿，受害方可利用此来保障自己的权益，增强感知到的防范，维持关系的意愿也会跟着增加（Anderson & Weitz，1992；Fein & Anderson，1997）。

约束机制反映了对各成员行为的管束力度，体现出各成员发生违规行为时承担的违约责任及遭受的相应制裁或惩罚程度（任星耀等，2012）。李小玲等（2009）认为，当约束机制明确规定了所要遭受违规行为的严厉的法律和经济处罚时，违背规定对其的惩罚成本往往会抵消一部分，甚至大于违规行为所带来的收益。约束机制很强时，有助于各成员对合作伙伴形成自己的感知、评价，从而在彼此间建立起一种双方都不愿违背的、相互牵制的"自我强制协议"。慑于受到严厉惩罚、会更为谨慎地对待合作关系，审视自身在合作关系中的行为，对是否采取非合规行为，也会仔细考量、慎重行事，尽量避免越雷池一步（Coughlan et al.，2006）。因此我们认为，约束机制增强感知到的防范，提升合作意愿。

Nakayachi 和 Watabe（2005）认为，为受害者提供监控和制裁等约束机制，减少受害人的不信任感，增强对方感知到的防范。Gillespie 和 Dietz（2009）认为，通过规则、程序，能够增强和合规行为的信任，增强对方感知到的防范，进而修复关系。据此，提出假设：

H4：实质性修复方式通过增强对方感知到的防范，进而修复冲突关系。即感知到的防范在实质性修复方式与合作意愿之间起中介作用。

（五）控制变量

在现实情况下，影响企业的因素很多，如果全部加入，难免引起内生性问题，为了能够真实反映出我们的研究问题，本书考虑了两个控制变量：企业类型与企业规模。选择企业类型，是因为在中国不同类型的企业有着不同的经营和管理逻辑，区分不同类型的企业，有利于还原真实现实。而控制不同规模的企业，也是为了符合本书以中小企业为对象的研究目的。

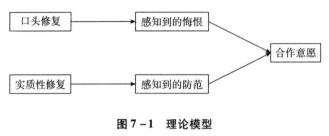

图 7 - 1　　理论模型

资料来源：笔者整理。

四、研究设计

（一）样本选取与数据收集

中小企业是本书的研究重点。在理论分析和专家意见的基础上形成了初步调查问卷。在本书正式调研之前，研究团队首先选取 5 家企业进行了预调研，调研对象以具有 3 年以上工作经验的中高层管理者为主，通过对他们的试调研和调研后的深度交谈，获取了不少建设性的意见。在此基础上，对问卷存在的问题进行了修改，并形成了最终问卷。正式调查时，根据天津市的中小企业名单进行随机选取，采用纸质版和电子版两种形式发放，问卷调研历时 3 个月，一共发放了问卷 264 份，回收问卷 188 份，反馈率达 71.2%，剔除无效问卷 30 份（回答不全），有效问卷 158 份。

（二）变量测量

本书的研究中，除了控制变量外，其他变量基于李克特量表法设计变量的测量项目，测量指标采用李克特 5 级量表打分法（1 代表"完全不同意"，5 代表"完全同意"）。为了确保测量的效度和信度，在变量的定义及衡量方法上，本书采用国内外已发表权威期刊中的量表作为参考，如表7-1所示。

表7-1 口头修复、实质性修复与合作意愿量表

变量	来源	题项	Cronbach's α
口头修复	Roy 和 Brian（2004）	a 该合作伙伴会为自己的违约行为表示后悔。	0.907
		b. 该合作伙伴会为自己的违约行为向我方道歉。	
		c. 该合作伙伴会为自己的违约行为向我方承诺道：以后不会再次出现违约行为。	
实质性修复	Amy K Smith（1999）	a. 该合作伙伴会做出市场份额的退让。	0.806
		b. 该合作伙伴会做出技术补偿。	
		c. 该合作伙伴会做出资金补偿。	
合作意愿	Roy 和 Brian（2004）	a. 我方原谅该合作伙伴的违约行为。	0.915
		b. 我方相信该合作伙伴未来不会再次发生违约行为。	
		c. 我方对违约行为的解决过程感到满意。	
		d. 我方愿意与该合作伙伴继续合作。	
感知到的悔恨	Gillespie 和 Dietz（2009）	a. 合作伙伴的反应表明对方为自己的违规行为表示后悔。	0.849
		b. 合作伙伴的反应表明对方以此为教训。	
		c. 合作伙伴的反应表明对方未来会变好。	
感知到的防范	薛婷等(2013)；Smith、Seger 和 Mackie（2007）	a. 合作伙伴的回应表明对方不会再次发生违规行为。	0.873
		b. 设定了各种约束条件，这使得对方不能再次发生违规行为。	
		c. 合作伙伴为这次的违规行为付出很大的代价。	

控制变量包括：①按企业类型可分为国有企业、民营企业、外资企业、合资企业四种类型；②按企业规模可分为30人以下、30~60人、60~100人、100~150人、150~250人、250人以上五种类型。

（三）统计分析

本书采用SPSS22.0和Amos17.0对数据进行分析。具体分析步骤包括：第一步，通过信度分析、探索性因素分析和验证性因素分析，对调查问卷进行信度和效度检验；第二步，开展相关分析和描述统计；第三步，采用中介回归分析考察修复方式、认知机制与合作意愿三者之间的互动关系。

五、数据分析

（一）数据质量评价

为了解决共同方法变异（Common Method Variance）问题，本书采取了以下两种方法予以避免：第一步，根据 Podsakoff 和 Organ（1986）所提出的建议，利用多个题项来测量每个变量，避免由单一题项所可能造成的共同方法偏差；第二步，开展单因子检验，检验结果没有析出单独一个因子，也没有一个因子能解释大部分的变量变异。

（二）问卷的信度和效度检验

在假设检验之前，首先，我们对量表进行了信度分析。效度检验包括以下三个方面：①本书净化了相关指标。根据项目的相关度分析，剔除相关系数小于 0.4 的指标。②本书利用 Cronbach's α 系数进行了指标信度检验（如表 7 - 2 所示），α 系数均大于 0.8，表明指标具有很好的内部一致性。③每一个变量的组合信度均大于 0.79，表明因子具有良好的信度。因此，本书的量表信度较好。

表 7 - 2　测量模型的信度与会聚效度检验

潜变量	测量题项	因子载荷*	t 值	组成信度 CR	变量抽取量 AVE	Cronbach's α
口头修复	No. 1	0.847		0.9076	0.7663	0.907
	No. 2	0.908	13.999			
	No. 3	0.870	13.468			
实质性修复	No. 1	0.725		0.8096	0.5884	0.806
	No. 2	0.865	7.897			
	No. 3	0.701	7.794			
合作意愿	No. 1	0.795		0.9155	0.7307	0.915
	No. 2	0.874	12.413			
	No. 3	0.893	12.726			
	No. 4	0.854	12.036			

续表

潜变量	测量题项	因子载荷*	t 值	组成信度 CR	变量抽取量 AVE	Cronbach's α
感知到的悔恨	No. 1	0.707		0.7984	0.5701	0.849
	No. 2	0.729	9.395			
	No. 3	0.824	11.328			
感知到的防范	No. 1	0.707		0.8301	0.6209	0.873
	No. 2	0.797	11.299			
	No. 3	0.853	12.384			

在以上基础上，本书对量表进行了效度分析，分析内容包括收敛效度和判别效度两个方面。收敛效度检验包括：①在 CFA 检验中，每一个变量的因子载荷都是显著的，并且都大于 0.70（见表 7-2）。②课题组计算了每一个因子的所提取的 AVE（Average Variance Extracted），所有因子的 AVE 均大于 0.57，表明因子具有良好的收敛效度（见表 7-2）。判别效度检验也包括了三个方面：①任意选择两个因子，比较卡方变化，结果显示卡方的变化差异是显著的。②在 95%的置信区间内，任意两个因子之间相关系数不包含 1。③每两个变量相关系数的平方都小于各自的 AVE 值。因此，本书的量表效度较好，可以满足研究的要求。

（三）描述性统计

本书首先计算了模型中涉及的每一个变量和因子的均值、方差以及相关系数，如表 7-3 所示。

表 7-3　变量的均值、方差和相关性（N=158）

	企业类型	企业规模	口头修复	实质性修复	感知到的悔恨	感知到的防范	合作意愿
企业类型	1						
企业规模	0.210**	1					
口头修复	0.190*	0.117	1				
实质性修复	0.144	0.1	0.416**	1			
感知到的悔恨	0.183*	0.07	0.291**	0.256**	1		
感知到的防范	0.129	0.04	0.217**	0.450**	0.313**	1	
合作意愿	0.290**	0.221**	0.518**	0.524**	0.413**	0.391**	1
平均数	3.0063	3.7342	2.9768	3.1308	3.0380	3.0633	3.6076
标准差	1.0063	1.5451	0.7784	0.6394	0.7266	0.7309	0.7505

注：** 表示 $p < 0.01$，* 表示 $p < 0.05$。

由表 7-3 可知，口头修复方式、实质性修复方式均与合作意愿呈正相关（p < 0.01），并且，实质性修复方式的影响更大，可能是因为中小企业要成长，必须获取各种资源（Barney & Clark, 2007；Delwyn & Heather Douglas, 2014）。资源的稀缺性决定冲突的发生是稀缺资源的争夺，决定了冲突的根源是利益冲突。这也解释了生活中"一百个道歉不如一分钱的赔偿"的现象，因此冲突发生后，受害方是否合作取决于合作关系带来的利益与损失的判断。感知到的悔恨、感知到的防范均与合作意愿呈正相关（p < 0.01）。口头修复方式与感知到的悔恨呈正相关（p < 0.01），实质性修复方式与感知到的防范呈正相关（p < 0.01）。

在控制变量方面，企业类型与合作意愿呈正相关（p < 0.01），说明在面对冲突时，与外资企业、合资企业相比，国企更加愿意选择继续合作的关系，可能是因为国企内部组织稳固，结构复杂，不轻易改变合作伙伴。企业规模与合作意愿呈正相关（p < 0.01），说明在面对冲突时，企业规模越大，越愿意保持继续合作的关系，可能是因为企业规模越大，变换合作伙伴时需要消耗更大的财力、人力、物力。上述结果提示，在检验修复方式、认知机制、合作意愿三者之间的关系时，植入企业类型、企业规模作为控制变量是合理的。

（四）感知到的悔恨的中介作用

本书采用温忠麟等（2004）建议的三步中介回归分析方法，用来检验感知到的悔恨在口头修复方式与合作意愿之间是否具有中介效应。首先检验口头修复方式对感知到的悔恨是否具有显著影响，其次检验口头修复方式对合作意愿是否具有显著影响，最后检验感知到的悔恨对合作意愿是否具有显著影响。在上述分析中，都先控制了控制变量的影响。

从表 7-4 的结果可以看出，在中介变量对自变量的回归方程中，口头修复方式对感知到的悔恨有显著的正向影响（β = 0.265，p < 0.001）。在排除控制变量的影响之后，口头修复方式可以解释感知到的悔恨 6.7% 的变异（见模型二）。

在因变量对自变量及中介变量的回归方程中，对合作意愿而言，企业类型对它具有显著的正向影响（β = 0.255，p < 0.05）；企业规模对它有显著的正向影响（β = 0.168，p < 0.05），控制变量可解释 11.1% 的变异（见模型三）。当引入口头修复方式时，口头修复方式对合作意愿有显著的正向影响（β = 0.47，p <

表 7 - 4　感知到的悔恨的中介作用分析结果

	感知到的悔恨						合作意愿				
	模型一		模型二		模型三		模型四		模型五		
	B	t	B	t	B	t	B	t	B	t	
第一步：控制变量											
企业类型	0.176*	2.177	0.13	1.639	0.255*	3.29	0.174*	2.521	0.14*	2.1	
企业规模	0.033	0.405	0.011	0.146	0.168*	2.165	0.13	1.909	0.127	1.95	
第二步：自变量											
口头修复			0.265**	3.39			0.47***	6.926	0.4***	5.953	
第三步：中介作用											
感知到的悔恨									0.262***	3.92	
R^2	0.034		0.101		0.111		0.322		0.384		
Adjusted R^2	0.022		0.084		0.1		0.309		0.368		
ΔR^2	0.034		0.067		0.111		0.211		0.062		
F值	2.758		5.794**		9.678***		24.397***		23.847***		

注：*** 表示 $p < 0.001$，** 表示 $p < 0.01$，* 表示 $p < 0.05$。

0.001）。在排除控制变量的影响之后，口头修复方式可以解释合作意愿 21.1%的变异（F = 24.397，p < 0.001）（见模型四）。因此，H1 得到验证，即当冲突发生时，口头修复方式能够增强对方的合作意愿。当同时考察感知到的悔恨和口头修复方式对合作意愿的影响时，感知到的悔恨具有显著的正向影响（β = 0.262，p < 0.001），口头修复方式的影响明显减弱，所解释的变异量增加了 6.2%（F = 23.847，p < 0.001）（见模型五）。这些结果表明感知到的悔恨在口头修复方式与合作意愿之间起着部分中介作用。因此 H2 得到验证。

（五）感知到的防范的中介作用

同样，本书采用温忠麟等（2004）建议的三步中介回归分析方法，检验感知到的防范在实质性修复方式与合作意愿之间是否具有中介效应。首先检验实质性修复方式对感知到的防范是否具有显著影响，其次检验实质性修复方式对合作意愿是否具有显著影响，最后检验感知到的防范对合作意愿是否具有显著影响。在上述分析中，都先控制住了控制变量的影响。

从表 7-5 的结果可以看出，在中介变量对自变量的回归方程中，实质性修复方式对感知到的防范有显著的正向影响（β = 0.442，p < 0.001）。在排除控制变量的影响之后，实质性修复方式可以解释感知到的防范 19% 的变异（见模型二）。

在因变量对自变量及中介变量的回归方程中，对合作意愿而言，企业类型对它具有显著的正向影响（β = 0.255，p < 0.05）；企业规模对它有显著的正向影响（β = 0.168，p < 0.05），控制变量可解释 11.1% 的变异（见模型三）。当引入实质性修复方式时，实质性修复方式对合作意愿有显著的正向影响（β = 0.483，p < 0.001）。在排除控制变量的影响之后，实质性修复方式可以解释合作意愿 22.7% 的变异（F = 26.198，p < 0.001）（见模型四）。因此，H3 得到验证，即冲突发生时，采取实质性修复方式，能够增强对方的合作意愿。

当同时考察感知到的防范和实质性修复方式对合作意愿的影响时，感知到的防范具有显著的正向影响（β = 0.181，p < 0.05），实质性修复方式的影响明显减弱，所解释的变异量增加了 2.6%（F = 21.881，p < 0.05）（见模型五）。这些结果表明感知到的防范在实质性修复方式与合作意愿之间起着部分中介作用，因此 H4 得到验证。

表 7 - 5　感知到的防范的中介作用分析结果

	感知到的防范				合作意愿					
	模型一		模型二		模型三		模型四		模型五	
	B	t	B	t	B	t	B	t	B	t
第一步：控制变量										
企业类型	0.126	1.552	0.07	0.941	0.255*	3.29	0.193*	2.852	0.18*	2.703
企业规模	0.014	0.17	-0.018	-0.25	0.168*	2.165	0.133	1.971	0.136*	2.054
第二步：自变量										
实质性修复			0.442***	6.08			0.483***	7.265	0.403***	5.534
第三步：中介作用										
感知到的防范									0.181*	2.5
R²	0.017		0.207		0.111		0.338		0.364	
Adjusted R²	0.004		0.192		0.1		0.325		0.347	
ΔR²	0.017		0.190		0.111		0.227		0.026	
F值	1.333		13.415***		9.678***		26.198***		21.881***	

注：*** 表示 $p < 0.001$，** 表示 $p < 0.01$，* 表示 $p < 0.05$。

六、研究结果讨论与结论

本书以中小企业为研究对象，通过对口头修复方式和实质性修复方式对合作意愿的影响，以及约束机制和社会认同的调节作用的研究，得到以下结论：

（一）研究结论

1. 修复方式可以影响合作意愿

口头修复方式能够增强合作意愿。道歉等口头修复方式通过承担责任和表达忏悔，表明违规方意识到自己的行为破坏了社会规范，并承诺自己未来行为的合规性，因此道歉等口头修复方式能够降低违背方地位、恢复社会秩序平衡，修复双方关系（Hareli & Eisikovits，2006；Ferrin & Kim et al.，2007）。从归因角度来看，把冲突行为归因为外因、不可控且可变的，能减轻违规方的责任（Schlenker & Pontari et al.，2001），以减轻不满、不公、报复等消极情绪，宽恕违规行为，维护合作关系。

实质性修复方式能够增强合作意愿。资源的稀缺性决定冲突的发生是稀缺资源的争夺，决定了冲突的根源是利益冲突。在经济交换关系中，双方对利益的关注对于关系的维系起到决定性的作用，因此，中小企业更加需要利益退让等实质性补偿（Bottom et al.，2002）。从社会交换理论来看，一切行为是由自利性所趋势的，即冲突发生后，受害方是否合作取决于合作关系带来的利益与损失的判断。如果违规方的实质性补偿足以弥补冲突带来的损失，那么受害方倾向于继续合作。

实质性修复方式对合作意愿的影响更大。与口头修复方式相比，实质性修复方式意味着已经知错，并用实际行动来为自己的行为负责（Cropanzano & Goldman & Folger，2003），可以达到更强的后悔信号传递的效果（Okimoto & Tyler，2007），这是因为违规方传递信号是需要付出代价的，信号的成本效应可以保证它的真诚度（Lewicki et al.，2005）。当违规方提供利益让步时，需要牺牲自己既得的利益，以较高信号的成本保证了真诚度。

2. 认知机制在修复方式、合作意愿之间起中介作用

口头修复方式通过增强感知到的悔恨，进而增强合作意愿。口头修复方式是

为了传达忏悔，使受害方相信违规方未来行为的合规性（De Cremer et al.，2011；Ferrin & Kim et al.，2007），这种可信性将决定合作与否（姚琦等，2012）。如果口头修复方式并不能达到修复冲突的效果，说明受害方并不相信对方的悔恨，口头修复方式被怀疑是"廉价谈判"（Cheap Talk），是对社会压力的一种反应、甚至是策略性的。此时，口头修复方式就会被认为是一种对行为的否认与辩解，不利于关系修复。相反，如果受害方感知到违规方的诚意，相信其悔意，增强对未来继续合作的期待。此时，口头修复方式就能够减轻不满、不公、报复等消极情绪，得到宽恕（Riordan，Marlin & Kellogg，1983），有利于关系修复。

实质性修复方式通过增强感知到的防范，进而增强合作意愿。技术、资金、市场、人力、财务等资源的补偿是对双方关系的投入，是一种专项投资，违规方在冲突关系中投入的专用性投资越多，就越容易被锁定在交易关系中。专用性投资能明确表达出违规方的诚意、对关系的忠诚以及维持关系的意愿，受害方可利用此来保障自己的权益，增强感知到的防范，维持关系的意愿也会跟着增加（Anderson & Weitz，1992；Fein & Anderson，1997）。另外，约束机制反映了各成员对自己行为的管束力度，体现出各成员发生违规行为时承担的违约责任及遭受的相应制裁或惩罚程度。约束机制很强时，有助于各成员对合作伙伴形成自己的感知、评价，从而在彼此间建立起一种双方都不愿违背的、相互牵制的"自我强制协议"。慑于受到严厉惩罚，会更为谨慎地对待合作关系，审视自身在合作关系中的行为，对是否采取非合规行为，也会仔细考量、慎重行事，尽量避免越雷池一步（Coughlan et al.，2006）。因此我们认为，约束机制可以增强感知到的防范，提升合作意愿。

（二）实践意义

（1）企业在选择口头修复方式时，注意传递给对方的认知机制，因为这将决定双方合作关系。如果受害方感知到违规方的诚意，相信其悔意，就能够增强对未来继续合作的期待。此时，口头修复方式就能够减轻不满、不公、报复等消极情绪，得到宽恕，有利于关系修复。相反，受害方并不相信对方的悔恨，口头修复方式被怀疑是"廉价谈判"，是对社会压力的一种反应，甚至是策略性的，此时，口头修复方式就不利于关系修复。

（2）同样，对于实质性修复方式而言，要注意是否增强对方感知到的防范，这决定双方合作关系。面对冲突时，一方面通过巨额赔偿等方式减少受害人的不信任感，另一方面通过规则、程序等约束机制增强和合规行为的信任。企业之间存在友好关系，说明双方都相信这种合作关系能够使自己未来获益，这种信任起决定性作用，如果受害方不信任违规方未来行为合规性，那么双方关系就会中断。

（三）研究局限与未来方向

冲突关系修复问题一直是学界关注的话题，本书结论尽管对实践具有理论指导作用，但也存在着如下问题，需要在未来的研究中进行弥补：①本次调研只是针对天津地区的中小企业，应该扩大调研范围。②不同的文化背景可能产生不同的修复效果，因此，应该把不同的文化背景考虑进来。③感知到的悔恨与感知到的防范之间是否相互影响，有待进一步研究。

本章参考文献

［1］Aiken, L. S. , S. G. West. Multiple Regression: Testing and Interpreting Interactions ［M］. Newbury Park, CA: Sage Publications, 1991.

［2］Aquino K, Grover S L, Goldman B, et al. When Push Doesn't Come to Shove: Interpersonal Forgiveness in Workplace Relationships ［J］. Journal of Management Inquiry, 2003, 12 (3): 209 – 216.

［3］Bottom W P, Gibson K, Daniels S E, et al. When Talk Is Not Cheap: Substantive Penance and Expressions of Intent in Rebuilding Cooperation ［J］. Organization Science, 2002, 13 (5): 497 – 513.

［4］Brew F P, David, Cairns R. Styles of Managing Interpersonal Workplace Conflict in Relation to Status and Face Concern: A Study With Anglos and Chinese ［J］. International Journal of Conflict Management, 2004, 15 (1): 27 – 56.

［5］Carte T A, Russell C J. In pursuit of moderation: nine common errors and teir solutions ［J］. Mis Quarterly, 2003, 27 (3): 479 – 501.

［6］Carte, T. A. , C. J. Russell. In Pursuit of Moderation: Nine Common Errors and Their Solutions ［J］. MIS Quarterly, 2003, 27 (3): 479 – 501.

［7］Clark G L, Kaminski P F, Rink D R. Consumer Complaints: Advice on How Companies Should Respond Based on an Empirical Study ［J］. Journal of Consumer Marketing, 1992, 6 (3): 41 – 50.

［8］Cohen, J. , P. Cohen. Applied Multiple Regression/Correlation Analysis for the Behavioral Science [M]. Hillsdale, NJ: Lawrence Erll – baum Associates, 1983.

[9] Coughlan, A. T., E. Anderson, L. W. Stern. Marketing Channels [M]. NJ: Prentice Hall, 2006.

[10] Cropanzano R, Folger R. Self – interest: defining and understanding a human motive [J]. Journal of Organizational Behavior, 2005, 26 (8): 985 – 991.

[11] Dirks K T, Kim P H, Ferrin D L, et al. Understanding the effects of substantive responses on trust following a transgression [J]. Organizational Behavior & Human Decision Processes, 2011, 114 (2): 87 – 103.

[12] Gelfand M J, Christakopoulou S. Culture and Negotiator Cognition: Judgment Accuracy and Negotiation Processes in Individualistic and Collectivistic Cultures [J]. Organizational Behavior & Human Decision Processes, 1999, 79 (3): 248 – 269.

[13] Gillespie N, Dietz G. Trust repair after an organization – level failure [J]. Academy of Management Review, 2009, 34 (1): 127 – 145.

[14] Hodgins H S, Liebeskind E. Apology versus defense: Antecedents and consequences. [J]. Journal of Experimental Social Psychology, 2003, 39 (4): 297 – 316.

[15] Hoffman K D, Kelley S W, Rotalsky H M. Retrospective: tracking service failures and employee recovery efforts [J]. Journal of Services Marketing, 2016, 9 (1): 49 – 61.

[16] Kim P H, Ferrin D L, Cooper C D, et al. Removing the shadow of suspicion: the effects of apology versus denial for repairing competence – versus integrity – based trust violations. [J]. Journal of Applied Psychology, 2004, 89 (1): 104 – 118.

[17] Labianca G, Gray B. Social Networks and Perceptions of Intergroup Conflict: The Role of Negative Relationships and Third Parties [J]. Academy of Management Journal, 1998, 41 (1): 55 – 67.

[18] Smith A K, Bolton R N. An Experimental Investigation of Customer Reactions to Service Failure and Recovery Encounters: Paradox or Peril? [J]. Journal of Service Research, 1998, 1 (1): 65 – 81.

[19] Tajfel H, Turner J. An integrative theory of intergroup conflict [J].

Worchel the Social Psychology of Intergroup Relations, 1979, 33: 94 – 109.

［20］Tomlinson E C, Dineen B R, Lewicki R J. The Road to Reconciliation: Antecedents of Victim Willingness to Reconcile Following a Broken Promise ［J］. Journal of Management, 2004, 30（2）: 165 – 187.

［21］Toothaker L E. Multiple Regression: Testing and Interpreting Interactions. by Leona S. Aiken; Stephen G. West ［J］. Journal of the Operational Research Society, 1994, 45（1）: 119 – 120.

［22］Tyler T R, Blader S L. The group engagement model: procedural justice, social identity, and cooperative behavior. ［J］. Personality & Social Psychology Review An Official Journal of the Society for Personality & Social Psychology Inc. , 2003, 7（4）: 349 – 361.

［23］Tyler T R, Boeckmann R J, Smith H J, et al. Social justice in a diverse society. ［M］// Social justice in a diverse society. Westview Press, 1997: 839 – 842.

［24］Weiner B, Amirkhan J, Folkes V S, et al. An attributional analysis of excuse giving: studies of a naive theory of emotion. ［J］. Journal of Personality & Social Psychology, 1987, 52（2）: 316 – 24.

［25］Whitener E M, Werner J M. Managers as Initiators of Trust: An Exchange Framework for Understanding Managerial Trustworthy Behavior ［J］. Academy of Management Review, 1998, 23（3）: 513 – 530.

［26］李小玲, 黄敏学, 周南. 厂商应如何实现对渠道商群体的影响——权力优势差异和制度 ［A］//广泛接受度对厂商的公开影响行动的影响［C］. 2009JMS 中国营销科学学术年会论文集, 2009.

［27］任星耀, 朱建宇, 钱丽萍等. 渠道中不同机会主义的管理: 合同的双维度与关系规范的作用研究 ［J］. 南开管理评论, 2012, 15（3）: 12 – 21.

［28］王小予. 经济补偿对信任修复效应的影响 ［D］. 西南大学, 2014.

［29］姚琦, 乐国安, 赖凯声等. 信任修复: 研究现状及挑战 ［J］. 心理科学进展, 2012, 20（6）: 902 – 909.

第八章 自我认知、归因选择与面子问题：基于过程的冲突整合分析模型

一、研究背景与问题提出

冲突是人际交往过程中存在的一种社会性的互动行为，普遍存在于各种社会活动之中。关系合作中的资源的不均、利益的分配、交流的障碍、认知的差异、个性的不同，都有可能引起冲突的爆发。随着冲突管理研究的不断深化，微观层次上的冲突研究成为主流。综观现有研究，一部分围绕引起冲突行为相关影响进行研究，另一部分加入中介或者调节变量，然后验证中介效应和调节效应在冲突行为中的作用，还有一部分则是以构建冲突的动态博弈模型为基础，通过对博弈均衡点的研究，寻找冲突解决的平衡点，为理解冲突行为提供帮助。近年来，有关冲突研究的焦点逐步转移到了研究自我认知对于冲突发生的作用，多数学者普遍从认知心理学视角对影响冲突主体感知冲突的问题进行了研究，如研究为何特定主体会陷入更多的冲突之中，身处冲突之中的冲突主体会产生何种心理认知，冲突主体是如何对冲突行为做出决策等问题。

现实工作或者生活中的冲突多发生在两个或者两个以上主体之间。组织之间的冲突最终也是通过人来协商解决的。从主体自我认知过程研究冲突能够帮助我们更多地了解冲突诱发的机理与行为预期：首先，与对冲突影响要素研究相比，自我认知研究涵盖了冲突发生和发展全部过程，可以将影响冲突过程的诸多可能要素在既定理论下进行整合，如此不仅有助于理顺各要素之间的关系及影响方式，同时还能够更好地了解冲突主体做出相应冲突决策的原因与意义；其次，在

冲突主体的冲突认知过程中存在其对冲突原因进行认知及权衡冲突结果的过程，即冲突各方在冲突行为决策前，都要进行一定的理性思考和利益权衡，在此基础上，选择最恰当的行为反应：协作、竞争、顺从、回避或者折中。

现有文献对冲突影响因素和行为选择研究较多，而对冲突行为认知过程研究不足，对于中国文化情境下的冲突认知与解决更是缺乏研究。本书试图探究中国人身处冲突情景时的自我认知全过程，寻找影响中国人冲突决策的因素并加以梳理。文章首先根据归因理论对冲突原因进行分类整理，在此基础上探讨影响个人冲突归因的认知因素与主流理论解释，其次由于文化背景对于冲突行为决策具有重要影响，本书从面子视角出发，对面子理论进行梳理和总结，并根据认知理论提出感知面子威胁这一概念，以期发现中国人冲突视角下的面子心理对于冲突决策的影响，最后结合上述两种理论提出冲突认知的全过程模型，并对未来可能冲突研究方向做出展望。

二、基于归因理论的影响冲突认知因素分类

根据冲突过程观和认知理论的相关结论可以发现，冲突主体对于冲突的自我认知是决定其行为决策的关键因素，即冲突的当事人对于冲突事件的自我认知和归因选择左右着冲突的后续结果。因此，如果可以掌握影响冲突主体的自我认知的因素，并根据归因理论对其进行整理，或许可以在某种程度上对冲突进行有效预防和管理。

Wall 和 Callister（1995）认为，可以将影响冲突归因的自我认知因素分为三类：分别是个人特征因素、人际间因素和争议性问题。Callister 和 Bradac（2006）筛选并总结出最为常见的影响个体认知的 14 种因素，但其研究却仅关注于个人因素对于自我认知的作用，而忽视了客观环境对冲突当事人冲突认知和归因选择的影响。Sgaard 等（2008）通过研究发现，个体差异、个体状态、任务架构、社会情境这四个方面都会对冲突主体的归因选择产生影响。虽然上述四个方面并不处于同一分析维度中，但各维度间却存在交互影响的关系。通过对已有研究的梳理，研究者认为影响冲突主体认知的因素可简单地分为两个维度，即组织情景和个人特质。

已有关于冲突的研究虽然给出了各种可能的认知影响因素，但研究仅停留在

浅层分析上，缺乏一个深层次的统一的分析框架。研究者根据归因理论关于原因的三个维度（原因源、稳定性、可控性），经过仔细筛选，将已经被证明的影响冲突认知的因素进行了深层的归类，纳入归因理论的三个维度中，由此，可以得出8种冲突的归因方式及对应冲突类型，同时也对各种冲突类型的特点进行了归纳（见表8-1）。

表8-1　冲突原因分类及相应冲突类型特点

归因方式	冲突原因	特点
内部—稳定—不可控 （单向持续不可控型冲突）	个性、价值观、大五人格特质	由难以改变的个体特质导致，稳定性强且不可控
内部—稳定—可控 （单向持续可控型冲突）	自我效能、控制欲、逆反心理、固执、个人目标、承诺、自尊（面子）、心理安全	由易受影响的心理特质导致，稳定性强但易于控制
内部—不稳定—不可控 （单向间断不可控型冲突）	压力、负面情绪与不信任（如愤怒、恐惧、嫉妒、暂时的情感过激、敌意）、不信任	由某种突发性心理特征导致，这些心理特征与不同的个体特质相关，不稳定且难以控制
内部—不稳定—不可控 （单向间断可控型冲突）	跟随（"羊群效应"）	由某种突发性心理特征导致，不稳定但易于控制
外部—稳定—不可控 （复向持续不可控型冲突）	经济因素、身份差异、过去的经验（如过去经历的失败、冲突）、已有冲突的结果、多样性（如年龄、种族、社会地位、社会角色）、组织风气不佳	源于成员对外部环境因素的感知，冲突持续稳定且难易控制
外部—稳定—可控 （复向持续可控型冲突）	管理风格、组织沟通不畅、上下级关系、人际关系闭塞、任务目标不协调、人际关系、组织氛围	源于成员对外部环境因素的感知，较强的持续性和可控型
外部—不稳定—不可控 （复向间断不可控型冲突）	权力斗争、权利失衡、争议性问题、对有限资源的争夺、组织的变动、组织公民压力	源于成员对外部环境因素的感知，不稳定且难以控制
外部—不稳定—不可控 （复向间断可控型冲突）	被动冲突的行为（如危害整体利益、违反公平原则、对个人的冒犯）、职责不清	源于成员对外部环境因素的感知，不稳定但易于控制

资料来源：笔者根据以往相关文献整理。

三、归因偏差对冲突认知机制的影响

以往关于冲突归因的研究都建立在冲突主体是理性归因者这一假设基础之上。但在现实情况下，每个人不可能如科学家那样精于缜密思考，难得像商人一样，风险权衡，不同的情景、不同的归因、不同的目的会得出截然不同的结论，而这个结论则直接影响着行为的选择。比如归己因、归他因、归环境因，还有无因，不同的归因指向会诱发行为人不同的心理情绪和行为回应；归己因者，多于自我反思，少抱怨，多谅解；归他因者，推罪于他人，少自我反思，多抱怨；而归环境因者，最爱自我解脱，自我解嘲；最后，无因者，看似无因，实则有因，要么情绪使然，要么目的使然。针对这些归因而引起的偏差问题，研究者从归因结果与实际原因之间的差异进行了定义，即归因偏差，并对其进行了深入研究。归因偏差逐渐成为归因理论中一个非常重要的研究内容。经过几十年对归因偏差研究，发现其具有一定的规律性，主流的归因偏差理论可以分为以下四类，如表8-2所示。

表8-2 归因偏差的定义

归因偏差	研究者（年份）	归因偏差的定义
行动者与观察者归因偏差	Jones 和 Harris（1967）	由于行动者与观察者对待问题时的角度不同而产生的归因偏差，行动者往往会强调外部情景的作用，而观察者则会将原因归为行动者自身的内在因素
自我服务归因偏差	Zuckerman（1979）	在归因中，人们通常倾向于把成功的原因归因为个体特质（如努力、智商等），而将失败的原因归结为外部环境因素（如天气、任务难度等，任务环境发生变化等）
虚假同感偏差	Krueger 和 Clement（1994）Ross 等（1977）	人们常常以己推他人，把自己的行为作为标准，而对其他人的行为、表现乃至决策按照自己的标准进行归因。
享乐主义归因偏见	Jones 等（1965）	人们对他人的归因有时是为了满足自己的私欲，如规避责任、谋得升迁机会等

资料来源：笔者根据以往相关文献整理。

四、面子问题

面子问题在中国社会中由来已久，给面子、丢面子、留面子、要面子等诸多概念，已经成为中国社会日常交往的基本常态。而与面子有关的社会常态其实是中国人深层次心理需求的一种映射，也是中国传统文化长久影响的产物。几十年来，有关"面子究竟是什么？"的问题一直困扰着国内外学术界的众多学者。他们试图从语言学、心理学、社会学等不同视角对面子进行研究，但在此问题上却远未达成一致。为了深刻体会面子的内在含义，研究者从社会学视角和心理学视角对面子的定义进行了比较全面的梳理，见表 8-3。

表 8-3 面子的定义

视角	研究者（年份）	面子的定义
社会学视角	Goffman（1967）	面子是个体在特定的社会交往中，由于他人认可所获得的积极的社会价值，它是一种以被赞许的社会属性
	何友晖（1976）	面子是个人因为其自身成就、地位和贡献，而获得的社会群体的尊重、顺从和恭维
	Hu（1944）	面子指个人在社会交际过程中，通过辛苦或刻意经营而获得的社会威望和声誉。无论任何时候个人要获取面子都需要依靠外界
	Stover（1962）	面子是一种社会意识，用以维系严格的社会等级以及人际稳定
	金耀基（1988）	面子是社会对个人现有成就的认可和赞许，面子应包括两方面，社会性的面子和道德性的面子
	朱瑞玲（1987）	面子是社会认可的"自我"，是社会影响力的体现
心理学视角	Brown 和 Levinson（1987）	面子是指在社交过程中每个人要求被他人认可的公众自我意象，是一种需要情感投入，具有明显得失感，并且在交往中需要时刻留意的东西
	Earley（1997）	面子是建立在内部和外部评判基础之上的自我评价，这些评判与一个人的行为是否符合道德规范及其在特定的社会结构中所处的地位有关
	Lim（1994）	面子是个人向社会寻求的正面的公众心理

续表

视角	研究者（年份）	面子的定义
心理学视角	Ting—Toomey（2005）	面子指在某些人际交往过程中，个人所追求的正面的社会自我意象
	陈之昭（1988/2006）	面子是个体所具有的重要自我属性，通过与他人交往获得评价或反馈后，形成的具有社会意义的自我意象
	翟学伟（1995/2006）	面子是个体为迎合社会认同而产生的修饰性心理及相应行为，在他人心目中所处的序列地位，即心理地位

资料来源：笔者根据以往相关文献整理。

　　从胡先缙区分脸面概念开始，就不难看出面子不单是一种自我建构，同时也是一种社会建构，具有情境性和持久性的双重特性，是人因社会成就而拥有的声望，是社会对人看得见的成就的承认，是他人所认可的社会尊严或公众形象，面子代表的是在中国广受重视的一种声誉。面子问题其实是自我心理的折射，是个体对自我在他人心中的价值与地位的一种评价和关注。如果说自我价值是面子的里子，社会性资源是面子的符号象征。Goffman（1967）根据面子的指向不同，将面子划分为自我面子和他人面子两类，与之相对的，则是防御性面子行为和保护性面子行为，在此基础上，Goffman又进一步衍生出了共同面子的概念，用以表征个体对关系群体共有的面子的关注。从以上对面子内涵和外延的不同理解可以看出，面子是一个典型的多维概念，研究者可以针对个体的面子策略选择和面子行为展开定性研究，但却无法对面子进行定量测量，这一缺陷直接阻碍了面子理论的发展。

　　随着认知理论的发展，近年来研究者针对面子问题展开的实证研究主要围绕"感知面子"这一热点概念，认为它将影响个体社交过程中的态度和实际行动。感知面子是指个体在社会交往过程中对自身面子提升、保持或降低的自我认知，从本质上讲感知面子是个体对某一行为或态度能够为自身带来公众认可的社会形象水平的评价。任何事物都具有正反两个方面，感知面子同样有积极和消极之分。由于存在"得失不对称"的感知偏差和损失规避的心理效用，人们会更重视威胁面子的信号。特别是受儒家文化影响的中国，对自身面子的保全和维护被认为是立身之本，中国人对"挣面子"机会的把握要远逊于感知面子威胁的敏感程度和能力。因此，敏感的中国人都可能把冲突视为对自己的不尊，也是对自身面子的一种威胁，而面子威胁反过来也将影响冲突主体的行为选择。

五、冲突认知的全过程模型

冲突是一个动态的过程，在此过程中，冲突是一系列事件按照时间先后进行有序排列的组合。尽管已有研究对于冲突的动态过程已经进行了详细的研究（见表8-4），但仍存在如下不足之处。其一，冲突管理行为是建立在有效的认知判断基础之上的，但以往研究只强调了对于冲突的感知了，而忽视了对于冲突原因的认知，即省略了冲突的归因过程。其二，基于西方文化背景建立起来的冲突过程模型并不完全适用于中国情景。如前文所述，中国人"讲面子""给面子"的社会规范，已然使面子成为约束和影响个人行为的关键因素。如果把面子问题仅仅视为一种礼仪或者尊重，那就错了，中国人不仅"爱面子"，更"爱里子"，当面子与里子发生冲突的时候，冲突各方会根据冲突所消耗的成本，承担的风险以及外部负面效应的可控制性，权衡冲突的解决。本书将冲突管理研究边界界定为"建立在个体理性的分析、权衡与判断基础上，基于目标利益的最大化的决策选择和行为优化"。

表8-4 冲突过程观

视角	研究者（年份）	冲突过程模型
冲突过程观	Pondy（1967）	先前冲突所产生的残留影响 → 潜在冲突 ← 环境的因素；组织内外的压力 → 感觉冲突 ⇌ 感知冲突 ← 悬置和聚焦机制；战略考虑 → 显现冲突 ← 冲突解决机制的有效性 → 冲突结果
	Thomas（1976）	挫折 认识 行为 结果（他方的反应）事件1；挫折 认识 行为 结果（他方的反应）事件2

续表

视角	研究者（年份）	冲突过程模型
冲突过程观	拉美尔（1976）	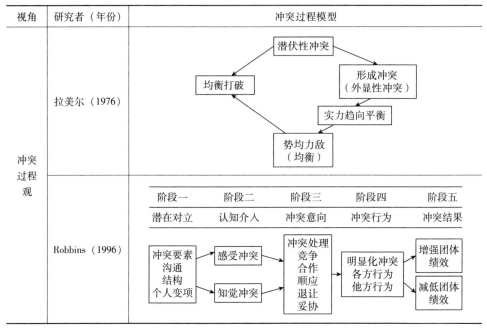
	Robbins（1996）	

资料来源：笔者根据已有资料整理。

　　本书提出的冲突认知的全过程模型（见图8-1）总共分为三个过程。第一阶段是冲突主体的自我认知过程。当冲突主动方挑起争端，使冲突被动方感知到冲突存在后，被动方会自动判断造成当前局面的原因。在这一归因层次上，冲突主体将冲突行为的归因主要分为两类：组织情景和个人特质。其中，组织情景作为宏观的外部环境不但会影响个人的自我认知同时也会影响个体的行为选择。组织情景研究者认为，即便是最有个性的个体在冲突前也会"见机行事"，视冲突损失而定。因此，在冲突的自我认知阶段，冲突主体会先就影响个体冲突行为的组织情景进行感知，在充分了解既定的组织情景的前提下，才会考虑个人因素对于个体冲突行为的影响。然后，个体会进一步对这些因素进行更深层次的归因，并将知觉到的冲突进行分类。由于冲突的复杂性，导致冲突行为的原因通常并非是单一的，而是由多种原因共同导致的。但在归因过程中，个体往往会结合个人经验、知识等进行归因，此时，如果某一原因引起归因者关注，该原因将会成为导致冲突产生的原因。这种由个人因素或社会文化因素所导致的归因偏差或认知偏见，共同催化了冲突，甚至会导致冲突升级。研究者将感知冲突到对冲突行为进行归因的这一阶段定义为"冲突行为的自我认知过程"，即个体通过组织情景中对影响个体自我认知因素的感知，获得以组织情景为基础的冲突行为的个体归因认知评价，并将获得的冲突归因输入到下一阶段冲突管理决策的评估中，上述的归因过程将受到归因偏差和认知偏见的影响。

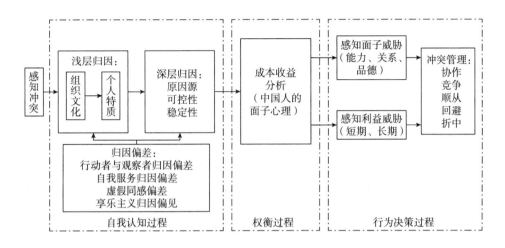

图8-1　冲突认知的全过程模型

　　在第二阶段冲突管理的权衡过程中，个体的主要任务是根据上一阶段的冲突归因进行成本与收益的理性权衡。心理需求和物质需求是影响冲突主体权衡的主要因素，表现为对自身丢面子或利益损失的负面预期。若冲突主体仅关注于面子问题而忽视利益得失，即为了维护面子宁可损失利益，则感知面子威胁主导冲突主体的行为决策；反之，若冲突主体仅关注于既得利益而忽视面子损失，即为了利益而选择丢掉面子，则感知利益威胁将主导冲突主体的后续行为决策。冲突管理的权衡过程对第三阶段的冲突行为决策过程极其重要，而中国人的面子心理已然成为冲突行为决策的标准。

　　第三阶段为冲突行为决策过程，决策的基础与标准建立在第一阶段的冲突归因与第二阶段对冲突行为的评估结果之上，不同的感知威胁将导致个体采取不同的行为方式。赵卓嘉和宝贡敏（2011）认为，在面对相同或相似的冲突事件时，冲突主体做出差异化行为决策的关键点在于：其知觉到的面子威胁源自自身不同的心理需求，即关系需要、能力需要和尊重需要。其研究进一步发现，当个体更倾向于关注能力面子威胁时，将会导致其采取竞争的方式去解决问题。如果将冲突简单地理解为对错、优劣判断，其结果在某种意义上就暗示了冲突双方的水平或能力的高低，为了维护自身形象，冲突个体必然会对可能影响其能力面子的冲突问题据理力争。与自身能力相同，人际关系同样是影响冲突行为选择的重要因素。当冲突主体感知到人际关系受损的风险，就会主动选择合作、妥协或暂且将矛盾搁置一边的态度，以维系关系的和谐稳定。此外，由于个体对于社会尊重和认可的追寻，当感知品德面子存在丢失可能时，冲突主体更倾向于采取顺从的方式化解矛盾。即一旦察觉到与自身道德形象有关的威胁信号，个体就会表现出一定程度的忍让和牺牲，以维持自身谦谦君子的高尚形象。尽管中国人讲面子的心理贯穿整个人际交往过程，但当冲突损及自身利益时，面子便可能变得无足轻重。由于冲突主体的风险偏好不同，对于利益的关注可以从时间维度分为关注短期利益和关注长期利益。当冲突主体关注于眼前的短期利益时，则会导致更多的竞争行为，为既得利益或资源放下面子与身份，绝不退让半步。而涉及长期利益时，中国人往往采取婉转的方式，提倡相互间的人情互惠。此时提及的人情既是一种带有主观色彩的社会情感，同时也是一种可被用于人际互换的资源。中国人对于人情关系的注重，导致其要经常性地维系和增强已构建成熟的人情关系，以期在关键时刻发挥作用；而对尚未搭建但极有可能在未来某个时点发挥作用的人情关系，则会未雨绸缪，以便将来能够获取更大的利益。在中国的人情社会交往中想要获得比直接预计结果更大的利益，面对冲突时便不会使用赤裸裸的利益谈判，更多的是使用妥协和回避的方式来维护双方的关系，为长远利益做出暂时的面子牺牲。

与以往研究模型不同的是，本理论模型采用整合分析模型，既注重个体对冲突情境的认知过程、权衡过程和决策过程，同时也强调个体心理认知对于冲突过程的影响，这样做到了将客观情境、主观认知与各个阶段之间相互联系，很好地保证了理论模型的整体性与动态性。

六、总结与未来展望

本书以自我认知、归因选择与面子问题为研究变量，抓住冲突的动态性、主观性与利益博弈，整合影响个体冲突行为的认知因素，从过程角度提出个体冲突认知的全过程模型。研究认为，个体对于冲突的认知源于其归因选择，不同的归因选择会得出不同的冲突认知，而归因偏差对冲突认知机制影响重大，而不同的认知机制却又决定着对冲突的不同理解、心态以及行动的选择。面子心理是中国文化的一种特有现象，是一种自我心理的建构过程，是自我对于社会认可度的一种评价。作为中介变量，面子心理对于冲突认知、归因选择与冲突行为选择的调节作用呈现权变特色，会针对不同情景做出不同的反应。

本书的创新之处在于对冲突认知过程的整合分析。但由于冲突行为是一个多维度、多种因素影响的行为，因此，本书的理论模型并没有着重探讨影响个体冲突行为发生因素间的相互作用，而是从过程视角出发来探讨冲突行为发生过程中的三个认知阶段及其相互关系。未来对冲突研究还可以从以下方面进一步探讨，从而深化对冲突的理解。

第一，深化文化对冲突行为的影响研究。尽管本书考虑了面子问题对于个体冲突决策的影响，但对于冲突过程中社会文化的影响研究仍存在不足。首先，在理论解释方面，东西方对于冲突解决所遵从的价值观各不相同，西方的价值观以个人主义为主，强调个体的自由、尊重与满足，而东方强调集体主义文化重视关系、面子和人情，着重中庸思维。对于冲突的影响因素肯定有差异，因此，有必要站在中国本土文化角度，对影响冲突认知和感知的因素进行重新理论定义与解析。其次，在全球经济一体化发展下，研究跨文化的冲突沟通与管理对于中国企业走向世界具有理论和现实价值。最后，互联网经济的兴起直接影响着人们的心智模式，有必要站在网络视角对冲突认知的影响因素进行深度研究。

第二，深化无意识冲突行为机制研究。长期以来，有关冲突的研究多关注于客观因素和外在因素，而忽视了人的心理因素，把问题想得过于简单和表面化。尽管有研究者从社会交换理论与经济理性理论出发，认为冲突是个体有意识的理性行为，但仍然忽略了个人无意识层面对于冲突的影响。无意识冲突行为具有自发性、隐蔽性、非逻辑性和稳定性的特点，是指个体处于冲突情境时，受外部环境刺激或内在因素影响自动诱使其做出某种特定的冲突行为，并且这种无意识行为无法被个体所内省。未来研究可对无意识冲突行为的发生与管理进行进一步研究。

第三，强化关系网络层面冲突策略研究。关系对于中小企业实现网络化成长至关重要，维系关系稳定发展是每一个中小企业关系管理的重心，但企业网络中的关系嵌入存在现实风险而导致较高的冲突发生率，并有半数以关系破裂而告终。因此，网络关系进化并非一帆风顺，而是在"关系强弱"和"利己利他"的波动中寻求的间断式均衡。事实上，企业往往不是网络关系演化的被动行动者，而是网络关系有意识的管理者。冲突广泛存在于中小企业的网络化成长过程中，但是现实中的冲突策略为什么不起作用，并最终导致关系异化甚至关系逆转？冲突决策如何最终导致企业网络化关系的"升级悖论"和"伪升级命题"？面对不同情境的冲突，究竟如何才能做出有效的冲突决策？是遵循利己原则还是利他原则？是基于短期的策略选择还是长期的战略安排？是着眼于眼前利益还是关系稳定？通过研究关系网络层面的冲突行为，将对上述问题做出解答，同时，对拓展冲突行为的认识与利用，帮助中小企业动态把握网络关系的变化，寻求网络关系间冲突的主动治理提供更多的理论依据与借鉴参考。

本章参考文献

［1］Bao Y, Zhou K Z, Su C. Face consciousness and risk aversion: Do they affect consumer decision - making? ［J］. Psychology & Marketing, 2003, 20 (8): 733 - 755.

［2］Cargile, A. C. , J. J. Bradac, and T. Cole. Theories of Intergroup Conflict: A Report of Lay Attributions ［J］. Journal of Language & Social Psychology, 2006, 25 (1): 47 - 63.

［3］Das, T. K. , and B. Teng. The Dynamies of Alliance Conditions in the Allianee Development Proeess ［J］. Joumal of Management Studies, 2002, (39): 725 - 746.

［4］Goffman E. On face - work: An analysis of ritual elements in social interaction ［M］// Interaction ritual: Essays on face to face behavior. Garden City, N. Y. : Anchor Books, 1967.

［5］Greer, L. L. , K. A. Jehn, E. A. Mannix. Conflict Transformation: A Longitudinal Investigation of the Relationships Between Different Types of Intragroup Conflict and the Moderating Role of Conflict Resolution ［J］. Small Group Research, 2008, 39 (3): 278 - 302

［6］Korsgaard, M. A. , et al. A Multilevel View of Intragroup Conflict ［J］. Journal of Management, 2008, 34 (6): 1222 - 1252.

［7］Martinko M J, Harvey P, Douglas S C. The role, function, and contribution of attribution theory to leadership: A review ［J］. Leadership Quarterly, 2007, 18 (6): 561 - 585.

［8］Ting - Toomey S. The matrix of face: An updated face - negotiation theory ［M］// Gudykunst W B. Theorizing about intercultural communication. London: Sage, 2005.

［9］ Wall, J. James A. and R. R. Callister. Conflict and its Management ［J］. Journal of Management, 1995, 21 （3）: 515.

［10］ Weiner B. Judgments of responsibility: A foundation for a theory of social conduct ［J］. Contemporary Psychology, 1996, 20 （2）: 447 – 448.

［11］陈俊杰，陈震."差序格局"再思考［J］.社会科学战线，1998（1）: 197 – 204.

［12］陈文平，段锦云，田晓明.员工为什么不建言：基于中国文化视角的解析［J］.心理科学进展，2013，21 （5）: 905 – 913.

［13］陈晓萍.组织与管理研究的实证方法［J］.2008 （7）: 128 – 128.

［14］樊富珉，张翔.人际冲突与冲突管理研究综述［J］.中国矿业大学学报（社会科学版），2003，5 （3）: 82 – 91.

［15］傅世昌，刘家诚.冲突处理风格、关系冲突及团队绩效影响机制——基于 Dutch 冲突量表［J］.海南大学学报（人文社会科学版），2013，31 （3）: 120 – 125.

［16］韩振文.群体性事件发生的认知心理机制及其法治化防控［J］.学术交流，2017 （8）.

［17］廖东升，杨芳，张晶轩.无意识目标启动的定义、机制及应用［J］.心理科学进展，2014，22 （11）: 1829 – 1836.

［18］刘锦英.核心企业选择网络外部行动者的策略：行动者特性视角［J］.管理评论，2015，27 （7）: 177 – 186.

［19］刘琳，梁三才.意识和无意识冲突控制的关系——质的差别还是量的差异［C］//全国心理学学术会议，2014.

［20］刘星.国外最新组织信任修复模型评介［J］.外国经济与管理，2010（4）: 25 – 30.

［21］宋晓兵.感知面子对行为意向影响的跨文化比较研究［J］.预测，2012，31 （4）: 9 – 14.

［22］威尔玛·苏恩（Wilma W. Suen）.避开合作的陷阱［M］.刘建民等译.北京：中国劳动社会保障出版社，2007.

［23］魏昕，张志学.组织中为什么缺乏抑制性进言？［J］.管理世界，2010 （10）: 99 – 109.

［24］夏天生，李慧，王凌.认知控制受到无意识习得的刺激——反应联结调节的神经表征［C］//全国心理学学术会议，2014.

［25］徐礼伯，施建军．联盟动态稳定：基于互依平衡的理论研究［J］．中国工业经济，2010（3）：97－107.

［26］张钢，曹评．基于归因理论的冲突类型分析［J］．管理评论，2010，22（3）：86－92.

［27］赵卓嘉，宝贡敏．知识团队内部任务冲突的处理：感知面子威胁的中介作用研究［J］．浙江大学学报（人文社会科学版），2010，41（11）：187－200.

［28］赵卓嘉．面子理论研究述评［J］．重庆大学学报（社会科学版），2012，18（5）：128－137.

［29］周美伶，何友晖．从跨文化的观点分析面子的内涵及其在社会交往中的运作［C］//杨国枢，余安邦编．中国人的心理与行为——理念及方法篇1992［M］．台北：桂冠图书公司，1994，205－254.

［30］朱瑞玲．中国人的社会互动：试论面子的运作［J］．中国社会学刊，1987（11）：23－53.

第九章 冲突回避、关系压力与面子问题：冲突回避下中国人的面子问题

一、研究背景与问题提出

企业的生存和发展不是孤立的，总是处于一定的关系网络之中。在商业全球化、产业互联化、劳动分工化与生产协同化的今天，依靠企业间正式和非正式关系网络而实现的网络化成长已经成为企业重要的成长方式和策略。不同传统的双边关系合作、网络关系合作，由于多主体的出现，显得更为复杂。在关系网络中，当两个或两个以上的社会主体有着不同的志趣或偏好，潜在的、隐性的冲突就在他们之间产生了（张志学和魏昕，2011）。隐性冲突最终会朝哪个方向演化，直接取决于冲突主体的应对表现（K. W. Thomas，1992；D. Tjosvold，1998）。当冲突发生时，若冲突双方通过直接交换意见，整合出双方都能接受的解决方案，即开放性、建设性处理冲突是已有研究所倡导的做法（孙海法，2002）。一直以来，中国社会文化最显著的特征之一就是强调和谐及合理安排人际关系（黄光国，1985），而在现实中，关系网络成员没有人愿意直面冲突，特别是直接发泄不满、提出异议，这无疑会使双方陷入紧张、尴尬的气氛之中，因此，在中国传统文化中，回避冲突则成为中国人处理冲突的首选策略。

中国文化式的冲突规避问题一直是西方学者无法理解的问题。按照他们"二元悖反"线性思维逻辑，是就是是，非就是非，是非曲直；而中国人认为，是非问题辩证对待，权变处理。中国人的冲突回避不是怕冲突，而是对冲突辩证对待，把冲突所造成的损失降到最低。尽管冲突回避的重要意义得到了广泛的认可

和强调，但对于冲突回避的动因研究仍然存在不足。

第一，基于西方文化背景建立起来的冲突管理理论体系并不能完全解释中国的冲突回避现象。中国文化的特征主要是高中庸思维，注重关系、面子和人情，对面子和关系稳定的维护使得中国人更倾向于回避冲突（陈文平、段锦云、田晓明；2013）。有研究者认为，冲突回避并不能有效地解决冲突，反而会使这种回避态度蔓延到其他场合，造成溢出效应，不利于组织成员的互动和团队合作（张志新、魏昕，2011）。事实上，在中国人情社会里，面子是最重要的潜规则，深刻影响着个体的社会关系（杜伟宇、许伟清，2014）。中国人的"面子功夫"使得我们不仅想"要面子"、怕"丢面子"，而且还要"争面子"，如此关注面子，使得中国人更倾向于回避冲突，以一种巧妙的姿态保护彼此的面子，大事化小、小事化了。所以，中国人对面子的关注是否真的会对冲突回避行为产生影响，以及如何影响需要进一步验证。

第二，以往关于冲突回避的研究都建立在二元关系基础之上，但在现实中，尤其是关系网络中，双方对于冲突的态度、反应不仅取决于自身的决策，同时也会受到第三方的影响（张军果，2006）。此外，所谓面子可以理解为在公众中的自我形象，这里公众的存在也同时表明了面子不能离开其他交际者（夏登山、蓝纯，2015）。因此，介入冲突中的第三方面子是否会影响冲突回避的策略选择，以及产生何种影响也需要进一步研究。

针对上述研究问题，本书通过数据进行假设的验证，探讨中国式特殊的面子维护的具体内涵以及对冲突回避的影响作用，深入地理解中国人选择回避冲突的解决方式的内在动因，把握中国社会人际交往范式，为更好地避免或解决网络关系间的冲突问题提供一定的理论指导。

二、理论框架和研究假设

（一）冲突的过程及冲突回避

冲突是一个动态过程（张钢、曹评，2010），在这个过程中，按照时间序列组合的一系列事件就是冲突（Pondy，1967；Thomas，1992），冲突发生于组织系统内部，并受到组织内各种条件的影响。从过程视角看，组织合作产生行为，行为形成事件，对事件的理解与评估形成人们对于事件的不同理解与评价（Neuman & Baron，1998）。冲突的发生不仅在于参与人对于事件的不同理解，更在于对事件的不同归因，因为归因结果会导致不同的冲突解决方式选择。而冲突解决方式的选择又形成新的评价和感知，进而对下一次的冲突产生影响。冲突的发展就是这样的一个循环的过程，而组织的成长过程也是在不断地解决协调、克服与解决各种冲突的螺旋式成长。

图 9 - 1　冲突过程

资料来源：笔者整理。

　　由图 9 - 1 可以看出，冲突没有好坏之说，冲突的问题是如何处理和解决冲突的好坏，这主要取决于对冲突采取何种处理方法（蔡双立，2017）。传统的冲突管理理论倡导开放包容性地、建设性地协调冲突、处理冲突和解决冲突，然而现实远远比人们想象得复杂。首先，没有人愿意直面冲突，因为一旦直面冲突，彼此和谐关系必然破坏；其次，人们又无法回避冲突，冲突不解决，终究要有结果；最后，无论是选择回避或抑制冲突，冲突存在于我们学习、工作和生活之中，企业冲突的协调能力决定着企业的成长质量。。

　　冲突刻意规避是指冲突当事人感知到冲突的存在，但不采取任何措施与对方修缮关系。通过采取忽视或者漠然的态度，使双方感到冲突似乎从未发生（陈云，2008），从而淡化了冲突，维护了自身利益或者双方关系稳定。这种处理方式在中国多为人所称道，在中国传统文化中，人情和互惠的原则使人们常常以回避来维系双方关系的稳定和谐（张志学、魏昕，2011）。必须注意的是，冲突回避的处理方式只使冲突没有继续恶化，仅维护了暂时的平衡，而产生冲突的根本原因却没有得到解决（陈晓红，2010）。因此，冲突当事人缘何选择回避冲突，以及回避能否解决冲突，能否改善组织关系质量是值得深入研究的问题。

（二）面子

　　面子问题在中国社会中由来已久，给面子、留面子、看面子、要面子，面子问题成为中国本土文化的一个"面子"。面子文化是中国人深层心理结构的一种外部映射，也是儒家思想长久熏陶与影响下的产物。面子究竟为何物？各路学者各持己见，各穷其理，各说其辞，到现在也没有人说出面子文化在中国存在与盛行的密码。为了深入了解面子的内涵，本书对不同视角下的面子进行了比较全面的梳理，见表9-1。

表9-1　面子的定义

视角	研究者（年份）	面子的定义
社会学视角	Goffman（1967）	面子是个体在特定的社会交往中，由于他人认可所获得的正面社会价值，它是一种以被赞许的社会属性
	何有晖（1976）	面子是个人因为成就、地位和贡献而获得的他人尊重、顺从和恭维
	Hu（1944）	面子是指个人在社会交际过程中，通过辛苦或刻意经营而获得的社会威望和声誉。无论任何时候个人要获取面子都需要依靠外界
	Stover（1962）	面子是一种社会意识，用以维系严格的社会等级以及人际稳定
	金耀基（1988）	面子是社会对个人现有成就的认可，面子包括两方面，社会性的面子和道德性的面子
	朱瑞玲（1987）	面子是社会认可的"自我"，也是社会影响力的体现
心理学视角	Brown 和 Levinson（1987）	面子是指在社交过程中每个人要求被他人认可的公众自我意象，是一种需要情绪投入，可以丢失、维持或增加，并且在交往中需要时刻留意的东西
	Earley（1997）	面子是建立在内部和外部判断基础之上的自我评价，这些判断与一个人的行为是否符合道德规范及其在特定的社会结构中所处的地位有关
	Lim（1994）	面子是个人向社会寻求的正面的公众心理
	Ting - Toomey（2005）	面子是指在某些人际交往过程中，个人所追求的正面的社会自我意象
	陈之昭（1988/2006）	面子是个体所具有的重要自我属性，通过与他人交往获得评价或反馈后，形成的具有社会意义的自我意象
	翟学伟（1995/2006）	面子是个体为迎合社会认同所进行的修饰性行为在他人心目中产生的序列地位，即心理地位

资料来源：笔者根据以往相关文献整理。

从胡先缙区分面子概念开始，就不难看出，面子既是一种自我建构，也是一种社会建构，既具有情境性，也具有持久性，指的是个人所声称的，而且为他人所认可的社会尊严或公众形象。根据不同视角下面子的定义，可以将面子划分为自我面子和他人面子两类，与之相对的是防御性面子行为和保护性面子行为（Goffman，1967），以此为基础，进一步衍生出了共同面子的概念，借以表征个体对关系群体共有面子的关注（Ting - Toomey，2005）。从以上讨论可以看出，面子是一个典型的多维概念，研究者可以针对个体的面子策略选择和面子行为进行定性研究，但是无法对面子进行定量测量，这一缺陷直接阻碍了面子理论的发展（赵卓嘉，2012）。

随着认知理论的发展，近年来研究者针对面子问题展开的实证研究主要围绕"感知面子"这一热点概念，认为它将影响个体社交过程中的态度和实际行动（宋晓兵，2012）。感知面子是指个体在社会交往过程中对自身面子提升、保持或降低的自我认知（Bao Y，Zhou K Z，Su C，2003），从本质上讲感知面子是个体对某一行为或态度能够为自身带来公众认可的社会形象水平的评价。任何事物都具有正反两个方面，感知面子同样有积极和消极之分（赵卓嘉、宝贡敏，2011）。由于存在"得失不对称"的感知偏差和损失规避的心理效用，人们会更重视威胁面子的信号。特别是受儒家文化影响的中国，对自身面子的保全和维护被认为是立身之本，中国人对"挣面子"机会的把握要远逊于感知面子威胁的敏感程度和能力。因此，敏感的中国人都会将冲突视为对自身面子的一种威胁，本书将围绕冲突主体感知到的面子威胁展开。

（三）感知面子威胁

感知面子威胁是指个人通过某种社会性反馈而产生的一种负面自我认知，即个体感知到某一事件或行为存在"丢面子"或"没面子"的潜在风险和可能，往往以社会成本的方式作用于个体的行为反应。

本书在以往研究基础上构建了有关中国人面子的 Relation & Ability 双因素模型（见图 9 - 2）：有关人际关系的面子源自对广泛的关系网络、和谐人际关系和积极社交影响力的诉求；有关个人能力的面子源自追寻他人对自身能力的认可、赞许以及由此衍生的一切附属品（如成就、财富、地位等）的渴求（宝贡敏、赵卓嘉，2009）。与之相对，研究者提出的感知面子威胁也分为两类：感知关系面子威胁和感知能力面子威胁。感知关系面子威胁在于自信问题，感知能力面子威胁在于自尊问题。

（四）感知面子威胁与冲突回避

面子既是中国人"自我意识"和"自我观"的心理表征，也是中国人对人

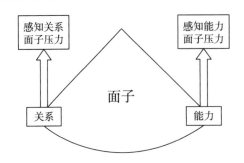

图 9 - 2   中国人面子的 Relation & Ability 双因素模型

资料来源：笔者根据相关文献整理。

际关系进行认知和评价的标准（吴铁钧，2004）。"讲面子"的心理是中国人荣誉感得以满足和社会地位得以实现的最优途径，同时也是维系关系稳定的最佳工具。但是，"讲面子"的心理也会对中国人社会交往过程中人际关系的"理性"发展产生负面影响，甚至成为中国人人际交往的心理负担（宋晓兵，2012）。面子问题可大可小，但却常常扮演着冲突诱因的角色。冲突是一种典型的面子事件。在冲突情境中，关系网络成员可以选择放弃自己立场、回避意见冲突来换取他人认可，进而维护和谐的关系（用能力面子换取关系面子）；也可以选择坚持己见，通过威逼、利诱等各种方式迫使对方屈服从而维护自身的权威形象（用关系、品德面子换取能力面子）。在冲突情境中，个人究竟是选择"维护他人面子"还是选择"保全自身面子"？根据认知理论，决定这种"义""利"交融的"人情"实践选择的关键因素应该是冲突主体所感知到的面子威胁（F. P. Brew & D. R. Cairns，2004）。在以"和谐"为文化背景的人际关系实践中，冲突当事人奉行与人为善、克己让人的处世之道，极力克制自己的情绪，强调息事宁人，避免冲突的恶化，通常表现为忍让或者回避冲突。然而，现实中这种"以和为贵"的人际关系实践也并非总能实现，冲突当事人为了维护自身形象，避免他人对自身能力产生怀疑，人们总是会尽力表现自己，将问题归咎于外在、不稳定、不可控的因素，这也正好印证了 Weiner 的利己归因思想（张刚、曹评，2010）。综上所述，便不难理解中国人选择回避冲突的缘由，来自不同心理基础的感知面子威胁，即人类最为根本的关系需要、能力需要和尊重需要。在冲突情境中，当冲突主体感知到关系面子威胁时，便会倾向于选择回避冲突的处理方式；当感知到能力面子威胁时，便会放弃回避冲突，选择直面冲突的方式证明自己（见表 9 - 2）。据此，研究者提出以下假设：

H1：冲突主体的感知关系面子威胁越大，其采取冲突回避策略的可能性越大。

H2：冲突主体的感知能力面子威胁越大，其采取冲突回避策略的可能性越小。

表 9 – 2　感知面子威胁与冲突回避

感知面子威胁类型	感知关系面子威胁	感知能力面子威胁
冲突回避	+	–

注："－"表示冲突主体感知到的面子威胁越大，其采取冲突回避策略的可能性越小；"＋"表示冲突主体感知到的面子威胁越大，其采取冲突回避策略的可能性越大。

（五）第三方面子叠加的调节作用

中国社会"人情"往来中彼此间比较在意"给面子""留面子"的行为，而且这种"给面子""留面子"是彼此相互的，具有互动性、延续性、叠加性，每一次"给面子"都被视为一种关系负债，随着彼此之间相互亏"欠"的程度逐步加深，这样"关系"逐步加深，彼此"面子"也不断加大的过程。在现实情况中，在冲突情境中见证面子维护或威胁行为的参与者数量越多，冲突当事人对面子维护的动机或威胁的效果就越强；反之，面子维护或威胁行为的参与者越少，其效果也就越弱（夏登山、蓝纯，2015）。第三方的介入会对冲突双方的面子维护或威胁的效果产生一种"叠加"效应，这种叠加效应并非单纯地增加某一方特定的面子维护或威胁行为的效果，而是对冲突一方的面子维护或冲突同时也维护或威胁着另一方的面子。简言之，前者是一种程度强弱的"简单叠加"，而后者则是一种几何累积式的"复合叠加"。在第三方介入冲突的过程中，三方"面子"的互动本质上都是以联结、维系与发展"关系"为指向的，第三方介入冲突的目的并非仅是迅速地化解冲突，而是向冲突双方灌输一种相互合作、相互信任的解决问题的观念和态度。由前文假设可知，当冲突主体感知到关系面子威胁时，冲突主体更倾向于采用冲突回避的策略处理冲突，但中国人面对问题时的回避与忍让并不意味着妥协，平静的表象只是冲突再次爆发的前奏。尤其是这些冲突并不会像人们期盼的那样，随着时间的流逝而逐渐淡化，一味地忽视、回避冲突只会掩盖矛盾、集聚矛盾，并最终导致更激烈的冲突爆发（Kitayama，2003）。换言之，以"和"为价值目标的冲突回避并不能回避实质性的矛盾，其结果是常常使人际矛盾并不公开化地"明争"而趋于私下里地"暗斗"。因此，出于对双方关系稳定的考虑，冲突第三方往往会要求冲突双方开诚布公地探讨冲突，寻求有效的冲突解决方案。然而，面对复杂的冲突情境，公开地探讨冲突并非时常有效，有时反而会起到负面效果。当冲突双方感知到能力面子威胁时，为了避免他人对自身能力产生怀疑，冲突当事人会尽力地表现自己，特别是直接地发泄不满、提出异议，这无疑增加了双方紧张的气氛，使沟通变为争论，甚至进一步演变成更激烈的冲突（Kevin D. Bradford et al.，2004）。面对此种情景，现实中第三方会通过向冲突双方施加面子威胁，使冲突双方暂时地搁置争议。冲突双方无论是出于对自身面子的维护还是对第三方面子的保全，暂时地回避冲突都不失为一种好的策略选择。在通常情况下，第三方强制冲突双方暂时地忍让、回避冲突只是为了防止冲突的持续升级，避免双方关系的进一步恶化，同时削减双方因为冲突而产生的紧张情绪。换言之，回避冲突的处理方式既维系了彼此间的关系也维护了三者的面子。据此，研究者提出以下假设：

H3：第三方面子对冲突双方感知关系面子与冲突回避之间的关系起反向调节作用。

H4：第三方面子对冲突双方感知能力面子与冲突回避之间的关系起反向调节作用。

综合假设 H1~假设 H4，可以得到本书的假设模型，如图 9-3 所示：

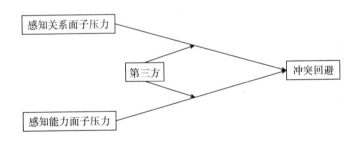

图 9-3　面子对冲突回避策略选择影响的理论模型

资料来源：笔者提出和整理。

三、研究方法与设计

认知是现实经历和历史体验交叉影响所产生的结果。在处理相似的冲突情景时，人们会做出相对一致的行为决策（J. Onishi & R. E. Bliss，2009）。认知冲突则是一个人已建立的认知结构与当前面临情境之间产生的无法同构的矛盾与冲突，是已有的知识、经验与新知识之间存在某种差距而导致的心理失衡。同一关系网络中的成员处事风格既有差异，但呈现出某种程度的共性。这种跨越时空和主体的一致性构成了关系网络内部冲突行为预测和管理的基础，由此得出的研究结果通常更具有现实的指导意义。以此为基础，本书将从关系网络层面进行解析。

（一）变量测量

对关系网络层面现象研究和测量应以关系网络整体作为评价对象（K. J. Klein，F. Dansereau & R. J. Hall，1994）。通过科学的统计处理，成员对关系网络整体评价的汇总能更真实地反映关系网络层面的属性，并有效地降低测量误差。

1. 感知面子威胁与第三方面子叠加

以往关于面子的定量研究多以语言或行为为主要研究内容，常用敌对性、强制性、羞辱性等指标测量其中隐含的面子威胁（薛璐，2016）。这种研究方法实际上将不礼貌行为等同于面子威胁，过于片面。近年来，有研究者采用自我/他人、积极/消极等的二分方法对个体感知到的面子威胁进行直接测量（赵卓嘉、宝贡敏，2011），而第三方面子叠加实际上也是一种面子感知，也可用此方法进行直接测量。据此，本书将采用二分法，通过文献梳理和专家访谈提出4个测量项进行感知面子威胁的测量，5个测量项用于第三方面子叠加的测量，例如"在争论中落败会令自己的工作能力遭到质疑""反馈负面信息（如反对、拒绝、批评等）不利于维护人际关系""一味强调自己的观点和立场会显得很小气""拒绝第三方的调解会让三者都很尴尬"等。

2. 冲突回避

当前，实证研究运用最多的测量工具是CMS、MODE、OCCI、CMMS和ROCI Ⅱ（王盛文、白居、乐云，2014）。鉴于其各自的心理测量属性，本书选择以ROCI Ⅱ为基础，综合其他工具及访谈结果进行量表的设计。经过多番测试检验，最终得到7个测量项。

3. 控制变量

以往研究结论表明，关系网络中个人的性别、工龄、企业性质会对关系网络内部冲突的演化构成影响，本书将其作为控制变量纳入分析模型之中。

（二）数据收集

本书的样本取自天津三所高校的 EMBA 班在职学生。通过网上网下共发放问卷 240 份，收回有效问卷 211 份，问卷有效回收率 87.9%。在所有被访者中，男性被访问者占 48.3%；在国有企业任职的占 26.5%，在集体企业任职的占 13.3%，在民营企业任职的 42.7%，在外资企业任职的占 17.5%；具有 5～10 年工作经验的占 34.1%，具有 10～15 年工作经验的占 20.4%，具有 10 年工作经验的占 45.5%。

四、统计分析

（一）信度和效度检验

由表 9 - 3 可以看出，表中各变量的 Cronbach's α 信度系数值都在 0.7 以上，说明具有良好的内部一致性。

表 9 - 3 感知面子威胁与冲突回避

变量	均值	标准差	感知关系面子威胁	感知能力面子威胁	第三方面子	冲突回避
感知关系面子威胁	1.86	0.61	(0.819)			
感知能力面子威胁	2.82	1.18	− 0.99	(0.934)		
第三方面子	3.48	1.00	− 0.433 **	0.264 **	(0.912)	
冲突回避	1.88	0.78	0.592 **	− 0.322 **	− 0.628 **	(0.925)

注：** 表示 p < 0.01，* 表示 p < 0.05；对角线上括号内的数值为相应量表的信度系数值。

随后，本书使用 Amos21 对感知关系面子威胁、感知能力面子威胁、第三方干预和冲突回避进行了验证性因子分析（CFA）。如表 9 - 4 所示，假设的四因子模型拟合度良好：$\chi^2/df = 1.724$，$p = 0.000$，IFI = 0.959，TLI = 0.953，CFI = 0.958，RMSEA = 0.059。

表9-4 因子信度效度检验

变量	测量题项	因子载荷	组合信度 CR	AVE
感知关系面子威胁	PRFT1	0.74	0.82	0.53
	PRFT2	0.71		
	PRFT3	0.76		
	PRFT4	0.70		
感知能力面子威胁	PAFT1	0.85	0.93	0.78
	PAFT2	0.90		
	PAFT3	0.90		
	PAFT4	0.88		
第三方面子	TPF1	0.87	0.91	0.68
	TPF2	0.83		
	TPF3	0.83		
	TPF4	0.79		
	TPF5	0.79		
冲突回避	Avoid1	0.80	0.91	0.59
	Avoid2	0.79		
	Avoid3	0.78		
	Avoid4	0.70		
	Avoid5	0.80		
	Avoid6	0.76		
	Avoid7	0.74		

$\chi^2/df = 1.724$，$p = 0.000$，IFI = 0.959，TLI = 0.953，CFI = 0.958，RMSEA = 0.059
各因子载荷均显著，$p < 0.00$

对量表效度的检验包括两个方面：收敛效度和判别效度。收敛效度检验包括因子载荷和平均方差抽取量（Average Variance Extracted，AVE）。如表9-4所示，在 CFA 检验中，各变量的测量项因子载荷都是显著的，并都大于0.7。同时，研究者通过计算得到 AVE 值均大于0.5，表明因子具有良好的收敛效度。研究者从以下三个方面对判别效度进行检验：①任意两变量间的卡方变化显著；②在95%的置信水平内，任意两变量间的相关系数不等于1；③任意两变量的相关系数的平方值小于这两个变量的 AVE 值。我们检验的结果符合上述要求，表明因子具有良好的效度。

（二）回归分析

在信度、效度检验符合要求的前提下，研究者对模型进行了假设检验。选取性别、工龄和企业性质作为控制变量，冲突回避为因变量，自变量分别是感知关系面子威胁和感知能力面子威胁，第三方面子是本书的调节变量，运用分层回归分析方法对理论假设进行验证。按照分层回归的顺序，在模型（1）中加入控制变量，在模型（2）和模型（5）中加入自变量，在模型（3）和模型（6）中加入自变量和调节变量，在模型（4）和模型（7）中加入自变量和调节变量的交互作用项。在进行分析之前，研究者分别对自变量和调节变量进行去中心化处理。回归分析结果如表9-5所示。

表9-5 分层回归分析结果

研究变量	因变量：冲突回避						
	模型（1）	模型（2）	模型（3）	模型（4）	模型（5）	模型（6）	模型（7）
（常数）	1.805**	1.990**	1.907**	1.896**	1.722**	1.733**	1.760**
性别	-0.121	-0.159	-0.096	-0.099	-0.068	-0.028	-0.054
工龄	0.069	0.020	0.011	0.007	0.063	0.034	0.028
企业性质	0.039	0.037	0.041	0.033	0.048	0.048	0.042
感知关系面子威胁（PRFT）		0.753**	0.505**	0.396**			
感知能力面子威胁（PAFT）					-0.209**	-0.111**	-0.116**
第三方面子（TPF）			-0.349**	-0.370**		-0.449**	-0.400**
PRFT×TPF				-0.168**			
PAFT×TPF							0.128**
R^2	0.017	0.362	0.526	0.542	0.116	0.426	0.462
ΔR^2		0.345**	0.163**	0.016**	0.099**	0.310**	0.037**

注：**表示 $p < 0.01$，*表示 $p < 0.05$。

从模型（1）可以看出，控制变量对冲突回避没有显著的影响；而在模型（2）和模型（5）中，感知关系面子威胁和感知能力面子威胁分别对冲突回避具有显著的正向影响和负向影响（$\beta = 0.753$，$p < 0.01$；$\beta = -0.209$，$p < 0.01$），假设H1和假设H2得到验证；在模型（3）、模型（4）中，第三方面子在感知

关系面子威胁和冲突回避之间起反向调节作用，其中交互项系数 β = - 0.168（p < 0.01），假设 H3 得到验证；而在模型（6）、模型（7）中，第三方面子在感知关系面子威胁和冲突回避之间起反向调节作用，其中交互项系数 β = 0.128（p < 0.01），假设 H4 得到验证。

五、研究结果与讨论

本书以感知面子威胁为研究视角，结合中国传统文化的特点研究关系网络成员选择冲突回避的动因，并对提出的假设模型进行了实证研究。一方面，中国人"给面子"的真正动机是为了维护自身基于人际关系的面子，所以个体感知到的指向他人的面子威胁归根结底就是对自己关系面子的威胁，选择回避冲突只是为了保全彼此的面子，避免和谐的关系网络遭到破坏；另一方面，中国人害怕"丢面子"，当冲突指向个人能力时，冲突当事人为了捍卫自己的话语权，面对能力威胁必然据理力争，而回避冲突则被认为是对自身能力的否定，将会导致自身面子的丢失。而且，第三方面子还反向调节上述两种感知面子威胁对冲突回避的影响。本书对于探寻冲突回避的黑匣和现实实践都具有一定的贡献。

（一）研究发现与讨论

冲突回避是中国组织中常见的冲突处理方式（张志学、魏昕，2011）。它兼具建设性和破坏性，实际的演化结果受到回避动因的影响。因此，了解和掌握关系网络成员的行为逻辑才能从根本上判断冲突回避的好坏。

冲突是一种典型的面子威胁事件。无论是从礼貌理论的协商视角，还是从面子磋商理论的文化视角来看，面子都能为冲突回避行为提供合理的解释（S. Ting - Toomey，2005）。如果将关系网络内部的冲突视为连续"认知—反应"过程，那么冲突当事人对于冲突事件中面子威胁信号的解读决定了其后续的行为反应。本书的分析结果在一定程度上验证了这一基础性的假设，说明感知面子威胁与冲突回避之间确实存在重要的联系。

第一，感知关系面子威胁的提升将增加冲突回避行为（β = 0.753）。人际关系是影响冲突处理方式选择的重要因素。一旦察觉到与人际关系有关的威胁信号，网络关系成员就会表现出一定程度的忍让和回避，暂时地搁置冲突，以维持彼此间的关系稳定。

第二，感知能力面子威胁的提升将减少冲突回避行为（β = −0.209）。如果将关系网络内部的冲突直观地理解为对错、优劣判断，冲突的结果在某种程度上就暗示了冲突双方个人能力的差距。对"好面子"的中国人来说，为了维护自身形象，避免能力素质遭到他人质疑，面对能力威胁势必会进行激烈的争论。

第三，本书在原有的冲突二元基础上引入了第三方，探讨第三方的面子对冲突双方回避冲突行为的影响。研究结果表明，三方交际中的冲突行为与两方交际存在一定的差别。当冲突双方刻意回避冲突时，第三方面子的威胁可以促进冲突双方进行有效沟通，为冲突双方营造出一种坦诚的谈话氛围，减少因某一方不坦率而带来的风险，既给足了彼此面子，又避免了隐性冲突导致关系的进一步恶化。而当冲突双方的紧张或威胁程度过高，或者情绪过于激动时，第三方可以制造一定的缓冲区或冷却区，暂时地回避冲突能够使冲突双方更冷静地看待问题，最终形成彼此满意的结果。换言之，在面对能力面子威胁时，第三方的介入不仅保全了冲突双方的能力面子，而且避免了显性冲突的继续升级。

综上所述，在中国，关系网络内部的冲突不仅诱发矛盾的爆发，同时也是多种面子要素的权衡结果。中国人的回避冲突乃至寻求冲突解决本身都可能以保全彼此面子甚至第三方面子为根本出发点，他们的冲突管理实际上就是面子的管理。认清这一点或许能帮助关系网络成员更好地处理关系网络内部的冲突，进而防止冲突的恶化。鉴于面子氛围的影响作用，处于关系网络核心位置的成员也可以通过有意识地培育和引导，充分发挥保护型面子氛围的积极作用，并尽可能淡化其负面效应。例如，一方面可利用成员对彼此面子的顾虑维持和谐的关系状态，另一方面发挥第三方面子的作用，在关系网络内部营造自由、开放的沟通氛围，鼓励开诚布公地探讨问题，以避免隐性冲突的产生。

（二）研究不足与展望

本书存在一定的局限性：首先，本书采用的是自我报告式的态度测量法，研究结果不可避免地会受到社会称许性偏差的负面影响。在今后的研究中，可尝试运用多种方法（如实验法、观察法等）对相关的研究结论进行检验。其次，利用问卷调查获取的只是一个截面数据，构建的模型还不能反映面子维护的动态演化过程，如何获取高质量的跨期数据进行纵向研究，进一步剖析面子维护与冲突回避之间的关系是今后努力的方向。最后，本书的所有数据主要来自一方，如果能从冲突主体所处的关系网络中收集到反映多边关系的资料，结果可能会更加准确、更具有说服力。

本章参考文献

[1] Bao Y, Zhou K Z, Su C. Face consciousness and risk aversion: do they affect consumer decision‐making? [J]. Psychology & Marketing, 2003, 20 (8): 733–755.

[2] Bradford K D, Stringfellow A, Weitz B A. Managing conflict to improve the effectiveness of retail networks [J]. Journal of Retailing, 2004, 80 (3): 181–195.

[3] Brew F P, Cairns D R. Do culture or situational constraints determine choice of direct or indirect styles in intercultural workplace conflicts? [J]. International Journal of Intercultural Relations, 2004, 28 (5): 331–352.

[4] Goffman C. MAA Studies in Mathematics, Vol. 3. Studies in Real and Complex Analysis. by I. I. Hirschman [J]. American Math Monthly, 1967, 74 (6): 749.

[5] Kitayama S, Duffy S, Kawamura T, et al. Perceiving an object and its context in different cultures: A cultural look at new look [J]. Psychological Science, 2003, 14 (3): 201–206.

[6] Klein K J, Dansereau F, Hall R J. Levels Issues in Theory Development, Data Collection, and Analysis [J]. Academy of Management Review, 1994, 19 (2): 195–229.

[7] Neuman J H, Baron R A. Workplace Violence and Workplace Aggression: Evidence concerning specific forms, potential causes, and preferred targets [J]. Journal of Management, 1998, 24 (3): 391–419.

[8] Onishi J, Bliss R E. In search of Asian ways of managing conflict: A comparative study of Japan, Hong Kong, Thailand and Vietnam [J]. International Journal of Conflict Management, 2006, 17 (3): 203–225.

[9] Pondy L R. Varieties of Organizational Conflict [J]. Administrative Science Quarterly, 1969, 14 (4): 499–505.

[10] Simister E A, Lee E M, Thomas R K, et al. Structure of a tetradecyltrimethylammonium bromide layer at the air/water interface determined by neutron reflection [J]. Journal of Physical Chemicstry, 1992, 96 (3): 1373–1382.

[11] Thomas K W. Conflict and negotiation processes in organizations. [C] //

Md Dunnette & Lm Hough Handbook of Industrial & Organizational Psychology, Palo Alto, Ca: Consulting Psychologists, 1992.

［12］Ting – Toomey S, Chung L C. Understanding intercultural communication ［M］. New York: Oxford University Press, 2005.

［13］Ting – Toomey S. Identity negotiation theory ［J］. The International Encyclopedia of Intercultural Communication, 2017: 1 – 6.

［14］Tjosvold D. Cooperative and Competitive Goal Approach to Conflict: Accomplishments and Challenges ［J］. Applied Psychology, 1998, 47 （3）: 285 – 313.

［15］蔡双立，王寅. 组织关系建构"和"的逻辑：关系资本整合分析视角 ［J］. 现代财经 （天津财经大学学报），2017，37 （7）: 3 – 13.

［16］杜伟宇，许伟清. 中国情境下权力对炫耀性产品购买意愿的影响：面子意识的中介效应 ［J］. 南开管理评论，2014，17 （5）: 83 – 90.

［17］黄光国. 人情与面子 ［J］. 经济社会体制比较，1985 （3）: 55 – 62.

［18］宋晓兵. 感知面子对行为意向影响的跨文化比较研究 ［J］. 预测，2012，31 （4）: 9 – 14.

［19］孙海法. 回避冲突的多层多维过程模型 ［J］. 中山大学学报 （社会科学版），2002 （4）: 119 – 125.

［20］王盛文，白居，乐云. 项目团队下属间冲突管理模式的量表开发与评测——基于团队领导者的视角 ［J］. 华东经济管理，2014 （4）: 162 – 168.

［21］吴铁钧. "面子"的定义及其功能的研究综述 ［J］. 心理科学，2004 （4）: 28.

［22］夏登山，蓝纯. 三方交际中面子的叠加 ［J］. 现代外语，2015 （3）: 337 – 346.

［23］谢科范，陈云. 企业高层管理团队冲突中的分群原理 ［J］. 科技进步与对策，2008，25 （2）: 78 – 81.

［24］薛璐. 从礼貌原则和面子理论看电视访谈会话的运用——以《首席夜话》为例 ［J］. 现代语文：语言研究版，2016 （2）: 127 – 130.

［25］员工为什么不建言：基于中国文化视角的解析 ［J］. 心理科学进展，2013，21 （5）: 905 – 913.

［26］张钢，曹评. 基于归因理论的冲突类型分析 ［J］. 管理评论，2010，22 （3）: 86 – 92.

［27］张军果，刘振华，张均良．当前我国市场体系中存在的问题、成因与对策［J］．现代管理科学，2006（7）：68－70.

［28］张志学，魏昕．组织中的冲突回避：弊端、缘由与解决方案［J］．南京大学学报，2011（6）：121－129.

［29］赵卓嘉，宝贡敏．面子需要对个体知识共享意愿的影响［J］．软科学，2010，24（6）：89－93.

［30］赵卓嘉．面子理论研究述评［J］．重庆大学学报（社会科学版），2012，18（5）：128－137.

第十章　关系冲突下中小企业
知识共享问题研究

一、研究背景与问题提出

    21 世纪知识和信息经济时代，知识被公认为组织中最重要的资源，关乎企业的竞争优势与长期可持续发展。然而，对于处于弱势地位的中小企业，在非对称知识网络节点中却常常陷入一种关系张力的怪圈（Riitta Katila，2008）：这就是与网络中的中心企业共享知识将会获得大企业的信任，增加关系依赖（Pfeffer & Salancik，1978），为了生存与发展，必须与网络中的中心企业进行合作与知识共享，以此获得信任，增加关系依赖，却不得不承担赖以生存的技术知识被吸收的风险；为了自我保护，中小企业常常会刻意提供低水平的知识共享，如隐瞒部分信息，甚至传递无效、虚假信息等，如此，却又造成网络合作知识共享的低效率。不合作，等死；合作，找死；造假，作死。如何在合作中自我保护，在保护中求得发展，在冲突中寻求和谐，这是摆在中小企业，特别是知识性密集企业必须应对的问题（周永红，2011）。

    针对知识共享中的关系冲突，学者站在不同视角给予了理论解释。从权利视角看，技术创新网络理论与权力依赖理论的学者们认为，成员间知识权利非对称与自我保护是导致共享不足的主要原因（Brenner T，Cantner U，Graf H，2013）；Hamel（1991）的"学习竞赛"理论认为，合作是一个将伙伴知识内部化的过程，在"竞赛"中保护自己知识尽可能少地被吸收才能保住议价能力；资源学派将知识视为公司战略性资产（Winter，1987），这种资产具有稀缺性，是企业建立竞争优势的关键资源；Angel、Cabrera 和 Elizabeth F.（2002）从公共产品"搭便车""公地悲剧"的视角提出了在知识共享中存在社会困境；国内学者也从知识异质性（张钢，2006）、文化价值观倾向（刘慧敏，2014）、组织惯例（吴少波，2011）引发的知识偏见等角度研究了网络企业知识共享所存在的问题，学者们分别从知识特性视角、商业模式视角、组织学习视角、战略联盟视角等来构建分析框架。以上分析尽管从不同视角揭示了知识共享中关系冲突问题，但缺乏从知识产品本身，知识的属性、特性与本性问题中揭示知识共享中的知识共享不足问题，本书认为，从知识属性本质微观角度更能揭示知识产品的内在规律，更能为企业的管理实践提出更具体的建议。

前人对知识共享中的关系冲突研究为本书提供了不少有价值的参考，但从网络化成长角度，以上研究存在如下问题：①以上研究多以技术联盟、组织内部成员和合作团队作为研究对象，对处于非对称网络中中小企业知识共享关系冲突缺乏研究；②以往研究多关注产业网络中核心企业的知识分享问题，对于处于网络结构边缘的中小企业知识分享研究不够；③在企业追求网络化成长的今天，企业知识共享的战略制定不仅仅局限于二元范式，而是从网络福利最大化和互补效应角度考虑战略的整体配置，对于知识特性对知识共享水平影响的讨论需要加入更多的战略意图因素的考量。

据此本节拟从知识共享关系冲突视角研究知识产品属性、战略意图与知识共享之间的互动关系，主要研究的问题如下：第一，知识产品属性本身如何影响共享不足？第二，公司战略意图与知识共享的互动关系，研究结果对于指导中小企业知识共享中的自我保护与发展具有理论和现实指导意义。

二、理论综述与假设提出

（一）知识共享相关理论综述与评析

站在不同视角，学者们对于知识共享问题提出了自己的观点和理解。从沟通角度来看，组织间知识共享是拥有主体向分享对象信息交流的过程（Nanacy，2000）；从心智模式角度来看，开放型共享心智模式区别于内敛型共享心智模式，前者所秉持的分享型知识战略，注重新知识的创造和选择以及相关者分享知识资产，典型企业如3M公司与提出了"开放、合作、共赢"的生态发展理念与云开放战略的华为公司（戈黎华，2012）；从市场交易角度来看，知识共享可以类似于市场经济中的交易过程。但是，鲜有学者对网络权力处于劣势的中小企业在"与鲨鱼同游"（Riitta Katila，2008）过程中的知识共享进行必要的研究。在网络化大背景下，企业资源及信息占据及控制能力的差异、贡献与收益分配的不平等促成了网络的非均衡发展，此时的中小企业知识共享呈现如下特点：①与中心企业的知识共享可以收获众多网络效应：使伙伴关系资源成为自己的关系资本（宝贡敏，余红剑，2005），如政企关系、客户关系、供应商关系、盟友关系等，而这些资本在成长初期是亟须的。②弱势地位明显：大企业可以利用其优势杠杆化其收益，并且中心企业的技术掠夺倾向是动机驱动而非能力驱动（Li D，Eden L，Hitt M A，et al.，2008），他们对合作的弱势企业的技术及其他智力成果保持兴趣（Doz，1988；Santos & Eisenhardt，2008），例如生产设备制造业企业常常以技术为抵押与大企业达成合作，此时即使有相关合同存续与法律约束，中小企业仍会缺乏对于技术的控制与保护，面临被挪用的危险（Pisano，1990）。③中小企业处于信息劣势，对于中心企业合作动机难以完全掌握：中心企业可能出于控制新技术，阻断与自己的竞争而合作（Wadhwa & Kotha，2006），可能出于对中心企业研发产品的补充或者是备用替代品（Mason & Rohner，2002），依靠小企业对新兴市场进行检验，在市场成熟后结束联盟（高嵩，2009）。因此，这种非对称合作常带有"占有"和"欺骗"性质，所以中小企业常采取共享不足或虚假信息等机会主义方式来进行自我保护，表现为：①低水平的知识共享，隐瞒部分信息；②传递无效、虚假甚至错误信息；③所有者用以共享的是不成熟技术，尚需进一步投入时间和经济成本才能确知技术的全部情况。

知识共享的关键因素是知识特性，许多学者研究了知识特性对于知识共享、知识转移效果、知识交流效率的影响：Simonin（1990）实证分析和验证了知识模糊性与知识转移效果的负相关关系；宋志红证明了知识的分散性对知识共享负相关；肖小勇指出，知识特性与伙伴关系的匹配是知识共享的关键等。需要明确的是，从以往研究的因变量来看，知识转移与知识共享难以区分，而Szulanzki（1996）将知识转移分为四个阶段：发动、实施、提升和整合，是一个"教与学"的过程（Verkasalo & Lappalainen，1998），本书讨论的是知识共享更侧重最初"发动"阶段——主要是决定是否转移、传播有价值的知识，考虑到研究对象在网络中非对称的位置特点，本书选取知识的内隐性、复杂性与专有性作为知识特性的研究重点。

知识的内隐性分类源于迈克尔·波兰尼，他认为知识都有默示的成分，是难以描述的技术或技艺，Brown 和 Duguid（2001）甚至认为，几乎所有的知识都是隐性的或者植根于隐性知识。从社会网络视角来看，隐性知识对个体高度依赖，在社会网络中的共享受到网络密度和距离、中心性、信任等多方面的影响（姜鑫，2012），在网络非对称关系下，内隐性知识共享依赖于组织间的交流，而这些互动过程耗费的大量的机会成本会阻碍知识共享。此外，成熟完善的大企业寻求与成长期的中小企业展开合作往往是由于中小企业在某一开发生产环节特有的技术能力（Basu，S.，C. Phelps & S. Kotha，2008），而内隐性知识是组织间战略合作的动因（Kogut，B，1988），具有一定专有性的隐性知识便是吸引大企业的重要筹码。为维持议价能力，保护专有知识的租金获得，中小企业更有保护内隐知识的强大动机，不主动共享内隐性知识是关系博弈的优选，知识的内隐程度对组织间知识共享具有负向影响。

知识的复杂性表示知识共享所依托的载体数量角度，如语言文字、图表动画的数量（Kogut & Zander，1992）；所需的信息总量；与知识相关的作业规范，人员，资源数量（Simonin，1999）；共享所需花费的时间和精力（Catherine et al.，2012）。国内学者于景元、李建明等则把知识看作一个系统，系统内组成知识的元素越多，知识复杂性越高。相比于简单的知识，复杂的知识的表达需要大量的解释，需要各种资源的联结，使知识转移的难度上升，成本增大，这也是形成知识黏性的原因之一。知识的复杂性会降低知识转移的效率（Kogut & Zander，1993），当中小企业共享知识需要花费的时间成本与解释成本影响他们实现自身任务目标时，知识共享活动可能中止，因此，复杂性知识对组织间知识共享起负向作用。

知识的专属性、资产专属性不仅指先具备相关的专业知识，还包括知识达到预定用途手续的其他配套辅助的条件，他们是不容易复制或购买的知识或能力，故是知识模糊的来源和转移的障碍（Bernard L. Simonin，1999）。许庆瑞（2004）整合了组织和认知两个维度提出的"嵌入知识"（Embedded）是专属性的另一种表述，提出嵌入知识是围绕着一套规则和无数的关系组织起来的"情境知识"，这种"惯性"知识并非独立，需要依赖特定于关系的、前后关联的、分散的知识。Argote 和 Ingram（2000）同样认为知识不可能以游离态单独存在，企业知识不仅要嵌入人员、工具、任务三种基本载体中，还需要复合嵌入三者形成的网络链接中。此外，网络化背景下，知识还高度嵌入组织内部的社会网络之中，知识的各个节点与核心节点、其他节点之间具有一定的互补关系，难与组织方式相分离，由此造成的知识处理系统上的独特性也会影响组织间知识转移的有效性。综合以上学者研究，本书认为非对称关系下的中小企业具有专属性的知识一定程度上难以模仿，需要配备专属的技术人员，并与企业特征紧密联系，这阻碍了知识传播。此外，专属性伴随不可替代性，中小企业会减少对中心企业的依赖，却可以在非对称合作中通过威胁退出的方式占领主动权，那么基于理性假设，对于此类知识，中小企业会通过建立共享壁垒甚至是采取某些机会主义行为，会随着知识共享产生负向影响。

知识的三大特性虽从不同角度分类，但并非相互独立而是相互交叉的。首先，知识内隐性部分源于专属性；其次，知识的专属性包括为支持特定交易而进行的持久投资，比如必要的生产设备、特定流程的厂房，相关行业背景的雇员等一定程度上又构成了知识的复杂性；最后，他们共同构成了知识的粘滞性（Szulanski，1996），粘滞性的知识对于输出方难以表述，并且转移成本高，将直接阻碍知识转移。

（二）基于战略意图理论的知识共享分析与研究假设提出

知识共享水平是被转移知识的特性与分享双方的动机相互作用的结果（肖小勇、李自如，2005），知识提供方的分享动机亦称为其战略意图，它在非对称关系中中小企业知识共享中的作用是本书的研究重点。理论界关于战略意图的含义分为两派：Gary Hamel 和 C. K. Prahalad（1989）最早提出并将其定义为企业需要在当前实力基础上增加新的资源与实力才能够达到的未来目标，其制定依靠现有外界条件。而 Henry Mintzberg（2003）认为，其是一种战略思想，需要根据企业的动态反馈而不断调整。欧洲研究战略意图有影响力的范式是由 Hitt 等（1997）列举的包括克服市场进入壁垒、收购技术和分担风险在内的 15 项战略意图，Koza 和 Lewin（2000）从资源层面对这 15 项战略意图进行归纳，指出企业间开展合作的战略意图分类为以下两个：一为资源利用，二为资源开发。Zack（1999）在《开发一个知识战略》中也提出了确定利用和探索是制定知识战略必须确定的先决条件，这些都与知识共享按动机分为利用型知识共享和探索型知识共享的分类不谋而合，所以本书采用上述 Koza 和 Lewin 的方法将战略意图分为资源利用和资源开发两个导向。

以资源利用作为战略意图的中小企业主要着眼于现有资源（姜翰，2008），并对现有能力不断地进行深化利用（Koza，2000），希望用已有知识最大限度地换取前述合作带来的网络效应。这种行为也可以对应于 Tyjee 和 Osland（1988）

提出的"战略缺口理论"——战略意图与凭借自身能力可以达到的战略业绩之间往往会产生缺口，此时企业通过与外界建立战略互补关系可以进行补缺。一方面，对于"知识缺口"的弥补策略选择需要考虑知识特性（党兴华，2005），另一方面，通过"知识进口"来填补这个"缺口"，能够置换到的合作伙伴的知识以及其他资源的数量取决于中小企业现在及未来的知识存量。而着眼于现有知识的中小企业在整个网络中知识管理保守，希望建立"完全防御"的"马其诺防线"，知识总量相对固定，加之内隐性知识、复杂性知识和专有性知识本身存在共享障碍，受信息知识的"本位主义"和"利己主义"影响会严重妨碍企业知识共享。此外，以往研究发现，当企业合作仅仅是为了将现有产品或服务销售给更多的客户，即受"资源利用"动机驱动时，企业便倾向于选择低资源承诺水平的进入战略（李巍，2013）。

据此，本书提出：

H1：资源利用对知识特性与非对称关系下中小企业知识共享有显著调节作用。

而如果战略意图为资源开发，此类企业更着眼于新资源的开拓进取（Park et al.，2002），企业由于自身缺乏互补性知识，且有能力的竞争对手数量不多时，开放知识来合作研发有助于更有效率地将技术付诸产品，参与市场标准的争夺，形成产品优势。比如在计算机、通信及其他电子设备制造技术密集且快速革新的系统化产业中，为了获得累计性创新以及架构规则的网络效应，竞争和排斥被摒弃，主动合作和兼容成为常态（唐要家，2008）。新资源开发加速，产品的更新换代就加快，那么已有的技术知识的边际效用会降低，在此时吐故纳新则可以获得租金、增加资源适应多样性、缓解人员方面的"彭罗斯效应"。另外，新资源的开发需要在网络中构建更多的第三方来吸纳更多的外部资源，那么共享知识会帮助企业在行业间形成很好的网络声誉，而声誉效益正是企业成长初期亟须的，而共同第三方也放大了机会主义和背信弃义行为在网络中受到集体惩罚的概率，在一定程度上也为知识共享不足起到了约束作用。在网络开放式创新的大背景下，许多知识的价值在不断地传播和分享中达到了增值，为权利拥有者带来了更大的利益（姚文涛，2011），这种源自自利的利他主义强调在最大化网络整体价值中保证自我租金利益（Sawhney & Prandelli，2000），此时，利益的获取由此更多地依存于知识的分享而非知识的蓄积。

那么，我们提出假设二：

H2：资源开发对知识特性与非对称关系下中小企业知识共享有显著调节

作用。

在战略模式的资源层面，通常在外部环境较为稳定、不确定性较低的情况下，企业才会更多考虑采用高度的资源利用取向（Koza & Lewin，1998；March，1991），而在高度的外部不确定性情况下，企业通常更倾向于新资源的开发（Park et al.，2002；Wernerfelt & Karnani，2010）。在战略意图理论体系中，资源利用与资源开发是两个独立变量，但是深入研究我们发现，实证研究中并不能将两者完全对立，因为合作伙伴间不存在只具有某项战略意图而另一意图完全不具备，所以两者并不矛盾。将两者联合起来构建四种不同的战略意图组合，其对于知识共享的联合调节效应在理论界鲜有研究，是本书的研究重点。

具体地，我们引出本书第三个假设：

H3：资源利用与资源开发对知识特性与非对称关系下中小企业知识共享有显著联合调节作用。

根据以上假设，我们的研究模型如图10-1所示：

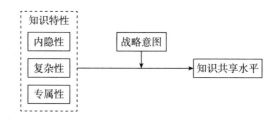

图10-1 知识共享中的关系冲突与共享水平模型

资料来源：笔者根据相关理论整理。

三、研究方法与设计

（一）样本

本书样本选自京津冀地区及周边科技型中小企业以及一些国家级科技企业孵化器，涉及行业包括互联网、生物、新材料等行业，最大限度地与本书非对称关系下中小企业视角一致。这次样本共发放问卷250份，最后收回问卷223份，其中有效问卷 201 份，有效回收率 80.4%。

（二）变量测量

本书对各变量的测量均采用理论界公开发表的成熟量表，对于知识特性的测量采用 Simonin（1999）知识特性三维度（内隐性、复杂性和专有性）量表，战略意图采用姜翰、杨鑫（2008）的战略意图量表，知识共享采用冯长利（2011）的知识共享量表，通过问卷的预调查，并结合专家意见，删除了"我方技术知识需要许多资源相匹配"的题项，因为非学科专业人才对"资源"概念并不明确，最后形成完整量表，问卷采用李克特五点式量表，见表 10 - 1。

表 10 - 1　非对称关系下知识共享量

变量	维度	代表性题项	Cronbach's α
知识特性	内隐性	我方技术知识必须通过实践过程才能获得，即边干边学	0.811
	复杂性	我方技术知识需要许多专业技术人才合力完成	0.824
	专有性	为了获得我方技术，合作伙伴不得不大量投资专门的设备和设施	0.803
战略意图	资源利用	我方能够利用合作伙伴的政企关系	0.840
	资源开发	我方经常会通过增加新业务或产品线来提升盈利能力	0.867
知识共享	单维	我们与合作伙伴交流很多产品技术相关的知识	0.920

由于本书重点在于调节变量战略意图的联合调节效应，我们将企业性质和企业规模设置为控制变量，因为不同性质的和不同规模的企业可能会有不同的发展模式，进而影响到知识共享行为的实施。

（三）数据分析工具

运用 SPSS20 进行层次回归分析，设置二元交互项和三元交互项以期能够验证资源利用和资源开发的联合调节效应，为了避免多重共线性的过多干扰，我们对自变量知识特性、调节变量资源利用与资源开发进行中心化处理，进而求出交互项"知识特性×资源利用"、"知识特性×资源开发"和"知识特性×资源利用×资源开发"。建立分层回归的四个模型，模型一引入控制变量，模型二引入自变量和调节变量，模型三引入二元交互项，最后在模型四中引入三元交互项。

四、数据分析

（一）变量的描述性统计和相关分析

从表10-2统计结果可知，三大知识特性与知识共享呈显著负相关，战略意图中资源利用维度与知识共享呈显著负相关，资源开发与知识共享呈显著正相关。另外，本书还发现企业规模的大小与知识共享呈负相关关系，表明知识共享不足在非对称关系下中小企业个体中更加突出。

表10-2 研究变量的描述性统计和相关分析

变量	x	s	1	2	3	4	5	6
1. 企业性质	2.50	1.24	1.00					
2. 企业规模	2.69	1.57	-0.254**	1.00				
3. 知识特性	3.12	0.85	0.179*	-0.177[8]	1.00			
4. 资源利用	3.23	0.90	0.067	0.034	0.077	1.00		
5. 资源开发	3.08	0.90	-0.036	-0.051	-0.073	-0.713**	1.00	
6. 知识共享	3.13	0.96	-0.201**	0.150*	-0.624**	-0.598**	0.594**	1.00

注：* 表示 $P < 0.05$，** 表示 $P < 0.01$。

（二）分层回归分析结果

依据分层回归的顺序，第一步将控制变量企业性质和企业规模放入回归方程；第二步将自变量知识特性及调节变量资源利用、资源开发放入方程；第三步放入中心化后的二元交互项"知识特性×资源利用"、"知识特性×资源开发"和"资源利用×资源开发"来分别验证资源利用和资源开发的调节效应；第四步将"知识特性×资源利用×资源开发"引入模型以期检验战略意图的联合调节效应（见表10-3）。

表 10 - 3 回归分析结果

变量	模型一	模型二	模型三	模型四
常数项	3.302	3.130	3.240	3.232
企业性质	-0.135*	-0.040	-0.040	-0.035
企业规模	0.065	0.040	0.003	0.004
知识特性（KC）		-0.625***	-0.646***	-0.570***
资源利用（RU）		-0.344***	-0.380***	-0.397***
资源开发（RD）		0.348***	0.327***	0.309***
KC×RU			-0.130*	-0.162***
KC×RD			0.241***	0.252***
RU×RD			-0.020	0.003
KC×RU×RD				0.150*
R²	0.041**	0.546***	0.598***	0.655***
ΔR²	0.041**	0.505***	0.052***	0.057***

注：* 表示 P < 0.05，** 表示 P < 0.01，*** 表示 P < 0.001。

对比模型一和模型二，知识特性等变量解释了知识共享的54.6%，知识特性系数为 -0.625（p < 0.001），说明知识特性与知识共享显著负相关，与前人研究一致。

在模型三中，加入二元交互项后的结果显示模型对因变量的解释度增加了5.2%，并且模型总体仍具有显著性。根据系数结果，我们得知二元交互项"知识特性×资源利用"系数为 -0.130（p < 0.05），表明资源利用对于知识特性与知识共享的关系有显著的负向调节作用，假设2被支持。即当资源利用较高时，知识特性与知识共享的负相关关系加强，当资源利用较低时，知识特性与知识共享的负相关关系减弱（见图 10 - 2），假设1被验证。

二元交互项"知识特性×资源开发"系数是0.241（p < 0.001），验证了假设3，意味着资源开发对知识特性与知识共享的关系有显著的正向调节作用。即当资源开发较高时，知识特性与知识共享的负相关关系减弱，甚至会出现知识共享为正的情况，而当资源开发较低时，知识特性与知识共享的负相关关系加强（见图 10 - 3），结果印证了假设2。

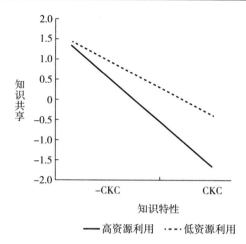

图 10 - 2　资源利用的调节作用

资料来源：笔者整理。

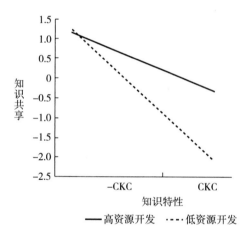

图 10 - 3　资源开发的调节作用

资料来源：笔者整理。

特别关注模型四，加入三元交互项"知识特性×资源利用×资源开发"后，模型仍然显著，三元交互项系数为 0.150，并且在 P 小于 0.05 的水平下显著性增加 0.57%，假设 3 得到支持，战略意图的资源利用与资源开发对知识特性与知识共享间的关系有显著的联合调节效应。此联合调节效应可以通过图 10 - 5 直观表示。

深入分析图 10 - 4 及图 10 - 5：在低资源开发的情景下（见图 10 - 4），当资源利用高时，知识特性与知识共享有显著的负相关关系，当资源利用低时，上述负相关关系较弱；而在高资源开发情境下（见图 10 - 5），低资源利用比高资源利用的组合知识特性与知识共享负相关关系更为减弱。随后通过对四种情境下知识特性与知识共享模型的斜率关系计算，我们得出"RU 高 × RD 低"、"RU 低 × RD 低"、"RU 高 × RD 高"、"RU 低 × RD 高"四种模式斜率分别为 -1.091、-0.561、-0.401、-0.351。综合以上分析，我们认为三大知识特性与知识共享最强负相关关系出现在"RU 高 × RD 低"一组中，最弱负相关关系出现在"RU 低 × RD 高"一组中，这与预期一致。此外，"RU 低 × RD 高"中不同知识特性下知识共享均为正，表明当资源开发大于资源利用水平时，企业即使在知识特性很强的情况下，知识共享的水平也转负为正，高于均值。

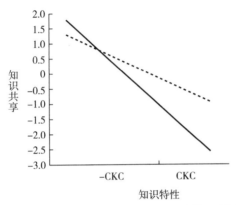

图 10 - 4　知识特性的调节作用

资料来源：笔者整理。

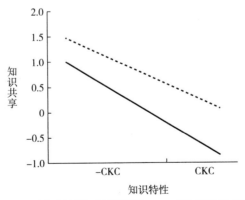

图 10 - 5　资源利用、资源开发的联合调节效应

五、数据结果讨论、结论与研究展望

（一）数据结果讨论与结论

本书考察战略意图的两个方面对知识特性与知识共享的调节效应，结果表明知识特性、资源利用和资源开发对知识共享的主效应显著，资源利用和资源开发对知识特性与知识共享的关系具有一定的调节效应。内隐性、复杂性和专有性高的知识在知识共享的过程中具有传播难度大、成本高的特点，对知识共享形成了阻碍。另外，高度的资源利用战略意图意味着企业对技术知识保护倾向明显，这加剧了知识共享的困境；相反，高度的资源开发倾向的企业则更追求技术的革新与进步，在合作方面显现更开放的姿态，促进了知识共享的开展。

进一步，本书发现资源利用的调节效应在加入三元交互项显著增加，有必要将战略意图的单一调节效应与"资源利用×资源开发"的联合调节效应结合起来分析。联系实际，随着企业非对称关系合作的深入，往往存在战略意图交织的情况，有必要比较在两大意图孰高孰低的情况对知识共享的影响。本书发现，以资源利用作为主要战略意图而将资源开发为次要意图时，知识共享水平下降到很低；反之，过多考虑资源开发而不以资源利用为主要目的的个体，技术经验在良性合作中得以交换，进而激发知识共享水平的大幅提高。

（二）管理启示与建议

本书从网络非对称关系下的中小企业角度对知识共享不足的现象展开研究，发现了战略意图对知识特性与知识共享关系的影响，基于这些研究，本书提出如下管理启示与建议：

第一，中小企业在伙伴选择阶段全面考虑伙伴动机。根据伙伴动机的分类——以合作为导向和以竞争为导向，中小企业在合作前首先要对强势方的合作动机的导向进行判断，强势方的合作是否只是暂时的友好，目的是掠夺仅有的技术还是单纯生产合作。

第二，建立合理的知识共享激励机制。公平感知在机会主义行为中起到了中介作用，权力方利用权力为自己摄取过多的剩余价值会伤害合作者的利益，导致不公平感的产生，扼杀信任关系，并最终伤及权力方自己，这是导致一些合作失败的重要原因。所以公平的合作模式更利于知识研发和其他共同利益，大企业需要对中小企业的预期收益进行横向与纵向的多方考量，建立行业间合理的激励机制。

第三，基于嵌入理论，技术嵌入分为独立式嵌入和跟进式嵌入，让中小企业适当参与技术的应用于管理而不只是占有后弃之不顾，不仅能够保证技术知识的应用效果而且能够增加关系的稳定性，扩大中小企业知识共享。

（三）研究局限与展望

网络非对称关系是企业合作关系中常见但复杂的关系，本书研究资料来源于截面数据，而合作阶段与外部环境是持续变化的，知识共享的水平需要使用纵向数据对比与长期研究。此外，本书未将组织模式纳入研究范围具有一定的局限性，非对称关系下组织特点变量对知识共享是否造成影响亦需要未来研究的开展。

本章参考文献

［1］Anna, H., Barbara, H., Dave, S., Catherine, O., Patricia, B., & Stuart, H., et al. Conducting research with tribal communities: sovereignty, ethics, and data – sharing issues ［J］. Environmental Health Perspectives, 2012, 120 （1）: 6 – 10.

［2］Argote, L., Ingram, P., & obhd. Knowledge transfer: a basis for competitive advantage in firms ［J］. Organizational Behavior & Human Decision Processes, 2000. 82 （1）: 150 – 169.

［3］Basu, S., Phelps, C. C., & Kotha, S. External venturing for strategic renewal: towards understanding who makes corporate venture capital investments and why ［J］. Social Science Electronic Publishing, 2008, 26 （2）: 153 – 171.

［4］Brenner, T., Cantner, U., & Graf, H. Introduction: structure and dynamics of innovation networks ［J］. Regional Studies, 2013, 47 （5）: 647 – 650.

［5］Brown, J. S., & Duguid, P. Knowledge and organization: A social – practice perspective ［J］. Organization Science, 2001, 12 （2）: 198 – 213.

［6］Cabrera, Ángel, & Cabrera, E. F. Knowledge – sharing dilemmas ［J］. Organization Studies, 2002, 23 （5）: 687 – 710.

［7］Dippel, Nanacy J. Enterai Feeding in Long Term Care ［J］. Critical Care

Medicine, 1992, 20 (3).

[8] Doz Y L, Shuen A. From intent to outcome: a process framework for partnerships [M]. INSEAD, 1988.

[9] Hamel G, Doz Y L, Prahalad C K. Collaborate with your competitors and win [J]. Harvard Business Review, 1989, 67 (1): 133 - 139.

[10] Hamel, G. Competition for competence and interpartner learning within international strategic alliances [J]. Strategic Management Journal, 1991, 12 (S1): 83 - 103.

[11] Hitt M A, Dacin M T, Tyler B B, et al. Understanding the Differences in Korean and us Executives' Strategic Orientations [J]. Strategic Management Journal, 1997, 18 (2): 159 - 167.

[12] Katila, R., Rosenberger, J. D., & Eisenhardt, K. M. Swimming with sharks: technology ventures, defense mechanisms and corporate relationships [J]. Administrative Science Quarterly, 2008, 53 (2): 295 - 332.

[13] Kogut, B., & Zander, U. Knowledge of the firm, combinative capabilities, and the replication of technology [J]. Knowledge in Organisations, 1992, 3 (3): 383 - 397.

[14] Kogut, B.. "Joint ventures: Theoretical and empirical perspectives" [J]. Strategic Management Journal, 1988, 9 (4): 319 - 332.

[15] Koza M P, Lewin A Y. The co - evolution of strategic alliances [J]. Organization Science, 1998, 9 (3): 255 - 264.

[16] Koza M, Lewin A. Managing partnerships and strategic alliances: raising the odds of success [J]. European Management Journal, 2000, 18 (2): 146 - 151.

[17] March J G. Exploration and exploitation in organizational learning [J]. Organization Science, 1991, 2 (1): 71 - 87.

[18] Mason, H., & Rohner, T. The venture imperative: a new model for corporate innovation [J]. Harvard Business Press, 2002.

[19] Miller, S. R., Li, D., Eden, L., & Hitt, M. A. Insider trading and the valuation of international strategic alliances in emerging stock markets [J]. Journal of International Business Studies, 2008, 39 (1): 102 - 117.

[20] Mintzberg H, Ghoshal S, Lampel J, et al. The strategy process: concepts, contexts, cases [M]. Pearson Education, 2003.

［21］Park, Ho S, Chen, et al. Firm Resources as Moderators of the Relationship between Market Growth and Strategic Alliances in Semiconductor Start – Ups ［J］. Academy of Management Journal, 2002, 45（3）: 527 – 550.

［22］Pisano, G. P. The R&D boundaries of the firm: an empirical analysis ［J］. Administrative Science Quarterly, 1990, 153 – 176.

［23］Salancik, G. , Pfeffer, J. , & Kely, J. . A contingency model of influence in organizational decision – making ［J］. Pacific Sociological Review, 1978, 21（2）: 239 – 256.

［24］Sawhney M, Prandelli E. Beyond customer knowledge management: customers as knowledge co – creators ［M］//Knowledge management and virtual organizations. IGI Global, 2000: 258 – 281.

［25］Simonin, B. L. Ambiguity and the process of knowledge transfer in strategic alliances ［J］. Strategic Management Journal, 1999, 20（7）: 595 – 623.

［26］Simonin, B. L. Transfer of marketing know – how in international strategic alliances: an empirical investigation of the role and antecedents of knowledge ambiguity ［J］. Journal of International Business Studies, 1999, 30（3）: 463 – 490.

［27］Szulanski G. Exploring internal stickiness: Impediments to the transfer of best practice within the firm ［J］. Strategic Management Journal, 1996, 17（S2）: 27 – 43.

［28］Verkasolo, M. , & Lappalainen, P. A method of measuring the efficiency of the knowledge utilization process ［J］. Engineering Management IEEE Transactions on, 1998, 45（4）: 414 – 423.

［29］Wadhwa, A. , & Kotha, S. Knowledge creation through external venturing: evidence from the telecommunications equipment manufacturing industry ［J］. Academy of Management Journal, 2006, 49（4）: 819 – 835.

［30］Wernerfelt B, Karnani A. Competitive Strategy under Uncertainty ［J］. Strategic Management Journal, 2010, 8（2）: 187 – 194.

［31］Winter, S. G. Knowledge and competence as strategic assets ［J］. Competitive Challenge Strategies for Industrial Innovation & Renewal, 1987, 10（4）: 159 – 184.

［32］Zack M H. Developing a knowledge strategy ［J］. California Management Review, 1999, 41（3）: 125 – 145.

［33］戈黎华. 企业共享心智模式的经济学分析 ［J］. 特区经济, 2012（8）: 286 – 289.

［34］自我和谐、解释风格与青少年社会适应的关系［C］//中国心理学会成立 90 周年纪念大会暨全国心理学学术会议，2011.

［35］刘慧敏．中国情境下文化价值观倾向对知识冲突的影响［J］．科技进步与对策，2014（16）：147-151.

［36］许庆瑞，徐静．嵌入知识共享平台提升组织创新能力［J］．科学管理研究，2004，22（1）：13-15.

［37］肖小勇，李自如．基于知识特性与转移动机的知识转移机制研究［J］．社会主义研究，2005（2）：111-114.

［38］宋志红，陈澍，范黎波．知识特性、知识共享与企业创新能力关系的实证研究［J］．科学学研究，2010，28（4）：597-604.

［39］张钢，倪旭东．知识冲突过程：一个案例研究［J］．研究与发展管理，2006，18（5）：66-73.

［40］周永红，吴娜，朱红灿．企业联盟知识共享动因、障碍及克服［J］．情报理论与实践，2001，34（4）：31-34.

［41］周敏，邵云飞，李巍．企业组织与商业模式协同创新的实证研究——以新一代信息技术企业为例［J］．科学学与科学技术管理，2013（10）：59-68.

［42］宝贡敏，余红剑．关系网络与创业互动机制研究［J］．研究与发展管理，2005，17（3）：46-51.

［43］姜翰，杨鑫，金占明．战略模式选择对企业关系治理行为影响的实证研究——从关系强度角度出发［J］．管理世界，2008（3）：115-125.

［44］姜鑫．基于"结构洞"视角的组织社会网络内隐性知识共享研究［J］．情报资料工作，2012，33（1）：32-36.

［45］姚文涛．网络经济下的知识产权保护研究［J］．商场现代化，2011（9）：95-97.

［46］党兴华，任斌全．网络环境下企业技术创新中的知识缺口及其弥补策略研究［J］．科研管理，2005，26（3）：12-16.

［47］唐要家，唐春晖．互补性创新模式下的许可合作均衡［J］．财经科学，2008（8）：69-76.